美国建国初期高等教育的演进

Meiguo Jianguo Chuqi Gaodeng Jiaoyu de Yanjin

王慧敏　著

MEIGUOJIAOYUBIANGEYANJIU

美国教育变革研究

总主编　张斌贤

浙江出版联合集团
浙江教育出版社·杭州

图书在版编目（CIP）数据

美国建国初期高等教育的演进 / 王慧敏著. -- 杭州：浙江教育出版社，2017.8
（美国教育变革研究）
ISBN 978-7-5536-6408-8

Ⅰ. ①美… Ⅱ. ①王… Ⅲ. ①高等教育－教育史－研究－美国 Ⅳ. ①G649.712.9

中国版本图书馆CIP数据核字(2017)第223470号

美国教育变革研究
MEIGUO JIAOYU BIANGE YANJIU
美国建国初期高等教育的演进
MEIGUO JIANGUO CHUQI GAODENG JIAOYU DE YANJIN
王慧敏　著

责任编辑　王凤珠
责任校对　余晓克
封面设计　曾国兴
责任印务　陈　沁
出版发行　浙江教育出版社
（杭州市天目山路40号　邮编310013）
激光照排　杭州兴邦电子印务有限公司
印　　刷　杭州富春印务有限公司
开　　本　710mm × 1000mm　1/16
印　　张　18.25
插　　页　3
字　　数　322 000
版　　次　2017年8月第1版
印　　次　2017年8月第1次印刷
标准书号　ISBN 978-7-5536-6408-8
定　　价　40.00元
联系电话　0571-85170300-80928
电子邮箱　zjjy@zjcb.com
网　　址　www.zjeph.com

总序

从 2001 年起，北京师范大学外国教育史教学科研团队一直把美国教育史作为主要的研究领域之一。十余年来，我们陆续承担并完成了二十多项全国教育科学规划课题和教育部人文社会科学研究规划项目，先后培养了数十名博士和硕士研究生，累计出版了数十种著作和译著，发表了数百篇论文。迄今为止，美国教育史研究已成为北京师范大学外国教育史学科建设的基本特色，在国内教育学界产生了较为广泛的影响。

为集中呈现团队的研究成果，2008 年以来，我们先后在河北大学出版社出版了“美国研究型大学探索译丛”（6 种），在北京师范大学出版社出版了“京师高等教育发展论丛”（8 种），在安徽教育出版社出版了“美国教育经典译丛”（10 种），并组织编写了“美国著名大学校长评传”（10 种，由安徽教育出版社出版）。上述著作主要反映了 2001—2008 年间团队的研究成果。

2009 年初，我从繁重的行政工作中脱身出来，有了更多的时间和精力系统反思我们团队在过去几年开展的研究工作及其成败得失。经过较长时间的思考以及与同事、学生们的深入讨论，我逐渐意识到，尽管美国教育的发展历史非常短暂，但由于这段历史本身所具有的丰富性和复杂性，教育史学界原有的以研究长时段、大问题、大趋势（或过程）为特征的研究取向和以宏观把握为特点的研究方式，是难以真正达成对美国教育历史发展的深刻认识的。若要深入认识和理解美国教育的历史，则应当转换视角，从对宏观的历史过程的把握转向对微观的历史事件的认识，更多地关注那些在美国教育历史发展过程中具有重大意义的、具体的和微观的历史事件与历史现象，更多地关注那些在美国历史转变时期所发生的重大教育变革。我相信，只有实现了这样的转换，才有可能基于充分解读的文献资料，深入每一个研究对象的内部，客观地还原或重构历史，从而获得科学的认识；我相信，只有实现了这样的转换，才有可能真正地在具体的研究实践中消除长期以来“困扰”外国教育史学界的思想史与制度史研究割裂的现象;我相信,只有实现了这样的转换,才有可能从根本上提高外国教育史学科研究的学术化和科学化水平。

这套“美国教育变革研究”丛书所收录的著作,正是我们团队近年来转换美国教育史研究视角所做尝试的初步成果。本丛书的出版首先应当感谢浙江教育出版社,没有浙江教育出版社的大力支持和精心筹划,我们就难以在较短时间内完成出版工作。浙江教育出版社多名编辑为丛书的出版付出了辛劳,在此一并致谢。

我衷心地感谢参与本丛书写作的各位作者。他们任教于不同的高校,都承担着繁重的教科研任务,能在较短的时间内完成写作和修改,确实难能可贵。我也由衷地希望丛书的出版能为他们的专业发展提供重要的动力。

本丛书是我有幸获聘2011年度长江学者特聘教授后组织的第一项学术“工程”,也是我计划在今后开展的美国教育史研究的第一阶段成果。今后几年,我们团队还将陆续出版相关著作,向教育学界展现我们的研究心得。我们渴望得到来自学界的批评指正,以使我们今后的研究工作沿着科学的方向不断推进。

本研究项目得到“中央高校基本科研业务费专项资金”资助(supported by “the Fundamental Research Funds for the Central Universities”),谨此致谢。

张斌贤

2017年4月于北京师范大学

目录

导 论

如何从殖民地变成一个新国家，这是美利坚合众国建立过程中一个至关重要的问题。新国家的建立不可能一蹴而就，通过一场战争可以赢得独立但未必能创建一个国家，一个真正的国家除了形式的独立之外还要有体制的构建和国民的塑造，这需要孜孜不倦的摸索，这是一个艰难的过程。1787 年，独立战争的硝烟早已散去，《独立宣言》(*The Declaration of Independence*)签署也已十余年，但是新生的美利坚合众国仍面临着动荡和分裂的危险。当年 1 月，在马萨诸塞州，由丹尼尔·谢司(Daniel Shays)领导的持续了近半年的起义终于被平息。① 这场起义给美国政界带来不小的震动，它提醒人们从殖民地向国家的转变还远未完成，关于政治体制的思考与讨论随之逐渐成为政界无法拖延和回避的重要话题。就在此时，本杰明·拉什(Benjamin Rush)在《美国博物馆》(*American Museum*)②杂志的创刊号上发表了《告合众国人民书》(*Address to the People of the United States*)。他开篇就说道："美国独立战争结束了，但是

① 谢司起义是马萨诸塞州中部地区 1786—1787 年发生的一场农民起义，领导人是丹尼尔·谢司，他曾是独立战争时期的大陆军军官，战功卓著。战后马萨诸塞州爆发经济危机，加上政府的压迫，农民生活十分艰难，谢司于 1786 年 8 月 29 日领导起义军发动起义。1787 年 1 月 25 日，起义军被镇压，谢司以及其他 13 名领导者被判死刑，后被特赦。这场起义震惊美国朝野，政治家们逐渐意识到政治体制和国家政策的调整已经刻不容缓。

②《美国博物馆》是由马修·凯里(Mathew Carey)于 1787 年 1 月在费城创办的一份文学杂志，每月一期。它与《哥伦比亚杂志》(*Columbian Magazine*)同被认为是美国最早办成功的杂志。参见：Mott F L. A History of American Magazines, 1741 – 1850[M]. Cambridge: Harvard University Press, 1930: 100 – 103.

美国革命还远未结束。……新的政府体制尚有待建立和完善。在它们建立和逐渐完善之后，还要培育公民的行为规范、道德品质和文明举止以适应新的体制。"为达到此目的，拉什建议道："要让一切知识传播于合众国的每一个角落……让我们国家的每一个人都能增进自己的美德和知识，继而成为优秀的合众国国民。"①

著名的美国史研究者戈登·S. 伍德(Gordon S. Wood)也认为，独立战争的胜利并不意味着美国革命的成功，相反，"历史表明，共和政体是一种特别脆弱的状态，极易受到政治派系和国内混乱的影响，因为共和制国家完全依赖于人民的美德"②。在新国家的缔造者看来，新国家应该有新的道德、原则、习惯和精神面貌，这与殖民地时期是完全不同的，国家建立不仅仅意味着政治体制的构建，还意味着广大民众要适应这一新的变化，要具备参与新国家的资格。这意味着战争结束后的美利坚合众国需要进行一场全面的社会转型，社会的各个方面和各种机构都无法回避这种转型，必须在这个过程中完成蜕变。拉什和其他政界、知识界精英更是赋予教育一种更为重要的意义，因为要让人们获得新国家公民资格，最重要的途径就是教育，而处于教育体系最顶端的高等教育更是关键的一环。在这个转型时期，高等教育机构必须做出自己的回应。

美国历史学家伯纳德·贝林(Barnard Bailyn)早就指出："独立战争对美国教育的影响是一个特别需要阐释的问题。……毫无疑问，人们对于适合美利坚合众国的教育形式有着很多的想法。在18世纪90年代的公众大讨论中，许多关于国立院校和国家教育体系的计划被提出并得到认同。这场讨论的领导者不是空想社会主义理论家，而是那代人中最负责、最有经验的公众人物。"③ 高等教育在从殖民地向国家的过渡时期逐渐成为一个备受政治家和公众舆论关注的问题，人们开始认识到新国家的存续离不开高等教育，它要依靠高等院校来重塑民众的品格，使之从英

---

① Good H G. Benjamin Rush and His Services to American Education[M]. Berne: Witness Press, 1918: 198-205.

② Wood G S. The American Revolution: A History[M]. New York: Modern Library, 2002: 95.

③ Bailyn B. Education in the Forming of American Society[M]. New York: Vintage Books, 1960: 112-113.

帝国的臣民转变成为合格的美利坚合众国国民。在这种社会和政治背景下,高等教育被赋予了原先所不曾有的责任,它不仅仅是保存和延续已有的文化和社会秩序,还要创造和维护一种新的社会模式,并为国家的文化独立奠定坚实的基础。因此,在这个特殊的转型时期,学院和大学如果想顺利发展下去,就必须对时代的需要做出回应。高等教育无法置身于这场社会变革之外,它自身也要迎来一个变革和发展的时代。

高等教育在回应时代变革并做出自己反应的过程中受到一个重要方面的影响,那就是新国家开始根据自身的政治考量对学院和大学提出政治性的要求和全盘性的规划。各级政府开始考虑自身在高等教育中的角色和地位,并探索权力行使的方式及其限度,它们也逐渐意识到建立属于自己的高等教育的必要性。高等教育机构与政府的互动是这场高等教育变革乃至社会变革的一个重要方面,甚至可以说是整个社会变革的一个缩影。尽管殖民地时期已经提供了一些政府与学院相处的经验,但由于它们关系的不稳定性以及具体情形的变化,这些经验在给新国家提供借鉴的同时也带来了困扰。

由于自殖民地时期以来所形成的多元化的高等教育模式和地方利益格局,以及建国后所形成的教育分权制,各高等院校根据自身所处的情势会采取相应的改革措施,不同的州政府因情势和历史的差异对高等教育也会采取不同的态度,政治家们对高等教育的设置和计划也都有不同的看法。政府与高等教育机构的双向互动构成了当时美国高等教育史的重要内容。在双方互动的过程中,学院和大学在坚守独立自治原则的基础上也向政府妥协,以出让部分管理权和迎合部分政治要求来争取政府的资助;而联邦政府①和州政府则在不断尝试中逐渐明晰了自己在高等教育中应扮演的角色,以及干预的方式和权力的限度。

这样的时代背景与双向关系以其特有的方式推动了高等教育的发展,也使得美国建国初期的高等教育史有了更加丰富的内容和更多有待追寻的意义。这一时期,州政府在干预高等教育的过程中开启了殖民地

① 美国独立之初各州之间通过1777年制定的《邦联条例》联合在一起,一直到1789年新宪法正式通过为止。因此,《邦联条例》下的美国政府称为“邦联政府”,1789年后则称为“联邦政府”,本书中为便于表述,在兼指二者的情况下,统一表述为“联邦政府”。

时期所形成的教会学院模式之外的公立高等教育体系，为美国后来公私并立的高等教育体制奠定了基础。联邦政府也以《1787 年西北土地法令》(*The Northwest Ordinance of 1787*)为起点开始探索国家的高等教育政策，在此政策推动下建立的早期西部公立大学成为后来赠地大学的先声，而建立一所国立大学计划的失败则使得美国不会建立一套国立高等教育体系，高等教育中的政府角色更多的还是由地方政府和其他非官方力量来承担。学院和大学所获资助的常规化与法制化为它们的发展提供了稳定的基础，高等教育机构的建设在这一时期掀起了一股热潮。殖民地时期高等教育中没有清晰的公私界限的状况在这一时期受到质疑，政府和学院的冲突与争论更是重新界定了高等教育机构的性质，对后来美国高等教育的发展乃至整个社会的发展都有着重要的意义。

同时，这一时期的美国高等教育史本身也有着其不可忽视的意义。殖民地时期建立的学院虽然也有世俗权力的干预和地方利益的考虑，但主要还是由教会力量主导，以教授宗教和古典知识为主。在新国家的政治要求和时代精神的激励下，学院开始在课程中大幅增加科学和实用学科，在管理上也更愿意接受世俗权力的干预，以此换取政府的支持和资助，殖民地时期以来高等教育机构中的浓厚的宗教色彩开始发生变化。这种变化虽然不至于在根本上改变机构的性质，但确实是高等教育进入新时代的重要体现，例如耶鲁学院(Yale College)在这一时期的改革甚至被研究者视为它从学院迈向大学的第一步。①

本书将从政府与高等教育关系的角度探讨美国建国初期高等教育演进的主要内容、意义和影响，着力于考察在从殖民地向独立国家转变的过程中，学院和大学如何使自己适应新的国家并在新的情势下与政府和谐相处，以及独立后的联邦政府与州政府又是如何思考自身在高等教育中的角色与作用的。当然，这种相互作用的过程是具体的而非抽象的：对于联邦政府来说，政治家们如何思考建立一所国立高等教育机构，国会最终采取了怎样的态度，它的高等教育政策又是在怎样的情形下，以怎样的方式形成的；对于州政府来说，它们如何向州内的高等教育机构提出政治性

① Kelley B M. Yale：A History[M]. New Heaven and London：Yale University Press，1974：91 - 139.

要求，又如何从公立化改革教会学院的尝试走向独立办学；对于学院和大学来说，它们如何重新思考自身与新国家的关系，在坚持独立自治的前提下，以怎样的退让赢得政府的支持和资助。各方面的进程并不是独立的，而是交叉的，最后产生了怎样的互动乃至冲突？对各方都有怎样的影响？可以进一步分成以下几个更加具体的问题：

第一，殖民地时期建立的学院是当今美国高等教育的起点，它们经历了美国独立战争的整个过程，是美国建国初期高等教育发展的重要见证者。在独立战争进行过程中，这些学院是如何选择自己的政治立场的？战争结束后，它们又经历了怎样的恢复、重建和改革的历程？在这个过程中，它们是如何处理过去的办学传统和教育经验的？学院在新的时代和新的环境中是怎样调整自己的教育理念、培养目标和课程标准的？

第二，美国建国后，高等教育体制面临调整和再生。在建国之初"设计"高等教育体制的过程中，美国"建国一代"（founding generation）①是出于哪些目的，以怎样的方式考虑国家的高等教育的？哪些因素影响或支配着他们关于高等教育的思考？他们是如何使自己的思考付诸实践，从而重新塑造了美国高等教育的样式？

第三，从独立战争到建国初期，高等教育在国家和地方法律中的地位如何？联邦政府和州政府一开始是如何通过法律方式介入高等教育事业的？当时的学院和大学对此又做何反应？

第四，联邦政府和州政府是如何考虑建立自己的大学的？它们在美国公立高等教育的起点上扮演了怎样的角色？它们是如何重新认识欧洲经验的？

本书希望通过对以上问题的讨论，梳理学院和大学在美国建国初期的经历，系统探讨这一时期的高等教育发展在整个美国高等教育史上的意义，尤其是独立战争和新国家的建立对学院和大学发展的重要影响。

一、美国建国初期的高等教育史在通史研究中的地位

（一）美国教育通史研究对建国初期教育史的基本看法

19 世纪后半叶以来，美国教育史的研究逐渐走向专业化，在 19 世纪

① "建国一代"在本书中是指那些参与美国建国过程的政治、文化、社会界精英人士。

末20世纪初形成了以埃尔伍德·P. 卡伯莱(Ellwood P. Cubberley)为代表的传统教育史学;20世纪中期开始,以伯纳德·贝林、劳伦斯·A. 克雷明(Lawrence A. Cremin)为代表的修正派教育史学崛起,他们批判传统的教育史研究,对美国教育史上的诸多问题做出了新的解释;20世纪80年代,以乔尔·斯普林(Joe Spring)为代表的激进派教育史学兴起,进一步丰富了对美国教育史的理解。他们的著作尽管不是专门的高等教育研究,但都对美国建国初期教育的发展提出了各自不同的解释,对研究美国建国初期的高等教育有着重要的参考价值。

1919年,卡伯莱的《美国公立教育》一书出版,读书的重点放在独立战争与南北战争之间的历史时期。从基本的定位上来看,他认为美国建国后"最初的50年可以被认为是一个教育理念的转型时代:由教会办教育转向由国家或政府办教育"①。美国建国初期的教育史就是这种新的教育理念及其指导下的教育实践的转型过程,在这一过程中逐渐消除了宗教教派对学校教育的主导权,为学校教育建立了法律和税收的支持,形成了系统的、免费的公立学校体系,从18世纪90年代开始兴建的州立大学则是这一体系的顶点。同时卡伯莱也看到,国家并不是导致这些变化的唯一因素,因为建国初期的这些转变已经在殖民地后期尤其是1750年之后开始显现,因此美国教育的发展是一段连续性很强的历史。研究者不应仅仅看到殖民地时期的教育与建国后的教育在本质上的不同,教育史应该是一部不断积累和演进的历史。② 从这个意义上来说,国家的教育在合众国诞生之前就已经启动了它的进程,不过这一进程在卡伯莱看来依然是缓慢而渐进的,"在1820年之前,新英格兰和纽约州以外的地区,还没有形成对教育的清醒认识"③。

他认为美国建国之后50年内的教育发展可归结为"七大战

① Cubberley E P. Public Education in the United States: A Study and Interpretation of American Educational History[M]. Boston: Houghton Mifflin Company, 1947: 120.

② 卡伯莱著作在他的《教育史》和《美国公立教育》中系统阐述了这一观点。Cubberley E P. Public Education in the United States: A Study and Interpretation of American Educational History[M]. Boston: Houghton Mifflin Company, 1947: iv-ix; Cubberley E P. The History of Education[M]. Boston: Houghton Mifflin Company, 1947: 3–12.

③ Cubberley E P. Public Education in the United States: A Study and Interpretation of American Educational History[M]. Boston: Houghton Mifflin Company, 1947: 110.

斗(battle)”:为教育寻求税收支持的战斗,消除贫民学校的理念的战斗,追求免费学校的战斗,建立学校监督的战斗,消除宗派主义的战斗,建立公立高中和州立大学的战斗,以及开设师范院校培训教师的战斗。① 他在《美国公立教育》中经常使用 battle、struggle、fight 等词,“主要强调在公立教育问题上民主派和保守派的斗争,以及民主派最终取得胜利,公立教育确定了其在美国教育中的主导地位的历程”②。高等教育是这一潮流的重要组成部分,建国后美国高等教育的主要发展趋势是从宗教转向世俗,从私立转向公立。

保罗·孟禄(Paul Monroe)于 1947 年推出了《美国公立学校系统的建立:一部南北战争结束之前的美国教育史》,探讨了南北战争以前的美国教育史,并以美国立国为标志,将其发展分成两个阶段,突出了新国家建立在美国教育发展过程中的标志性意义。关于建国后的教育史,孟禄总结了三个发展趋势:国家化(nationalized)、民主化(democratized)和免费化(made free)。他以这三大趋势作为梳理这段教育史的一个维度。他的另一个维度是按主题和阶段梳理各类型的教育发展,如高等教育、中等教育、女性教育等,两种维度交互的阐述方式给他的研究增色不少。他又以 1830 年为界,将美国建国后的教育史分为两个阶段:第一个阶段中,新国家的领导者和教育家开始探索一个适用于民主国家的教育方案,强调教育是国家稳定与发展所必需的,更是实现国家永久幸福的保障。国家化、民主化和免费化的努力共同贯穿了这一时期的教育史,而不是某一单个因素主导,但是这一时期却并未实现民主化和免费化的目标,只有到了第二个阶段,整个国家的教育才“真正实现民主化”(essentially democratic)。③ 与卡伯莱相比,孟禄的“三大趋势”进步观比“七大战斗”少了很多冲突的成分,民主化既是建国后教育发展的重要动力,也是教育发展的最终目标。孟禄更强调这是一个全国一致努力的过程,影响教育发展的因素不是各种利益集团、宗教派别、政治势力,而是客观的人口、交

① Cubberley E P. Public Education in the United States: A Study and Interpretation of American Educational History[M]. Boston: Houghton Mifflin Company, 1947: vi.

② 周采. 美国教育史学——嬗变与超越[M]. 北京:人民教育出版社,2005:46.

③ Monroe P. Founding of the American Public School System[M]. New York: The Macmillan Company, 1940: 186 - 187.

通、经济和政治条件。

1960年，伯纳德·贝林发表《美国社会形成中的教育》，成为新教育史学的宣言书。贝林批判了卡伯莱的观点——美国的教育史就是公立学校体系逐渐形成和发展的历史，他认为真正的教育应该有更广泛的含义，教育应该是文化代际相传的整个过程，而不仅仅是指学校教育制度。① 克雷明在他的《美国教育史》中很好地表达了这一观点，其中第二卷《美国教育史：建国初期的历程（1783—1876）》专门研究美国建国初期将近一百年的教育史。他认为教育应该是“为传授、启发或获取知识、价值观、态度、技能和敏锐性等所做出的有目的的、系统的和持续性的努力，抑或是任何直接的或间接的、有意的或无意的学习”②。在这一观念的指导下，美国建国初期的教育史就不应仅仅是卡伯莱笔下的公立学校的历史，还应该包括家庭、教堂、印刷品、社区、市场、亲属等的影响。③ 在卡伯莱的笔下，美国建国初期的教育史是一段冲突的历史，是民主派最终获得胜利的历史，而在克雷明看来，并没有谁战胜谁，也没有哪种教育可以主导这一时期的教育，这一时期的教育应该是各种利益互相妥协的过程，各种教育形式交互作用形成真正的美国教育的过程，移植、适应、模仿、发明是其特征。因此，在这个意义上，美国革命不仅仅是政治革命，也不仅仅是贝林所说的思想革命，同时也是一场教育革命。

克雷明的《美国教育史：建国初期的历程（1783—1876）》将教育思想史与教育实践史相互交融，更能体现出美国建国初期教育跟社会、政治的互动关系。不过，克雷明在反对卡伯莱只关注学校系统的同时，他自己也走向了另一个极端，他大大降低了正规的学校教育制度在历史发展中的地位，他认为公立教育的发展只是教育的一小部分而已，甚至是不重要的一部分，他也没有按初、中、高等教育的不同类型来展开论述。但是，学校

---

① Bailyn B. Education in the Forming of American Society[M]. New York: Vintage Books, 1960:10, 14.

② 劳伦斯·A. 克雷明. 美国教育史：建国初期的历程，1783—1876[M]. 洪成文，等，译. 北京：北京师范大学出版社，2002:1.

③ 参见 Cremin L A. The Genius of American Education[M]. Pittsburgh: University of Pittsburgh Press, 1965:5. 克雷明在不同的著作中都表达了相似的观点，另可参见：Cremin L A. Traditions of American Education[M]. New York: Basic Books, 1977.

系统的逐步制度化本身就是整个国家制度化的一部分,否则就无法将建国前后的教育史做明显的区分,而克雷明降低了新国家对教育发展的影响和作用。

R. 弗里曼·巴茨(R. Freeman Butts)于1978年推出的《美国公共教育:从革命到改革》①论述了美国公共教育从1776年到1976年两百年的发展历程,全书共五章,第一章就是"美国革命的许诺:1776—1826"。巴茨将教育思想和教育实践分列两节,在教育思想方面比较全面地介绍了托马斯·杰斐逊(Thomas Jefferson)、本杰明·拉什、诺亚·韦伯斯特(Noah Webster)、乔治·华盛顿(George Washington)的教育理念,以及他们对国家教育体系的呼吁;在教育实践部分主要介绍了新英格兰地区和纽约州、宾夕法尼亚州以及南部各州教育立法的进程。他还谈及这一时期黑人奴隶的教育情况,这是传统教育史学所忽视的领域,新教育史学对此进行研究能够更全面地展现美国建国初期教育的面貌。尽管巴茨认为新国家需要新的教育体系,但我们从他的书中却看不到学校教育制度发展的历史。事实上,美国建国之初半个世纪里的学校发展基本形成了美国后来学校教育制度的雏形,各级学校的发展尤其是高等学校的发展,是美国建国初期教育发展不可或缺的一部分。

乔尔·斯普林在20世纪80年代批判性地研究了美国教育史,尤其是美国建国初期的教育史。他于1986年推出了《美国学校:1642—1985》,之后不断修订再版,至2005年该书已经出版到第6版《美国学校:1642—2004》。② 从卡伯莱到克雷明,无论他们认为美国教育发展的过程是冲突的还是和谐的,最终都指向一个独特的"美国教育"的形成,而斯普林却认为美国教育的历史是一部意识形态操控的历史,是一场"文化战争",这场战争从欧洲人登上美洲大陆就开始了,至美国建国之后全面爆发。

在斯普林看来,独立战争后美国教育发展的主要方面有:"多元文化社会转向美国价值观起支配作用的单一文化社会;培养爱国主义以及对

---

① Butts R F. Public Education in the United States: From Revolution to Reform[M]. New York: Holt Rinehart and Winston, 1978.

② Spring J. The American School, 1642-1985[M]. London: Longman, 1986; Spring J. The American School, 1642-2004[M]. New York: McGraw-Hill, 2005.

新政府的忠诚;通过公民和道德教育来调节自由;确定培养未来公民的最佳方式;利用道德教育实现减少犯罪和贫穷的目的。"① 在美国建国初期,多元文化的社会发展观并不受欢迎,"革命后大多数领导人反对多元文化社会的理念,主张创建一种统一的美国文化。这种新型的美国文化将围绕着新教文化加以构建"②,新国家的教育发展的主要动力来自爱国主义。因此,美国建国之初,主要教育思想家的目的也是为了通过教育使美国文化成为新国家的主流文化,其中韦伯斯特和杰斐逊是典型的代表。同时,高等教育、慈善学校、兰喀斯特制学校都加入到塑造公民正确政治观的行列中来,学校致力于政治教育和意识形态教育,土著、黑人以及更广大的底层民众则成了被同化的对象。

总之,斯普林认为,美国建国初期的教育发展违背了独立战争时期的精神和国家民主化的追求,而且,这一时期遗留下来的问题和争论将会在之后的美国教育史中一直持续下去。这种文化冲突和意识形态控制的视角具有很大的批判性,弗雷德里克·鲁道夫(Frederick Rudolph)笔下的"教育中的美国梦"破灭了,美国建国后的教育史并没有闪烁耀眼的光芒,政治、意识形态和文化同化使得教育的理想变得狭隘了。斯普林的批判研究给我们展现了美国建国一代的教育理想与追求的另一面,对以往的教育史研究既是一种挑战,也是一种补充。

1996年,韦恩·厄本(Wayne J. Urban)和杰宁斯·瓦格纳(Jennings L. Wagoner)的《美国教育:一部历史档案》一书出版。③ 在关于美国建国初期的教育发展中,厄本和瓦格纳探讨了三部分内容:来自欧洲的思想渊源,杰斐逊、拉什、韦伯斯特的教育思想与实践,女性、土著和黑人奴隶的教育。这些内容在克雷明、约翰·S. 布鲁巴克(John S. Brubacher)等人的论述中已经得到了很好的阐释,厄本和瓦格纳没有发掘出更多更新的

① 乔尔·斯普林. 美国学校:教育传统与变革[M]. 史静寰,等,译. 北京:人民教育出版社,2010:64. 该书是2005年版 *The American School, 1642 – 2004* 的中译本。

② 乔尔·斯普林. 美国学校:教育传统与变革[M]. 史静寰,等,译. 北京:人民教育出版社,2010:61.

③ Urban W J & Wagoner J L. American Education: A History[M]. New York: McGraw-Hill, 1996;韦恩·厄本,杰宁斯·瓦格纳. 美国教育:一部历史档案[M]. 周晟,谢爱磊,译. 北京:中国人民大学出版社,2008.

资料,也没有提出新颖的观点,在这个意义上,他们的工作没有超越前人。2006 年,L. 迪安 · 韦布(L. Dean Webb)推出了《美国教育史:一场伟大的美国试验》①, 书中单列一章"独立战争和建国初期的教育",力求全面地展现这一时期的美国学校教育,但不涉及克雷明所主张的更广泛意义上的教育机构的历史。韦布认为,尽管"建国初期的教育制度不符合目前对它的形容——'免费的'、'公共的'、'普及的'—— 但它的确支持了公共学校的发展,并使之成为这种制度的核心"②。建国一代的教育理念为美国后来的公共学校甚至整个学校教育制度奠定了基础。

总体来看,20 世纪以来的美国教育通史研究中,研究者们都很重视建国初期的这段历程,不管采用怎样的观点,都基本认同新国家的建立赋予了教育发展一个新的起点,但同时,新国家又不是当时教育发展的唯一动力,教育发展也遵循其自身的逻辑。在美国教育通史中,对建国初期高等教育的着墨一般不多,但是研究者对建国初期整体教育发展的分析与评价为研究同一时间段美国高等教育的发展提供了必要的参考,有些观点也适用于对当时高等教育发展的分析。

就国内而言,1994 年,滕大春的《美国教育史》一书出版,这是改革开放以来国内第一部系统研究美国教育史的著作。该书以两次战争为标志,将美国教育史大致划分为三个时间阶段进行论述:殖民地时期,建国后到南北战争之间,南北战争以后。这基本上代表了国内研究美国教育史所采用的基本框架,后来的研究一般是在此基础上进行更加精细的再划分。滕大春从教育领导分权制、宗教与世俗分立、西北土地法令、欧洲的影响、各级学校的发展、家庭和社会教育、教育管理、教育思想家等方面概述了独立战争和南北战争之间长达八十多年的美国教育的发展状况,涉及的方面很多,呈现了一幅较为全面的美国建国以后教育发展的历史画面,为后来的研究者开阔了视野。但是,由于时代的局限和第一手文献的缺乏,该书论述美国各州在 18 世纪末 19 世纪初的教育立法以及对教育事业的关注的时候,没有真正揭示出这一时期美国教育发展的状况,比

① Webb L D. The History of American Education: A Great American Experiment[M]. New Jersey: Prentice Hall, 2005.

② L. 迪安 · 韦布. 美国教育史:一场伟大的美国试验[M]. 陈露茜,李朝阳,译. 合肥:安徽教育出版社,2010.

较忽略美国建国一代对国家教育事业的深谋远虑以及为建立系统的教育体系而做出的努力。1996 年,滕大春又发表了《美国建国初期冲破禁区的教育革新运动》一文,认为美国建国初期的教育努力是对殖民地时期"教育禁区"——宗教禁区、阶级分化、宗主国的奴化教育——的反叛,更加强调美国建国前后教育事业的断裂性而非连续性。新国家的建立固然对教育事业产生了极为重要的影响,殖民地时期建立的学校机构和教育思想为适应新的国家,必然会有所转变,但"冲破禁区,走向独立"①的观点仍然有待商榷。除了滕大春的《美国教育史》之外,国内很少有对美国教育史的系统的、专门的研究成果,更无人专门探讨美国建国初期的教育发展并提出自己的观点,这种研究状况似乎与建国初期的教育在整个美国教育史中的地位不相称。

(二) 美国高等教育通史研究中的建国初期高等教育史

19 世纪末 20 世纪初美国教育通史研究兴盛之际,美国高等教育通史,包括校史和各州的高等教育史,也取得了一些研究成果,这些成果专注于高等教育的发展。1906 年,查尔斯 · F. 特温(Charles F. Thwing)在《美国高等教育史》中系统梳理了从殖民地学院到 20 世纪初美国高等教育的发展历程。他认为独立战争开启了一种新的"国家精神"(national spirit),而学院的新发展表现在三个方面:各州开始考虑建立和推动自己的高等教育,联邦政府也努力建立自己的国立大学,联邦政府通过资助的方式干预和推动各州高等教育的发展。② 由此可以看出,特温将新国家的建立在美国高等教育史中的作用置于很高的地位,甚至可以说美国建国后的高等教育发展经历了一场"全国性运动"(national movement),而法国大革命的影响则更进一步地推动了这一趋势。然而,特温也注意到,这场运动并没有达到它的目的,国立大学和州立大学的建立都没有成功,联邦资助高等教育也还在争论之中,建国初期的学院仍然受私人和宗教力量的主导,这是殖民地时期高等教育传统的延续。

1958 年,约翰 · S. 布鲁巴克和威利斯 · 鲁迪(Willis Rudy)合著了

---

① 滕大春. 美国建国初期冲破禁区的教育革新运动[J]. 河北大学学报,1996(4):3 - 7.

② Thwing C F. A History of Higher Education in America[M]. New York: D. Appleton Company, 1906: 175.

《美国高等教育的历史变迁:1636—1956》,但这并不是一部时间连续性很强的通史,更像是一部专题史。布鲁巴克和鲁迪以不同的主题,分别论述了殖民地时期、19 世纪和 20 世纪的美国高等教育。在建国初期的高等教育发展问题上,布鲁巴克和鲁迪强调学院和大学发展的多样化道路,高等教育并未因国家的建立和各州的联合而走向一致,影响其发展的因素也是多种多样的:欧洲的启蒙思想,美国和法国的革命,德国大学的发展模式,社会发展中的实用需求,等等。① 在联邦政府与高等教育的关系方面,布鲁巴克和鲁迪认为"联邦政府一直都是在高等教育的外围活动,从未占据过中心地位"②。布鲁巴克和鲁迪在这部美国高等教育的变迁史著作中提出,建国初期美国高等教育的发展是有其自身逻辑和内在影响因素的,这才是高等教育发展最重要的内容,而不是它与外部的关系,学院和大学与政治和政府的密切关系更是不能成立的,这与后来戴维·W. 罗布森(David W. Robson)的观点明显不同。

弗雷德里克·鲁道夫的《美国学院和大学的历史》则进一步强调了美国高等教育发展的独立性。诚然,由于建国初期政治、经济、社会生活、文化等方面的变化,美国的高等教育确实进入了一个改革时期,大学和学院必须面对一些以前从未碰到过的问题,如:是否应该把实用作为一个目标?是否应该为当下的公众和政府服务?但是大学和学院没有完全屈从于这些外部因素,改革的过程更是一个它们进行自我评估和再定义的过程,这对美国高等教育而言更有意义。③ 鲁道夫在另一本书《课程:1636 年以来美国本科生课程的历史》④中,也从课程发展的视角阐发了这一观

---

① Brubacher J S & Rudy W. Higher Education in Transition: An American History, 1636 - 1956[M]. New York: Harper & Brothers, 1958:139. 至 1997 年,该书已经出至第 4 版,主要是由鲁迪根据时代的发展不断扩充了 1956 年以后的美国高等教育的发展状况,对 1636—1956 年间的论述基本没有变化。参见:Brubacher J S & Rudy W. Higher Education in Transition: A History of American Colleges and Universities[M]. New Brunswick and London: Transaction Publisher, 1997.

② Brubacher J S & Rudy W. Higher Education in Transition: An American History, 1636 - 1956[M]. New York: Harper & Brothers, 1958: 216.

③ Rudolph F. The American College and University: A History[M]. Athens and London: The University of Georgia Press, 1990: 110.

④ Rudolph F. Curriculum: A History of the American Undergraduate Course of Study since 1636 [M]. New York: Jossey-Bass, 1978.

点,只是对建国初期的课程史着墨不多。布鲁巴克和鲁道夫更加重视美国高等教育在其历史发展过程中的自主性,尤其是在建国初期这样一个变革的时代里,高等教育对外界因素的回应是主动的,而不是像其他研究者那样将这一时期的各种社会政治变迁作为高等教育发展的历史背景和激发因素来论述。

于尔根·赫布斯特(Jurgen Herbst)则从学院管理的角度来考察美国高等教育自殖民地时期到建国之初的发展。他在《从危机到危机:美国学院的管理(1636—1819)》中叙述了从哈佛学院(Harvard College)建立到达特茅斯学院案的学院管理史,其中从独立战争到1819年的历程占三分之一多的篇幅。赫布斯特认为独立战争对高等教育的影响并不大,除了一些建筑物被毁坏之外没有本质上的影响,但新国家的建立确实给学院的管理带来了新的挑战,教会、政府以及学院自身在管理权上开始了争夺。在危机处理过程中,学院自身进行了改革,而政府也创立了州立大学系统。新的国家使学院面临新的外部环境,而这种新的外部环境也比殖民地时期更加复杂。1932年,唐纳德·乔治·图克斯伯里(Donald George Tewksbury)在哥伦比亚大学(Columbia University)完成博士论文《美国内战前大学和学院的创建》①,在时间范围上与赫布斯特的研究是重合的,论文主要考察了边疆开拓与学院建立的关系、内战前教会学院和州立大学的发展,并运用很多图表、数据来支持他的论点。图克斯伯里认为,美国学院和大学的创建与扩张是和边疆开拓与宗教密切相关的,这明显是受到了19世纪末20世纪初边疆史学观点的影响。图克斯伯里认为学院的建设是随着西进运动以及西部各州的建立而逐渐扩展到整个大陆的。因此,要为美国高等教育寻根的话,不能仅仅关注殖民地时期的教育经验和传统,建国之后美国领土的一步步扩张可以说是为美国高等教育开辟了新的发展路径。同时,对于建国初期建立和发展州立大学的热情来说,联邦政府和州政府的资助和支持比来自法国的影响要重要得多,法

① Tewksbury D G. The Founding of American Colleges and Universities before the Civil War: With Particular Reference to the Religious Influences Bearing upon the College Movement [D]. New York: Columbia University, 1932; Tewksbury D G. The Founding of American Colleges and Universities before the Civil War[M]. New York: Teachers College Press, 1965.

国大革命对美国高等教育的影响并没有想象中的那么大。其实,图克斯伯里强调了美国高等教育的两种传统:一是殖民地传统,主要是私立学院;二是建国传统或西部传统,主要是公立大学。

与大多数研究者不同的是,约翰·R. 塞林(John R. Thelin)认为建国初期的美国是一个"没有国家主义的新国家"(a new nation without nationalism),高等教育的发展并没有受国家主义的影响,建立国立大学的失败就说明了这一点。"从1785 年至1860 年,'新国家'一直在探索和协商中,新、旧学院都是协商的内容。"①塞林考察了南部几所主要大学的兴建、专业学院和大学中实用学科的发展、女性高等教育等问题,他认为美国建国之后高等教育的改革也构成了国家构建的一部分,高等教育在回应新的政治、社会、经济、人口、地理等变化的过程中显示出自身的活力和复杂性,并且,此时形成的多样化发展也构成了高等教育的"美国道路"(American Way)。

除了以上提及的高等教育史著作外,还有克里斯托弗·J. 卢卡斯(Christopher J. Lucas)的《美国高等教育史》②、理查德·霍夫斯塔特(Richard Hofstadter)和德威特·哈代(Dewitt Hardy)合著的《美国高等教育的发展与范畴》③、罗杰·盖格(Roger Geiger)主编的《19 世纪的美国学院》④等,都从不同的角度探讨了美国建国之后政府干预高等教育的尝试以及学院坚持独立传统的历程。在美国高等教育通史著作中还有一类著作不可忽视,即大学史的研究成果,尤其是殖民地时期九大学院的历史。九大学院完整地经历了从殖民地时期到独立战争到国家建立的整个过程,它们在建国初期的经历构成了这一时期美国高等教育发展的重要内容。塞缪尔·艾略特·莫里森(Samuel Eliot Morison)在哈佛大学(Harvard University)建校三百年之际推出了一部阐述哈佛大学史的力

---

① Thelin J R. A History of American Higher Education[M]. Baltimore: The Johns Hopkins University Press, 2011: 43.

② Lucas C J. American Higher Education: A History[M]. New York: St. Martin's Griffin, 1996.

③ Hofstadter R & Hardy C D. The Development and Scope of Higher Education in the United States[M]. New York: Columbia University Press, 1952.

④ Geiger R. The American College in the Nineteenth Century[M]. Nashville: Vanderbilt University Press, 2000.

作——《哈佛三百年:1636—1936》。① 莫里森以“亚伦的魔杖”(Aaron's Rod)②为标题论述了1708—1806年的哈佛历史。他认为从独立战争开始,社会、政治风气的转变使得哈佛面临一场“思想风暴”(thought storm)。美国赢得独立之后,哈佛又受到联邦主义者和基督教一神论者的影响,因此在整个建国时期,哈佛作为一所高等院校,始终与社会、政治保持着密切的联系。而早在一个世纪以前,哈佛两百年校庆时,约西亚·昆西(Josiah Quincy)也推出了《哈佛大学史》。③ 与莫里森相比,昆西更少关注外部环境的变化,而是侧重于学院内部的变迁。如他围绕独立战争后二三十年间学院的财政问题,叙述了财政困境的产生以及逐步争取资金的过程。不论是侧重内部还是外部,都有失偏颇,只有把这两个角度的哈佛校史结合起来,才能更全面合理地展现哈佛在建国初期的发展历程。

宾夕法尼亚大学(University of Pennsylvania)在建国初期经历了曲折的更名过程。1779年,宾夕法尼亚州政府对费城学院(The College of Philadelphia)进行改革,将其命名为“宾夕法尼亚州立大学”(University of the State of Pennsylvania),并更换了原来的校长和董事会;1789年学校又恢复原来的董事会,并于1791年更名为“宾夕法尼亚大学”(University of Pennsylvania)。爱德华·波茨·切尼(Edward Potts Cheney)在他的《宾夕法尼亚大学史:1740—1940》中提出,这两次更名期间的历史并不像以往史学家所认为的那样平静,尤其是它还受到来自政界和法国大革命的影响,这期间的改革足以使之成为美国最早的州立大学④——对于谁是美国第一所真正的州立大学,这里又提供了一个选择。切尼运用丰富的史料,详细地阐述了美国革命的领导者和建国者与宾夕法尼亚大学之间的关系,并分析了两次更名期间的政治和社会双重背景。这是一部优秀的校史著作,为研究建国初期美国高等教育的发展提供了新的视角。

① Morison S E. Three Centuries of Harvard: 1636 – 1936[M]. Cambridge: Harvard University Press, 1942.

② 亚伦是《圣经》中希伯来人的大祭司,摩西的长兄,这里所谓“亚伦的魔杖”象征着权威。

③ Quincy J. The History of Harvard University, Volume Ⅱ[M]. Cambridge: John Owen, 1840.

④ Cheney E P. History of the University of Pennsylvania, 1740 – 1940[M]. Philadelphia: University of Pennsylvania Press, 1940.

研究建国初期政府对高等教育的干预问题，绕不开北卡罗来纳大学（University of North Carolina）。肯普·P. 巴特尔（Kemp P. Battle）在他的两大本《北卡罗来纳大学史》①中详细地叙述了这所大学从1789年至1912年的发展历程。巴特尔认为，北卡罗来纳大学的历史应该可以追溯至1776年州宪法的颁布，因为在这部宪法中明确规定了州政府应该建立一所或多所教授实用知识的大学，这与建国初期其他各州宪法忽视教育尤其是高等教育形成了鲜明对比。巴特尔对整个建国初期北卡罗来纳大学的历史梳理得非常细致和清晰，甚至还讨论了几位学校董事会成员在这期间的贡献。

九所殖民地学院的校史总体上都认为建国初期的社会政治环境是学院改革的主要背景，但是改革的根本动力还是来自于其内部，因此强调了高等教育发展的主体性。其中，哥伦比亚大学的前身国王学院（King's College）受战争的影响最大，战争直接导致其停办了八年。建国初期，它在纽约州政府的直接管理和资助之下才逐步恢复和发展。国王学院建立一百五十周年纪念委员会在《哥伦比亚大学史：1754—1904》一书中强调了这种政府的外在力量在学院发展中的作用。

与美国较为成熟的研究相比，国内虽然一直重视美国教育史、美国高等教育史研究，但成果不多。1989年，陈学飞出版了《美国高等教育发展史》一书，在不长的篇幅中梳理了美国从殖民地时期到20世纪80年代的高等教育发展状况，但重点放在南北战争以后，仅用30页的篇幅概括了美国建国至南北战争期间的高等教育发展情况，而且只是挑选几件重要的历史事件加以叙述，而忽略了事件之间的连续性。贺国庆1998年出版的《德国和美国大学发达史》一书则勾勒了美国建国初期高等教育的发展概况，与其他著作相比，该书凸显了法国大革命对当时美国大学发展的影响，这是同时期的研究者乃至当前的研究者比较忽视的方面。

自20世纪70年代以来，我国台湾地区也出版了一些通史性的欧美教育史著作，但都和大陆的通史性著作一样，对美国建国初期的教育史关

---

① Battle K P. History of the University of North Carolina, from Its Beginnings to the Death of President Swain, 1789 - 1868[M]. Edwards & Broughton Printing Company, 1907; Battle K P. History of the University of North Carolina, 1868 - 1912[M]. Edwards & Broughton Printing Company, 1912.

注不多,专门性的系统研究更是少之又少。

虽然美国教育史一直是国内教育史研究的重点,但研究者历来更加侧重南北战争以后尤其是20世纪以来的美国教育史,对美国建国初期的教育思想和实践的历史关注得非常少,至今还没有一部系统研究美国建国初期教育史的专门著作。这种研究的欠缺与研究对象本身的重要性是不相称的,同时也说明了国内的研究者仍然没有认识到美国建国初期的高等教育发展在整个美国教育史和美国高等教育史中的重要地位。

国内目前对美国教育史和高等教育史的研究依然没有完全摆脱教科书式的写作方式,对第一手材料的占有依然是研究的薄弱环节。21世纪初,国内陆续出版了多本《外国教育史》和《外国高等教育史》①,但这些著作多采用教材编写的模式,对美国建国初期的教育史和高等教育史方面着墨不多。相对而言,"美国教育经典译丛"和"教育与国家发展译丛"等译著比较多地论及这一方面。② 在很长一段时间中,由于客观条件的限制,确实存在文献资料不足的问题,自20世纪90年代国内逐渐引进各种外文数据库以来,这种情况已经得到很大改善,国内历史学领域中对美国早期史研究的新进展即可说明这一点。据李剑鸣的统计,1990—2007年间,研究殖民地政治、美国革命、联邦宪法、1812年战争和乔治·华盛顿、本杰明·富兰克林(Benjamin Franklin)、托马斯·杰斐逊、亚历山大·汉密尔顿(Alexander Hamilton)、托马斯·潘恩(Thomas Paine)等人物的论文就达310篇左右。③ 但是美国建国初期的教育史研究却几乎很少借鉴

---

① 比较有代表性的有:黄福涛. 外国高等教育史[M]. 上海:上海教育出版社,2003;贺国庆. 外国高等教育史[M]. 北京:人民教育出版社,2004;张斌贤. 外国教育史[M]. 北京:教育科学出版社,2008;周采. 外国教育史[M]. 上海:华东师范大学出版社,2008;王保星. 外国教育史[M]. 北京:北京师范大学出版社,2008;贺国庆. 外国教育史[M]. 北京:高等教育出版社,2009. 这些通史类教材中对美国建国初期的教育史和高等教育史都关注甚少,提及的主题基本都是富兰克林与文实中学的建立、杰斐逊的教育思想、州立大学的兴建等。

② 这两大译丛中对本研究有比较大的参考价值的有:安迪·格林. 教育与国家形成:英、法、美教育体系起源之比较[M]. 王春华,等,译. 北京:教育科学出版社,2004;L. 迪安·韦布. 美国教育史:一场伟大的美国试验[M]. 陈露茜,李朝阳,译. 合肥:安徽教育出版社,2010;里帕. 自由社会中的教育:美国历程[M]. 於荣,译. 合肥:安徽教育出版社,2010.

③ 李剑鸣. 中国的美国早期史研究:回顾与前瞻[J]. 美国研究,2007(2):112-128.

这些历史学的研究成果，很少看到教育史的研究者引用这些论文或者利用这些论文发现可资利用的文献资料。目前，这一领域的历史学研究已开辟了通过网络获取资料的渠道，逐渐改变了以往只能利用第二手文献甚至第三手文献的局面，从而可以更多地直接运用第一手文献，这说明获取第一手文献已不再构成美国建国初期历史研究的重大障碍。然而，即便在这样的情况下，美国教育史研究中凡是涉及建国初期的部分依然没有发掘出更多的资料进行更深入的研究。① 这种沉默与历史学领域中相对繁荣的美国建国史研究形成了鲜明的反差。因此，研究对象本身的重要性以及早已具备的深入研究的可能性呼唤教育史研究者超越研究现状，重新挖掘史料，对美国建国初期的教育史和高等教育史进行系统性的专门研究。

（三）各州高等教育史研究中的建国初期历程

19 世纪末 20 世纪初，赫伯特·亚当斯（Herbert B. Adams）主编了 36 卷的“美国教育史丛书”（*Contributions to American Educational History*），其中 15 卷是各州高等教育史研究方面的专著。尤其是美国建国之初的十三个州，它们都有着长期的办学经验和传统，它们的高等教育事业经历了殖民地、独立战争以及整个建国的过程，因此各州的高等教育史中对建国初期这段历程的认识和评价也为本研究提供了参考。

托马斯·斯托克韦尔（Thomas Stockwell）的《罗得岛公共教育史：1636—1876》、查尔斯·卡罗尔（Charles Carroll）的《罗得岛的公共教育》以及威廉·托尔曼（William Tolman）的《罗得岛高等教育史》②，构成了对罗得岛教育史的全面系统阐释。卡罗尔认为，独立战争以后，尽管建立免费公共学校体系还是很遥远的事情，但是在接下来的半个世纪里，罗得岛

① 周采撰写的《美国教育史学——嬗变与超越》于 2005 年出版，这是她在自己的博士论文《从卡伯莱到克雷明：美国教育史学的创立和嬗变》的基础上撰写的。这部关于美国教育史学的研究著作的问世说明国内的美国教育史研究条件已大大改善，至少在研究美国教育史的第二手文献的掌握方面已有重大的进步，但除了这本著作外，鲜见其他的美国教育史研究者会借鉴这些文献资料。

② Stockwell T. A History of Public Education in Rhode Island[M]. Providence: Providence Press Company, 1876; Carroll C. Public Education in Rhode Island[M]. Providence: Providence Press Company, 1918; Tolman W H. History of Higher Education in Rhode Island[M]. Washington: Government Printing Office, 1894.

州的公共学校系统逐渐地在各个乡镇中奠定了基础。[1] 这与卡伯莱的观点相似。卡罗尔细数了很多市镇的公共学校发展状况,并指出州层面的资金和法律支持是促进这一时期教育发展的重要因素。在高等教育方面,托尔曼认为自从罗得岛学院(Rhode Island College),即后来的布朗大学(Brown University),在1764年建立之后,整个殖民地后期一直到建国初期,罗得岛州的高等教育一直处于一个缓慢发展的过程中。这一时期罗得岛州的高等教育史主要是布朗大学史,所以托尔曼用了将近一半的篇幅来介绍布朗大学的历史。独立战争使布朗大学关闭了六年之久,托尔曼突出了学校校长在这一艰难时期的个人作用,尤其是詹姆斯·曼宁(James Manning)和乔纳森·马克西(Jonathan Maxcy)[2]两位校长的努力。

西德尼·舍伍德(Sidney Sherwood)的《纽约州高等教育史》强调了州长乔治·克林顿(George Clinton)的个人作用以及法律在高等教育发展方面的意义。由于政府的主导作用,纽约州的高等教育在1784年就启动了世俗化和公立化的进程,然而这个过程并不顺利,就如舍伍德所说的,此时的高等教育立法只是一种妥协。不过他的研究证明,1783—1787年间,纽约州的教育精神和教育理念发生了很大的变化,甚至是一场"革命"(revolution)。[3] 在这一过程中,公众逐渐认为建立由州政府来控制、管理和资助的高等教育是必要的。纽约州立大学(University of the State of New York)的建立是这场革命的顶点,是新旧学院理念之间的一场妥协。舍伍德对纽约州的州立大学理念及其实践评价很高,认为"纽约州整个殖民地时期的历史就是一部通向这样一所大学(即纽约州立大学)的理念和机构的发展史"[4]。尽管纽约州的州立大学理念和实践借鉴了法国

---

① Carroll C. Public Education in Rhode Island[M]. Providence: Providence Press Company, 1918: 7.

② 詹姆斯·曼宁,1765年被选为第一任校长,任职至1791年,后由乔纳森·马克西接任,马克西担任校长至1802年。

③ Sherwood S. The University of the State of New York: History of Higher Education in the State of New York[M]. Washington: Government Printing Office, 1900: 81.

④ Sherwood S. The University of the State of New York: History of Higher Education in the State of New York[M]. Washington: Government Printing Office, 1900: 99.

大学的理想,但是"当法国还在争论的时候,纽约就已经实现了"①,而且还没有丢失法国人所抛弃的个人主义原则。在此基础上,舍伍德继而认为,从签署《独立宣言》的1776年到新的联邦体制正式确立的1789年,是"美国教育革命的时代"(era of educational revolution in America),并进而讨论了政治革命与教育革命的关系。总体来说,舍伍德的这部《纽约州高等教育史》在同类的州高等教育史著作中是较为出众的一部,它系统地展现了美国建国初期纽约州高等教育的发展进程,比较了新旧学院理念和国内外的大学理想。

肯塔基州于1792年脱离弗吉尼亚州正式成为美利坚合众国的第十五个州,阿尔文·费耶特·刘易斯(Alvin Fayette Lewis)的《肯塔基州高等教育史》②认为,肯塔基州在建国初期的高等教育发展首先得益于弗吉尼亚州的法律政策。肯塔基州很早就开始了州立大学系统的进程,由特兰西瓦尼亚学院(Transylvania Seminary)转变而来的特兰西瓦尼亚大学(Transylvania University)就是这一系统的顶端,而且州政府资助特兰西瓦尼亚大学的模式为后来州立大学、学院、专科学校的建立树立了榜样。肯塔基州独立建州之后继续了这一进程。因此,从总体来看,刘易斯的目光聚焦在公立高等教育的发展上,这其实是一部公立高等教育史。他认为肯塔基州的高等教育当时没有得到很好发展的原因并不是政策或者观念问题,而是公共资金和可用于赠予的土地不足。类似的观点还体现在爱德华·W. 霍尔(Edward W. Hall)的《缅因州高等教育史》③、查尔斯·H. 哈斯金斯(Charles H. Haskins)和威廉·赫尔(William Hull)的《宾夕法尼亚州高等教育史》④、乔治·加里·布什(George Gary Bush)的《马萨

---

① Sherwood S. The University of the State of New York: History of Higher Education in the State of New York[M]. Washington: Government Printing Office, 1900: 99.

② Lewis A F. History of Higher Education in Kentucky[M]. Washington: Government Printing Office, 1899.

③ Hall E W. History of Higher Education in Maine[M]. Washington: Government Printing Office, 1903.

④ Haskins C H & Hull W I. A History of Higher Education in Pennsylvania[M]. Washington: Government Printing Office, 1902.

诸塞州高等教育史》①、乔治·W. 奈特(George W. Knight)和约翰·R. 康芒斯(John R. Commons)的《俄亥俄州高等教育史》②以及科利尔·梅里韦瑟(Colyer Meriwether)的《南卡罗来纳州高等教育史》③中。在他们看来,美国建国后的高等教育发展,其实就是州政府创建、改革和资助各高等院校的过程,且大多是通过立法形式进行的,他们重视对这一过程的叙述,而比较忽视私立学院的发展。

查尔斯·史密斯(Charles Smith)则从宪法与高等教育关系的角度考察了北卡罗来纳州高等教育在独立之后的发展。他认为,北卡罗来纳州是美国各州中最早在宪法中关注高等教育发展的,州政府和民众对发展高等教育是有明确意识的,因为在1776年制定并通过的北卡罗来纳州宪法中就明确规定应该建立自己的高等教育体系,这与卡伯莱所认为的1820年以前美国各州仍无明确的教育意识不同。史密斯叙述了从1776年到1795年北卡罗来纳大学开学这段历史,高度评价这所作为"州政府之子"(child of the state)的大学对本州和南方各州的影响和示范意义,并从管理、课程、校长、学生等多个方面考察了这所大学的早期发展史。④

与其他的州高等教育史相比,科尼利厄斯·J. 希特沃尔(Cornelius J. Heatwole)对弗吉尼亚州高等教育在建国初期的发展的考察并没有侧重于州政府的作用,而是更多关注宗教和私人的力量。希特沃尔认为,独立战争期间来自其他州的移民增加了弗吉尼亚州宗教势力的多样性和活跃性,各个教会在参与政治、增进知识、传播宗教方面都很积极,甚至在独立战争和南北战争期间,教会所创办的大学在弗吉尼亚州高等教育系统中乃是最活跃的力量。希特沃尔认为,1775年创办的长老会控制下的汉普顿-西德尼学院(Hampton-Sidney College)虽然没有殖民地时期九大学院那样长的历史,但是它逐渐表现出来的文化影响力却是很多院校无法

① Bush G G. History of Higher Education in Massachusetts[M]. Washington: Government Printing Office, 1891.

② Knight G W & Commons J R. The History of Higher Education in Ohio[M]. Washington: Government Printing Office, 1891.

③ Meriwether C. History of Higher Education in South Carolina[M]. Washington: Government Printing Office, 1889.

④ Smith C L. The History of Education in North Carolina[M]. Washington: Government Printing Office, 1888.

企及的。汉普顿-西德尼学院完全是由教会创办和控制的，为美国建国初期的宗教教育和公民教育作出了巨大的贡献，而弗吉尼亚州政府对其却很少进行资助。而1776年创办的华盛顿和李大学（Washington and Lee University）则是一所独立于宗教力量和州政府的大学，“它以自己独特的方式为这个国家服务：它重视培养在合众国早期历史上非常重要的良好的公民意识和公共服务精神”①。希特沃尔以这两所院校说明美国建国初期的弗吉尼亚州高等教育发展是教会和私人力量主导的，而不是靠政府的引导或资助，这与其他州的高等教育有明显区别。

从总体上来看，19世纪末20世纪初成书的各州高等教育史著作中，只有少数会专门列章论述建国初期的高等教育发展。从篇幅上来看，研究者更加重视19世纪30年代以后，尤其是更晚近的高等教育发展。而且，这些教育史研究的实用性很强，多是为当时高等教育的发展做参考的，所以更多停留在史实梳理的层面上，很少深入地讨论高等教育发展的原因、动力及其复杂的过程等。

二、美国建国初期高等教育的专门研究

（一）断代研究

20世纪70年代，在美国高等教育史研究领域集中地出现了一些关于建国初期高等教育发展的断代研究。1974年，戴维·W. 罗布森在美国早期史专家埃德蒙·摩根（Edmund Morgan）教授的指导下，在耶鲁大学（Yale University）完成了博士论文《美国建国之初的高等教育：1750—1800》。② 这是一篇专门研究美国建国时期高等教育史的论文，考察了18世纪下半叶美国高等教育与政府关系的历史变迁，并于1985年修改后更名为《塑造共和国国民：美国革命时代的学院（1750—1800）》出版。罗布森认为，这半个世纪的高等教育发展是与美国的政治文化紧密地联系在一起的。从18世纪中期开始，高等教育与政治之间的关系就由模糊而含蓄逐渐变得清晰而明朗，在走向独立的过程中，学校的管理者、教师和学

---

① Heatwole C J. A History of Education in Virginia[M]. New York: The Macmillan Company, 1916:151.

② Robson D W. Higher Education in the Emerging of American Republic, 1750 - 1800[D]. New Haven: Yale University, 1974.

生都深受政治的影响,并开始投身于政治理念的论辩和实践。在独立战争中,多数美国人认为学院与政府必须加强联系,州政府应该承担发展和管理学院的责任,而学院也应该调整自己的课程为州服务。独立之初,原来的殖民地学院努力地适应新的国家和政体,积极投身于这个充满政治激情的时代,它们达到了介入政治最深的时候。① 相比之下,新建立的学院虽然也涉足政治,但是更关注宗教和文化本身。这也导致了美国建国后高等教育发展的不同道路。总之,“高等教育与政府的关系已经成为一项政治议题。……在这五十年中,影响美国高等教育发展进程的至关重要的因素乃是与政治文化的关系”②。可以说,罗布森从一个很新颖的角度切入,探讨了美国建国时期高等教育发展的动力,而且其教育与政治密切互动的视角也是以前的研究者所不曾有过的。

罗布森以丰富的史料为我们展现了美国建国时期高等教育发展的另一个侧面,有很大的借鉴价值。然而,他把视角完全专注于政治这个方面,在他的笔下,这半个世纪的美国高等教育史俨然成了一部高等教育“政治化”(politicization)的历史。在他的研究中,每一个时期或主题都只运用个案研究,通过对某一所或几所学院的考察说明高等教育政治化的问题,这未免有点以偏概全。建国一代尽管强调高等教育为政府服务,但基于民主的政治理念,他们不会认同让政治主导教育,当时建立公立大学的困难已经说明了这一点。当时各新旧学院的领导者、管理者从未有过政治主导教育的理念,也从未将政治的意识形态作为办学的理念或课程的目标,因此,罗布森夸大了政治在高等教育发展中的影响力。

与罗布森关注高等教育与政治的密切关系不同,霍华德·米勒(Howard Miller)则是将宗教史与高等教育史相结合。米勒于 1970 年在密歇根大学(University of Michigan)完成博士论文《契约共同体:美国长老会、社会冲突与高等教育(1730—1820)》,并在此基础上于 1976 年推

---

① Robson D W. Educating Republicans: The College in the Era of the American Revolution, 1750 - 1800[M]. Westport: Greenwood Press, 1985: 177.

② Robson D W. Educating Republicans: The College in the Era of the American Revolution, 1750 - 1800[M]. Westport: Greenwood Press, 1985: 252.

出了《革命的学院:美国长老会高等教育(1707—1837)》①。他认为,殖民地时期发展起来的长老会制学院的内部改革受到外部各种力量的影响,这种改革只是美国长老会制学院发展的一个方面。革命后的长老会制学院无法不受社会发展的影响,它必须由以前宗教的、狭隘的学院变成更加综合的、非教派性的、培养合众国国民的学院,它必须从更广阔的范围招收学生。长老会认为美国革命是一个新时代的开始,在这个时代里将会产生一个更加团结一致的社会,因此,革命对长老会来说是一个创建新社会的契机,而长老会制学院将是实现这一目标的理想路径。从这个意义上说,在创建新国家的过程中,宗教理想与社会理想在高等教育上达成了一致。

除了从宏观上考察建国初期高等教育的发展、高等教育与政治和宗教的密切关系之外,对具体的学院或大学在这一时期发展与变革的研究也值得重视。约翰·S. 怀特海德(John S. Whitehead)在其著作《学院与州的分离:哥伦比亚、达特茅斯、哈佛和耶鲁(1776—1876)》②中分析了四所殖民地时期建立的学院在美国独立后一个世纪内学校管理权的变迁。怀特海德认为,19 世纪末之前美国的高等教育中不存在明显的公私界限,1819 年的达特茅斯学院案并没有在美国高等教育领域产生深刻的影响,高等教育中的公与私也没有因此而得以划定。在 1820 年之前,这四所学院与各自所在的州之间有一种密切的"联合"(alliance),直到内战之后,这些私立院校才逐渐摆脱州政府的控制,才有了明确的公私界限。戴维·汉弗莱(David Humphrey)的《从国王学院到哥伦比亚学院:1746—1800》③对哥伦比亚大学在建国初期的经历做了个案研究。该书在广阔的知识、社会、政治背景中展现了国王学院到哥伦比亚学院(Columbia College)的变迁过程,尤其重视独立战争后学院恢复教学之后的发展历

---

① Miller H. A Contracting Community: American Presbyterians, Social Conflict, and Higher Education, 1730 - 1820[D]. Ann Arbor: University of Michigan, 1970; Miller H. The Revolutionary College: American Presbyterian Higher Education, 1707 - 1837[M]. New York: New York University Press, 1976.

② Whitehead J S. The Separation of College and State: Columbia, Dartmouth, Harvard and Yale, 1776 - 1876[M]. New Haven: Yale University Press, 1973.

③ Humphrey D C. From King's College to Columbia College, 1746 - 1800[M]. New York: Columbia University Press, 1976.

程。他强调了哥伦比亚学院第一任校长威廉·萨缪尔·约翰逊(William Samuel Johnson)在转型时期的突出贡献。汉弗莱通过比较哥伦比亚学院与独立战争以前的国王学院在教派背景、政治态度、学生、课程等方面的区别,说明了美国的独立与建国对美国高等教育来说是一种"转型的助推力"(transforming thrust)。同时,学校的转变又是与整个纽约市在革命中的变化密切联系在一起的。作者强调了哥伦比亚学院的改革与政治、社会之间的互动关系,认为学院的改革是受到多重外部因素影响的。詹姆斯·摩根(James Morgan)的《迪金森学院:1783—1833》①也突出了学院在美国建国初期复杂的社会、政治变迁过程中的改革进程,与汉弗莱的研究有异曲同工之处。

1986 年约翰·F. 罗奇(John F. Roche)的《美国独立战争期间的殖民地学院》与 2002 年 J. 戴维·赫费勒(J. David Hoeveler)的《创造美国的心灵——殖民地学院中的知识与政治》则是两部专门研究殖民地时期九大学院在独立战争期间经历的著作。独立战争爆发时,北美的高等教育已有一个多世纪的发展历史,九大学院在社会政治激荡之际的遭遇、应变、发展是高等教育史上不可回避的话题。罗奇主要从学院的领导者、学生、课程三个角度描述殖民地时期的学院如何在战争期间坚守、发展和变革。他认为大部分学院的师生都是支持独立的,但在这场政治变革中,学院如同罗布森所描述的那样"政治化"了。② 赫费勒的研究主要分两个部分,第一部分是按学院分别叙述它们在殖民地时期的发展历程;第二部分以政治、革命和知识文化为主题,讨论战争对学院的直接影响,以及殖民地时期的学术经验与革命期间美国知识文化的创造之间的联系。③

斯蒂文·J. 诺瓦克(Steven J. Novak)和利昂·杰克逊(Leon Jackson)的研究则是从学生反叛的角度考察了美国建国初期高等教育所经历的动荡与变革。诺瓦克的《年轻人的权利:美国学院与学生反叛(1798—1815)》聚焦 1798—1815 年美国历史上的第一次学生反叛潮。诺

---

① Morgan J. Dickinson College, 1783 - 1833[M]. Carlisle: Dickinson College Press, 1933.

② Roche J F. The Colonial Colleges in the War for American Independence[M]. Millwood: Associated Faculty Press, 1986.

③ Hoeveler J D. Creating the American Mind: Intellect and Politics in the Colonial College[M]. Lanham: Rowman & Littlefield Publishers Inc., 2002: 242.

瓦克认为,法国大革命和启蒙运动提供了学生反叛的意识形态背景,而独立后革命精神的"后转"(aboutface)以及社会形势的变化和动荡则成了学生反叛的温床,学生思想和行为的骚动其实只是当时那个转型时代的一部分内容。"这是美国高等教育的形成时期,18 世纪相对开放、自由的机构转变成 19 世纪早期那种狭隘的、传道式的学院……学生的骚乱和反叛既是对这种更加保守的变化趋势的回应,也在无意中促进了这一趋势。"①18 世纪末,教授们逐渐将学生的动荡不安视为一种普遍问题,而州政府对大学的资助政策以及大学内部的课程改革都受到了学生反叛行为的影响,北卡罗来纳州立大学的学生骚乱甚至直接导致州政府削减财政资助。

利昂·杰克逊也采用相同的视角考察了哈佛大学 18 世纪末 19 世纪初的学生骚动及其给哈佛带来的影响。他认为社会的变革使得 1776—1826 年这 50 年成了美国高等教育史上最"危险"的时候。② 就学校内部的原因来说,校园的动荡主要来自大学教师和管理者不清楚自己的职责和使命,无法对他们所教和所管的学生有清醒的认识,这种情况要到 19 世纪三四十年代才逐渐改善。斯蒂文·J. 诺瓦克和利昂·杰克逊都从学生问题入手,视角独特,他们还用当时很多大学教授的日记来说明当时校园生活和学生骚动的细节,他们看到了新时代学院所经历的动荡,为观察建国初期的高等教育发展提供了另一个视角。

1974 年,密歇根大学的一篇博士论文《变革与继承:美国高等教育的价值观(1750—1800)》③讨论了美国高等教育从殖民地末期到建国初期的传统继承与变革问题,强调美国建国后的高等教育在新形势下如何对待殖民地时期的经验。同年,戴维·L. 马德森(David L. Madsen)在《早期的国家教育:1776—1830》④中考察了美国建国后的政治发展与教育事

---

① Novak S J. The Rights of Youth: American College and Student Revolt, 1798 - 1815[M]. Cambridge: Harvard University Press, 1977: vi.

② Geiger R. The American College in the Nineteenth Century[M]. Nashville: Vanderbilt University Press, 2000: 47.

③ Erenberg P V. Change and Continuity: Values in American Higher Education, 1750 - 1800[D]. Ann Arbor: University of Michigan, 1974.

④ Madsen D L. Early National Education, 1776 - 1830[M]. New York: Wiley, 1974.

业尤其是高等教育事业的密切关系。1981 年,怀俄明大学(University of Wyoming)的一个研讨班以学院董事会的变迁为主线,梳理了多所学院的董事会在 18 世纪后 50 年中的演变过程,考察了高校管理层在建国初期的更迭和改革。①

2010 年,詹姆斯·保罗(James Paul)完成了他的博士论文《西部世界的孩子们:宗教控制的错觉与肯塔基州高等教育的形成(1780—1818)》②。在约翰·R. 塞林教授的指导下,保罗以特兰西瓦尼亚学院为中心,考察了 18 世纪末 19 世纪初肯塔基州高等教育的发展进程。他重新评估了建国初期宗教力量在肯塔基州高等教育中的作用。他认为,宗教势力,特别是长老会在肯塔基州高等教育起步阶段起着关键性的作用,但这种宗教力量只是遮在高等教育之上的一块纱幕,在随后的发展中逐渐褪去了,他要展示的就是揭开纱幕之后没有宗教势力干预的特兰西瓦尼亚学院和大学的历史。消除这种宗教错觉之后,人们就可以看到当时肯塔基州高等教育发展的社会、政治、文化背景,以及当时的政府领导者是如何视高等教育为现代化和启蒙之途径的,这又挑战了宗教是美国早期高等教育发展的关键性力量的观点。

(二) 美国建国与高等教育发展关系的研究

爱德华·H. 赖斯纳(Edward H. Reisner)的《1789 年以来的国家主义与教育:现代教育的社会政治史》③把近代民族国家的崛起与教育事业

① Shearer-Shineman A R. The Trustees of William Mary College, 1750-1800. Unpublished Seminar Paper. Laramie: University of Wyoming, 1981; Shearer-Shineman A R. The Trustees of the College of New Jersey, 1750-1800. Unpublished Seminar Paper. Laramie: University of Wyoming, 1981; Schulte S C. The Trustees of the College of Philadelphia and the University of Pennsylvania, 1750-1800. Unpublished Seminar Paper. Laramie: University of Wyoming, 1981; McKnight R P. The Trustees of Dartmouth College, 1769 – 1800. Unpublished Seminar Paper. Laramie: University of Wyoming, 1981.

② Paul J. Children of the Western World: The Illusion of Religious Control and the Making of Higher Education in Kentucky, 1780 – 1818[D]. Lexington: University of Kentucky, 2010.

③ Reisner E H. Nationalism and Education since 1789: A Social and Political History of Modern Education[M]. New York: The Macmillan Company, 1922. 此书大部分内容在 20 世纪 30 年代被译成中文,并更名为《法德英美教育与建国》,参见:E. H. Reisner. 法德英美教育与建国[M]. 崔载阳,编译. 上海:民智书局,1930. 约翰·S. 布鲁巴克在《教育问题史》中认为,赖斯纳的这本书是阐述国家主义与教育的关系最好的一本著作,参见:约翰·S. 布鲁巴克. 教育问题史[M]. 单中惠,王强,译. 济南:山东教育出版社,2012:665.

紧密地结合起来,介绍了英、法、美、德四个国家建国之后教育的发展,把建国作为一国教育发展的新起点。就美国来说,建国初期的联邦政府和地方政府与教育的关系是其论述的重点。一方面,美国有着殖民地时期的公立教育传统;另一方面,建国初期的联邦政府和地方政府对教育并未表现出很大的热情,建国后最初50年中公立教育并未提上政府的议事日程。但是,"开国直至安德鲁·杰克逊(Andrew Jackson)总统,没有一人知道利用公共教育来创造一国的文化和培养合格公民"①这一结论未免缺少历史的考察,至少有很多建国一代和社会人士从合众国建立伊始就在为建立一套公立的教育体系而努力,把公民教育看作新国家创建过程中一项不可或缺的内容。

约翰·S. 布鲁巴克在1947年推出的教育史领域第一本以问题为研究主线的教育史著作《教育问题史》中,论述政治与教育、国家主义与教育时谈及美国共和政治与教育、美国联邦政府与教育的关系。他认为,美国建国后国家的教育机构发展是极其缓慢的,或者说很长一段时间内国家都没有干预教育的意愿。国家对教育第一次真正的干预是颁布《1787年西北土地法令》,但这一法令并没有明确规定国家或政府在发展教育上的主体性地位。"该条款似乎是作为吸引新英格兰地区的移民的一种手段而被加入法律的,因为那里已经形成强有力的办学传统。这与其说是一种国家教育政策的承诺,还不如说是一种商业推销的宣传。"②至于为何在建国之初,联邦宪法与各州宪法大多"遗漏"了教育问题,布鲁巴克认为,主要是由于开国者接受的私人教育和教会教育的经历以及当时欧洲还没有国家干预教育的先例。实际上在制宪会议中,教育问题没有被忽视,只是被涵盖在其他议题中了。同时,他还看到联邦宪法在教育问题上的沉默对后来美国教育事业的发展有着极大的影响。正是这种沉默,教育权才会保留给各州,后来的美国教育、高等教育才会在多样化道路上发展出自己的特色。所以,虽然美国建国与教育发展的问题在《教育问题史》中所占的篇幅并不长,但布鲁巴克的分析是值得做进一步思考的。

---

① E. H. Reisner. 法德英美教育与建国[M]. 崔载阳,编译. 上海:民智书局,1930:286.

② 约翰·S. 布鲁巴克. 教育问题史[M]. 单中惠,王强,译. 济南:山东教育出版社,2012:67.

罗伯特·乌利希(Robert Ulich)和安迪·格林(Andy Green)的比较研究也是不可忽视的。1961年,乌利希的《国家的教育:历史的比较》重点考察了英、美、德、法、俄各国近代以来的教育发展。在美国教育中,他强调殖民地后期和建国初期富兰克林与杰斐逊的教育思想和实践奠定了美国教育发展的基本传统。① 格林在《教育与国家形成:英、法、美教育体系起源之比较》②中认为,直到美国独立战争时期,教育在美国才成为一个国家问题,成为美国完成国家创建和文化独立的首要工具。虽然他们不是专门论述高等教育问题的,但在他们的叙述中包含了高等教育,这对本研究有非常重要的参考价值。

另外还有几本虽与本研究的主题不直接相关,但在美国国家创建与高等教育的问题上有独特价值的著作。卢瑟·L. 戈贝尔(Luther L. Gobbel)在《1776年以来北卡罗来纳州教育中教会与州政府的关系》③中讨论了北卡罗来纳州在独立战争开始以后,教育中的宗教力量与世俗政府力量的对抗和冲突的过程,这个过程持续了整个19世纪。戈贝尔在高等教育方面着墨不少。他认为,《1787年西北土地法令》直接让北卡罗来纳州正式开始了高等教育的历程,但从一开始,宗教与世俗的力量就在高等教育的控制权、管理权、课程改革等问题上争论不休。

卡尔·F. 克斯特尔(Carl F. Kaestle)的《共和国的脊梁:公共学校与美国社会(1780—1860)》④分两个时间段考察了从独立战争到南北战争期间公共学校的发展史。其中,第一个阶段是1780—1830年,这是公共学校系统的奠基时期。克斯特尔主要从以下方面着手:国父们关于建立公共学校的思想和理念,以及乡村地区和城市地区公共学校的发展。他

---

① Ulich R. The Education of Nations: A Comparison in Historical Perspective[M]. Cambridge: Harvard University Press, 1972.

② Green A. Education and State Formation: The Rise of Educational Systems in England, France and the USA[M]. New York: Palgrave Macmillan, 1990; 安迪·格林. 教育与国家形成:英、法、美教育体系起源之比较[M]. 王春华,等,译. 北京:教育科学出版社, 2004.

③ Gobbel L L. Church-State Relationship in Education in North Carolina since 1776[M]. North Carolina: Durham, 1938.

④ Kaestle C F. Pillars of the Republic: Common Schools and American Society, 1780 - 1860[M]. New York: Hill and Wang, 1983.

的研究角度比较小，没有宏大的社会政治背景，没有强调学校发展与外部因素之间的互动关系，也没有特别突出国家建立对学校发展的根本性影响，只是描述学校自身的变化和演进。克斯特尔运用了一些实际数据来证明他的观点，如入学人数的增长、政府拨款的增加、女子在学校上课时间的延长等，从小数据见大变化，用较小的篇幅说明那些鸿篇巨制所要证明的问题。他虽然不曾涉及高等教育问题，但是其对美国建国与公共学校系统形成过程的考察，其探讨的视角和方法对于研究高等教育领域内的相关问题有很大的借鉴意义。

鲁思・米勒(Ruth Miller)的《美国初等学校教育中的国家主义：1776—1865》通过考察美国初等学校教材在独立以后所体现出来的国家主义来说明美国建国后基础教育发展的趋势。① 不过米勒只考察了初等教育与国家主义的关系，那么高等教育是否也有类似的国家化趋势？文化独立的思想在高等教育中又是如何体现的？这都是有待研究的。而卡罗林・伊斯曼(Carolyn Eastman)认为政治体制和宪法只是国家构建的一部分，全国民众“必须学做美国人”，年轻人都要参与到公共生活中去，表达和聆听是主要的参与方式。② 他的《演说者的国家》可以说是一部美国革命的文化史，它体现了独立后如何塑造适合共和体制的公共生活和公民的过程，这是克雷明所指的更广意义上的教育。莫里斯・贾诺威茨(Morris Janowitz)更是认为，美国革命的结果就是形成了一种新的公民教育。伊斯曼和贾诺威茨的研究不啻是一种对美国建国初期的政治史和文化史的考察，同时这也是高等教育发展的政治文化背景。

(三) 美国建国初期的国立大学研究

“国立大学”(national university)是美国建国之初很多人在高等教育上的理想，华盛顿、杰斐逊、拉什等都曾表达了自己对国立大学的期待，并付诸实际的行动。这一理想其实也突出地体现了当时高等教育发展的一个重要方面，即政府开始介入高等教育领域，尽管这一过程是曲折的。在建国初期建立国立大学问题的专门阐述中，最早的要数约翰・W. 霍伊

---

① Miller R V. Nationalism in Elementary Schoolbooks in the United States from 1776 - 1865 [M]. Ann Arbor: University of Michigan, 1952.

② Eastman C. A Nation of Speechifiers: Making an American Public after the Revolution[M]. Chicago and London: The University of Chicago Press, 2010: 2.

特(John W. Hoyt)提交到国会的《关于国立大学的备忘录》①。霍伊特从19世纪后半期起直到去世,用了三四十年的时间来争取创建国立大学。这份提案也是一本书。在书中他详细地追溯了百余年来美国追求国立大学的历史,汇编了很多历史文献,并阐述了当时建立国立大学的意义、可能性和必要性。1925年,卡罗尔·D. 钱普林(Carroll D. Champlin)在匹兹堡大学(University of Pittsburgh)完成博士论文《美国的国立大学运动》②;1931年,西塔·M. 哈里森(Theta M. Harrison)在斯坦福大学(Stanford University)完成博士论文《美国国立大学运动史》③。这是两篇最早对美国国立大学运动进行系统考察的博士论文,比较全面地分析了当时产生国立大学理念的政治、社会背景以及在国会中争取建设国立大学的过程。1936年,明尼苏达大学(University of Minnesota)教育学副教授埃德加·布鲁斯·卫斯理(Edgar Bruce Wesley)在《美利坚合众国大学》中简要回顾了国立大学的历史,评价了建国之初创建国立大学理念的影响和价值,并分析了失败的原因。④

1966年,戴维·L. 马德森的《国立大学:美国人长期的梦想》一书可以说是关于美国国立大学的第一本系统专著。在书中,马德森分不同时段勾勒了美国人追求国立大学的历史。⑤ 他用"早期的建议"、"联邦主义时代"、"杰斐逊主义时代"三个章节,约全书三分之一的篇幅,论证了建国初期的国立大学理念主要关心的是教学的目标和内容,而不是学校的控制权和资助问题,由此他认为此时的国立大学理念过于肤浅,这是导致最初努力失败的根本原因。南北战争以后,尤其是19世纪末,在国会议员霍伊特的努力下,关于国立大学的讨论才有了一些实质性的进展。但

---

① Hoyt J W. Memorial in Regard to a National University [M]. Washington: Government Printing Office, 1892.

② Champlin C D. The Movement for a National University in the United States[D]. Pittsburgh: University of Pittsburgh, 1925.

③ Harrison T M. A History of the Movement for a National University in the United States[D]. Stanford: Stanford University, 1931.

④ Wesley E B. Proposed: The University of the United States[M]. Minneapolis: The University of Minnesota Press, 1936.

⑤ Madsen D L. History of an Idea: The University of the United States [D]. Chicago: University of Chicago, 1962; Madsen D L. The National University: Enduring Dream of the USA[M]. Detriot: Wayne State University Press, 1966.

该书没有对国立大学理念的产生和最终无法实现的原因进行深入探讨，对每个人物的理念的分析也不够透彻。此外，1946 年北卡罗来纳大学还有一篇硕士论文梳理了内战之前关于国立大学的文献，将建国初期作为一个重要时间段展开论述。①

三、美国建国初期政府与高等教育的关系研究

美国建国初期的一个最重要特征就是独立的新国家的建立以及一整套政府治理机构的形成，这是殖民地时期的高等教育所不曾遇到过的新形势。新国家的出现使得高等教育领域出现了新的影响因素，即新政府，包括联邦政府与地方政府。虽然此前的殖民地政府也或多或少地介入过高等教育事业，但毕竟不系统，殖民地领导者也没有一套系统地干预高等教育的理念。研究者们也敏锐地感觉到了新国家在这方面带来的变化，在讨论政府与学院和大学之间的密切关系的时候都是从建国开始追溯。

1972 年，乔治 · N. 雷恩斯福德（George N. Rainsford）的《19 世纪的国会与高等教育》一书，系统地梳理了从建国至 19 世纪末联邦政府在高等教育发展中扮演的角色。雷恩斯福德认为，政府对高等教育的支持与干预其实从殖民地时期就开始了，尽管独立之初建立一种国家教育体系和一所国立大学的努力失败了，但是高等教育中的国家色彩却更加浓厚。《1787 年西北土地法令》的颁布则为联邦政府干预高等教育乃至整个教育体系排除了法律上的障碍，1802 年美国西部大学（American Western University，1804 年更名为 Ohio University）成立，俄亥俄州为联邦政府干预高等教育政策的落实做出了榜样。② 四年之后，劳伦斯 · E. 拉迪厄（Lawrence E. Gladieux）和托马斯 · R. 沃拉尼（Thomas R. Wolanin）合著了《国会与学院：高等教育的国家政治学》，该书其实是一本理论性的教育政治学研究著作而不是历史研究著作。作者认为，一开始国家干预高等教育的努力是失败的，因为国家独立后正面临着更加重要的问题而无暇他顾，联邦政府开始直接干预和管理高等教育机构是从西点军校开始

---

① Hill J W. The Movement to Establish a National University Prior to 1860: A Documentary History[M]. Chapel Hill: University of North Carolina, 1946.

② Rainsford G N. Congress and Higher Education in the Nineteenth Century[M]. Knoxville: The University of Tennessee Press, 1972: 39 – 42.

的,联邦政府之所以进入高等教育领域,是因为高等教育对公众和政府是"有用的",是出于国土安全和国家防卫的考虑。①

1936 年,爱德华·C. 埃利奥特(Edward C. Elliott)和 M. M. 钱伯斯(M. M. Chambers)合著的《学院与法院:关于美国高等教育机构的法律判决》一书则从另一个角度考察了政府与高等教育的关系。自建国开始,美国联邦政府确实没有干预高等教育的宪政依据,宪法第十条修正案甚至将教育权直接赋予了地方。因此,直到今天,法律的颁布和法院的裁决构成了美国联邦政府干预高等教育的主要途径,而这也是从建国初期开始的。② 戴维·J. 斯宾塞·希尔(David Spence Hill)和霍华德·J. 萨维奇(Howard J. Savage)也认为,是否干预教育尤其是高等教育事业在建国初期就一直是一个备受争议的话题,不过他们的研究侧重于教育政治学的理论性探讨,没有对史实展开论述。③

1982 年,彼得·多布金·霍尔(Peter Dobkin Hall)在《美国文化的组织:1700—1900 年间的私立学校、社会精英以及美国民族性的起源》一书中,把高等教育放在美国文化、民族性与国家主义的大背景中进行讨论。新国家的建立是一个不可忽视的重大事件,建国初期,旧秩序被破坏了,而新秩序正在建立过程中,霍尔选取了两个案例来说明国家对高等教育的影响。一是医学的专业化。建国初期政治上的变化,"使得医生们终于可以通过法律认可形成集体性的组织",这种医学和科学学科的更加专业化是促进当时学院发展的重要力量。④ 二是以耶鲁学院在建国初期的历程为代表探讨了高等教育在国家形成中的角色和地位。1795 年上任的

---

① Gladieux L E & Wolanin T R. Congress and the Colleges: The National Politics of Higher Education[M]. Lexington: D. C. Heath Company, 1976: 4. 同时参见:The American Assembly. The Federal Government and Higher Education[N]. Englewood Cliffs: Prentice-Hall, 1960: 36.

② Elliott E C & Chambers M M. The Colleges and the Courts: Judicial Decisions Regarding Institutions of Higher Education in the United States[M]. Boston: The Merrymount Press, 1936.

③ Hill D S & Savage H J. Control of Tax-Supported Higher Education in the United States[M]. Boston: The Merrymount Press, 1934.

④ Hall P D. The Organization of American Culture, 1700 - 1900: Private Institutions, Elites, and the Origins of American Nationality[M]. New York: New York University Press, 1982: 136 - 137.

蒂莫西·德怀特(Timothy Dwight)作为一个联邦主义者,深切地认识到学院对国家的作用,他的改革废除了旧秩序在耶鲁的残留,拓展了学生的学习领域,并鼓励学生独立思考。①

堪萨斯州立大学(Kansas State University)教授弗兰克·W. 布莱克默(Frank W. Blackmar)于1890年系统考察了建国一百多年以来联邦政府和州政府资助高等教育的历史,发现资助虽然不是政府与高等教育关系的全部,却是非常重要的一个方面,在建国之初尤其如此。布莱克默认为殖民地时期政府资助高等教育已经开创了先例,新国家建立后国家教育观念开始兴起,西点军校的建立是这一理念的最终落实,而联邦政府资助高等教育的政策则是从《1787年西北土地法令》开始的。② 此外,布莱克默还梳理了各州资助高等教育政策的发展史,这为本研究提供了一份不可多得的文献。

美国最初的高等教育政策与西部土地有着密切的联系,高等教育政策一开始也是土地政策的一部分,托马斯·铂金斯·阿伯内西(Thomas Perkins Abernethy)的《西部土地与美国革命》系统论述了殖民地末期至1789年的西部土地问题与北美社会政治发展的关系,为我们提供了一个更广阔的政治和政策背景。③ 讨论美国建国初期政府对高等教育的政策,必然无法回避《1787年西北土地法令》。霍华德·克伦威尔·泰勒(Howard Cromwell Taylor)1922年专门讨论了这一法令对教育的意义。他在《早期联邦土地法令对教育的意义》中指出,美国的独立事实上激发了国家对于高等教育的兴趣,早期的土地法令把这种倾向政策化,并直接导致了第一所州立(公立)大学的建立,更重要的是为今后政府在高等教育上采取措施确立了基本的原则和理念。④ 杰伊·A. 巴雷特(Jay A.

---

① Hall P D. The Organization of American Culture, 1700 – 1900: Private Institutions, Elites, and the Origins of American Nationality[M]. New York: New York University Press, 1982: 159 – 160.

② Blackmar F W. The History of Federal and State Aid to Higher Education in the United States[M]. Washington: Government Printing Office, 1890: 29.

③ Abernethy T P. Western Lands and the American Revolution[M]. New York: Russell & Russell Inc., 1959.

④ Taylor H C. The Educational Significance of the Early Federal Land Ordinances[M]. New York: Teachers College Press, 1922: 121.

Barrett)在《1787 年土地法令的形成》中详细描述了这一政策的形成经过,梳理了各方的意见,为我们清晰地展现了这一重要的政策是如何经过争论而达成妥协的。①

四、美国建国初期的教育思想研究

本书对美国建国初期教育思想的研究多集中在几位重要人物上,如华盛顿、杰斐逊、富兰克林、拉什、韦伯斯特等,其中又以富兰克林、杰斐逊、拉什为重。洛兰·史密斯·潘格尔(Lorraine Smith Pangle)和托马斯·L. 潘格尔(Thomas L. Pangle)合著的《自由的知识:美国国父们的教育理念》是对建国一代的教育理念进行系统研究的代表作,主要讨论了欧洲教育理论对美国建国一代的影响以及杰斐逊、富兰克林和华盛顿三人的教育理念。在"高等教育"一节中,作者主要分析了华盛顿的国立大学理念以及杰斐逊关于公立大学的理念与实践。② 而爱德华·H. 赖斯纳在 1926 年推出的《18 世纪的自由主义和美国教育》中,主要讨论了美国独立之后建立国家教育体系的努力,对拉什、韦伯斯特等人的理念和主张进行了评析。③

约翰·C. 亨德森(John C. Henderson)的《托马斯·杰斐逊的公立教育观》全面展现了杰斐逊关于州立大学的思想以及努力建立公立大学的历程。亨德森认为,杰斐逊的理想与实践符合美国立国的精神,当下的人们只有像杰斐逊那样对年轻人的教育报以热切的兴趣,国家的未来才会一片光明。④ 而得克萨斯大学(University of Texas)的教育历史与哲学教授查尔斯·弗林·阿罗伍德(Charles Flinn Arrowood)的《托马斯·杰斐逊和共和国的教育》则展现了杰斐逊对美国建国后教育进步的贡献。该书三分之一的内容是用来介绍杰斐逊在弗吉尼亚州建立公立教育体系的努

---

① Barrett J A. Evolution of the Ordinance of 1787[M]. New York: The Knickerbocker Press, 1891.

② Pangle L S & Pangle T L. The Learning of Liberty: The Educational Ideas of the American Founders[M]. Lawrence: University Press of Kansas, 1993.

③ Reisner E H. Liberalism and American Education in the Eighteenth Century[M]. New York: The Macmillan Company, 1926.

④ Henderson J C. Thomas Jefferson's Views on Public Education[M]. Albany: The Knickerbocker Press, 1890: 380.

力,剩下的则是选编的杰斐逊论教育的文字,作者试图客观地展现杰斐逊一生的教育追求。正如作者在前言中所说的:"只有认识这些贡献的重要性,人们才能认识这些贡献的意义所在。"①另外,戴维·克洛伊德(David Cloyd)的《本杰明·富兰克林与教育》②,哈里·G. 古德(Harry G. Good)的《本杰明·拉什及其对美国教育的贡献》③,都是类似的著作,都侧重客观平实地叙述这些人物的生平及其教育实践,同时附上他们论述教育的文字。埃德温·E. 斯洛森(Edwin E. Slosson)在他的《教育中的美国精神:一部伟大教师们的编年史》中,用三分之一的篇幅介绍了富兰克林、杰斐逊和华盛顿这三位美国国父的教育理想和追求,以及美国建国初期学校的发展情况。④ 而赫伯特·亚当斯的《托马斯·杰斐逊与弗吉尼亚大学》⑤专门研究了杰斐逊与弗吉尼亚大学(University of Virginia)创建的关系。亚当斯的考察非常细致,要想了解杰斐逊的州立大学理念和弗吉尼亚大学创办的过程和影响,这本书可以说是一份很好的参考资料。总体上看,当时关于建国初期教育思想的研究逐渐受到重视,研究者倾向于客观平实地叙述人物的教育思想和事业,没有深入探讨这些人物的教育理念和实践与当时社会政治环境之间的关系。

约翰·L. 克里夫顿(John L. Clifton)在《美国十位著名教育家》中叙述了十位在公共教育方面作出卓越贡献的教育家的生平、教育思想和教育实践,建国初期的人物中只有韦伯斯特位列其中。⑥ 迪金森·A. 蒙加兹(Dickson A. Mungazi)在《美国教育理论演进史》中单列一章"革命时代的教育理论",讨论了潘恩、富兰克林、杰斐逊等人的教育思想及其影

---

① Arrowood C F. Thomas Jefferson and Education in a Republic[M]. New York: McGraw-Hill, 1930: ix.

② Cloyd D E. Benjamin Flanklin and Education[M]. Boston: D. C. Heath Co., 1902.

③ Good H G. Benjamin Rush and His Services to American Education[M]. Berne: Witness Press, 1918.

④ Slosson E E. The American Spirit of Education: A Chronicle of Great Teachers[M]. Yale University Press, 1921.

⑤ Adams H B. Thomas Jefferson and the University of Virginia[M]. Washington: Government Printing Office, 1888.

⑥ Clifton J L. Ten Famous American Educators[M]. Columbus, Ohio: R. G. Adams Company, 1933.

响,并认为潘恩所指的“理性的时代”乃是这一时期教育思想的重要特征。①

1965年,约翰·博纳(John Bonar)在约翰·霍普金斯大学(The Johns Hopkins University)完成博士论文《本杰明·拉什及其在宾夕法尼亚州的共和教育理论与实践》。② 博纳认为拉什的教育理念中有两种思想根源:共和主义和宗教,后者一直被研究者所忽视,该论文就侧重从宗教的角度探讨拉什的教育思想及其在迪金森学院(Dickinson College)和富兰克林学院(Franklin College)的实践。

福恩·麦凯·布罗迪(Fawn Mckay Brodie)在1974年完成了一部独特的传记——《托马斯·杰斐逊的私人史》③。以往研究者所关注的是作为公众人物的杰斐逊,该书展示的则是作为个体的杰斐逊,书中不涉及很多杰斐逊的教育理念和实践的讨论,不过这为哈罗德·海伦布兰德(Harold Hellenbrand)的研究奠定了很好的基础。海伦布兰德的《未完成的革命:托马斯·杰斐逊思想中的教育和政治》④是20世纪末杰斐逊教育思想研究的重要著作。以往对杰斐逊教育思想的研究多着眼于他的公立教育思想以及他在建立弗吉尼亚大学过程中所作出的贡献,海伦布兰德探讨的则是杰斐逊教育思想的公共维度,将杰斐逊的教育思想置于18世纪末反对家长制的背景之下考察。他认为杰斐逊在自身的教育经历中受到多位导师的亲切指导,这奠定了他的教育思想的基调:由情感纽带联结的亦师亦友的氛围以及师生之间的理性对话才是理想的教育蓝图。这确实是一种非常新颖的观点,不过也引来了批评和争议。因为众所周知,杰斐逊也有家长制的作风,并不像海伦布兰德所说的那样重视家庭成员

---

① Mungazi D A. The Evolution of Educational Theory in the United States[M]. Westport: Praeger Publishers, 1999.

② Bonar J. Benjamin Rush and the Theory and Practice of Republican Education in Pennsylvania[D]. Baltimore: The Johns Hopkins University, 1965.

③ Brodie F M. Thomas Jefferson: An Intimate History [M]. London: Eyre Methuen, 1974.

④ Hellenbrand H. The Unfinished Revolution: Education and Politics in the Thought of Thomas Jefferson [M]. Newark: University of Delaware Press, 1990.

和师生之间的平等和亲密无间。[①] 不同的视角和材料会造成对思想的不同解读,海伦布兰德为研究杰斐逊的教育思想添上了重要的一笔。

道格拉斯·斯隆(Douglas Sloan)考察了苏格兰启蒙运动与美国高等教育在思想渊源上的关系。他认为苏格兰启蒙思想在美国高等教育早期阶段的发展过程中有着非常重要的作用,他还以本杰明·拉什为例进行了探讨。斯隆认为,在爱丁堡的学习经历让拉什充分接受了苏格兰启蒙思想的浸润,这对拉什一生的理念和行为都产生了至关重要的影响,甚至成为拉什对美国教育作出贡献的核心因素。"在确切地表达教育理念和建议的过程中,他得到了苏格兰经验的激励、引导和确证……苏格兰启蒙思想是决定性的因素。"[②]斯隆认为,拉什按照自己的国家理想中的三个因素——政治、社会和宗教——将教育的目标分为三个维度:把政府的原则灌输给国民,传播和推进实用知识,以及唤起宗教的献身精神和道德之爱。[③] 他还注意到拉什作为一个医学教育家对国家的意义,例如拉什的医学理论和实践及其在学校中的教学活动,并鼓励学生去爱丁堡深造,等等。

《美国公民的基础》研究了美国宪政与公民美德的关系,尤其是讨论了联邦党人与反联邦党人对公民美德及其培养的不同观点,其实这也是建国初期两大政治阵营对新国家公民教育的基本看法,对于探索政治分歧与教育主张之间的关系有很大的启发。[④]《美利坚的美德:托马斯·杰斐逊论自由民族的性格》和《辛辛纳图斯:乔治·华盛顿和启蒙运动》两本著作同样讨论了建国之后国父们对公民道德和公民教育的基本

① Yazawa M. Reviewed the Unfinished Revolution: Education and Politics in the Thought of Thomas Jefferson by Harold Hellenbrand [J]. William and Mary Quarterly, Third Series, 1991,48(2):329 - 331.

② Sloan D. The Scottish Enlightenment and the American College Ideal [M]. New York: Teachers College Press, 1977: 213.

③ Sloan D. The Scottish Enlightenment and the American College Ideal [M]. New York: Teachers College Press, 1977: 199.

④ Sinopoli R C. The Foundations of American Citizenship: Liberalism, the Constitution, and Civic Virtue [M]. Oxford: Oxford University Press, 1992.

观点。①

国内的美国教育史研究界对美国建国初期的教育思想不够重视，研究成果也不多。朱旭东一直比较关注教育与国家关系的研究，他在1995年完成的博士论文《18世纪中期至19世纪前期欧美国民教育理论与实践的历史研究》中，梳理了英、法、美、德从18世纪中期到19世纪前期的国民教育理论。其中探讨了美国建国初期杰斐逊、韦伯斯特和华盛顿的国民教育思想，认为美国立国之初的教育思想与政治有着密切的联系，并指出，美国独立"对教育的重大意义在于它重新规定了政治社会的教育内容：新的政体的建立需要新的公民，新的国家公民需要新的公共教育体制；同时新的教育担负着维护一个人口不断异质化的、处于襁褓中的政治社会的重大职责"②。这恰当地揭示了美国建国初期教育思想和实践发展的重要动力之一，但这一部分的探讨在这篇时空跨度都很大的论文中所占篇幅不大，没有展开深入讨论。

总的来说，国内的外国教育史、高等教育史研究领域对美国建国初期高等教育史的研究尚不够系统和完整，这与国内历史学界对美国早期历史研究的重视也是不相称的。本书希望通过对美国建国初期高等教育的发展及其与政府关系的研究，弥补这一不足。

---

① Yarbrough J M. American Virtues: Thomas Jefferson on the Character of a Free People [M]. Lawrence: University Press of Kansas, 1998; Wills G. Cincinnatus: George Washington and the Enlightenment [M]. Garden: Doubleday & Company Inc., 1984.

② 朱旭东. 18世纪中期至19世纪前期欧美国民教育理论与实践的历史研究[D]. 北京：北京师范大学博士论文，1995：99.

第一章　从殖民地时期到革命时代的探索

英属北美殖民地的高等教育在美利坚合众国成立之前就已经延续了将近一个半世纪的时间,殖民地先后出现了九所高等教育机构。尽管它们与教会保持着非常密切的关系,但殖民地政府并没有置身于高等教育之外,与之相反,殖民地政府与高等教育在很长的时间里保持了非常密切的关系,因此我们有必要对殖民地时期九大学院的私立性质做出新的界定。自殖民地末期以来,由于社会、政治等因素的冲击,殖民地时期形成的政府与学院关系开始受到挑战,独立后的政府在革命精神的激励下开始介入高等教育领域,并试图在塑造新国家的同时重塑学院。不过,对于新政府来说,高等教育还是一个相对陌生的领域,而学院也不是完全被动地接受政治干预,双方就在这个激烈变革的时代开始探索和谐相处之道。

第一节 殖民地时期的政府与学院

一、英属北美第一所学院的生与死

1616 年的一天,人们纷纷拥上伦敦街头去目睹一个远道而来的家庭——来自北美的印第安女子宝卡荷塔斯(Pocahontas),还有她的英国丈夫——烟草种植主约翰·罗夫(John Rolfe),以及他们 1 岁的儿子托马斯·罗夫(Thomas Rolfe),随行的还有 12 个印第安儿童。这个特殊的家庭受到王室、弗吉尼亚公司(Virginia Company of London)以及伦敦大主教的热情接待,也让伦敦市民大开了眼界。自从哥伦布发现新大陆以来,已经有很多冒险家、投机商以及希望寻找更多机会的欧洲人踏进那个据说财富遍地的新世界，而这一次，则是一个新大陆的原住民踏上了欧洲的土地，更让伦敦市民惊讶的是，这个印第安妇女竟然说着流利的英语，并且还是一个基督教徒！一个印第安部落酋长的女儿竟然在短短的三年间学会了英语，还与一个英国人结婚生子，这对于广大英国民众来说不过是一个传奇的故事，而对于英国的皇室、政界和宗教界则有着更加深远的意义，因为宝卡荷塔斯让他们更加坚定了教化原住民的信心。

次年，英王詹姆斯一世（James Ⅰ）致信不列颠各大主教，认为弗吉尼亚公司在大洋彼岸的殖民地上开疆拓土已经取得了重大的收获并有望取得更大的进展，他希望进一步在那里"建立教会和学校以教育那些野蛮人的孩子"①。但这将是一笔巨大的开销，仅凭弗吉尼亚公司之力无法承担，因此他希望各主教能在自己的教区为此事募捐集资，并在接下来的两年内定期把募集的钱款交到弗吉尼亚公司。各主教积极响应英王的号召。这是英国殖民者第一次计划在北美殖民地建立教育机构，英王的指令相当于第一份特许状，在弗吉尼亚建立一所学院以教化印第安人的计划也由此萌芽。② 而早在1606年弗吉尼亚公司成立时，皇家颁布的章程中就有教化民众的内容。③ 可以说，发展教育事业一直是英国既定的殖民政策。

1618年11月18日，弗吉尼亚公司伦敦总部给弗吉尼亚总督乔治·亚德利（George Yeardley）的指令中说道，在国王的许可下，"为教育那片土地上的孩子们建立一所学院的资金已经在募集中……所以我们必须及时确认那块被选作大学地址的叫作亨利克（Henrico）的地方是合适的。与此同时，请根据我们的指令做好为那里的孩子建立一所学院的准备工

① Cohen S. ed. Education in the United States: A Documentary History, Volume 1[M]. New York: Random House, 1974: 335; Walne P. The Collections for Henrico College, 1616 – 1618[J]. The Virginia Magazine of History and Biography, 1972, 80(3): 260.

② McCabe W G. The First University in America, 1619 – 1622[J]. The Virginia Magazine of History and Biography, 1922(30): 145.

③ Cohen S. ed. Education in the United States: A Documentary History, Volume 1[M]. New York: Random House, 1974: 334.

作"[①]。另外,公司还在亨利克城为这所计划中的学院划拨了1万英亩的土地作为额外的资助。在王室的监督下,大主教们和弗吉尼亚公司的筹备工作可以说是非常迅速而有效的。1619年5月26日,英王所说的两年的集资期限已到,弗吉尼亚公司的财务主管埃德温·桑兹(Edwin Sandys)就学院集资问题向公司和地方法院做了汇报。两年中,弗吉尼亚公司为在殖民地建立学院一事共收到捐赠1500英镑,其中800英镑是现金,其余700英镑是公司的股票。桑兹建议学院的建立须尽快开始,否则捐赠者会撤资。但另一方面,他也认为不可操之过急,在正式建设之前,还要确定今后每年对这所学院的投入。他主张先用目前的这部分资金,派遣50人前往弗吉尼亚建设学院,其中半数人提供劳力从事物质建设,另外半数人担任学院开办之后的导师和教师。他们还把亨利克为学院指定的专用土地命名为"学院土地"(College Land)。[②] 6月初,季审法院(Quarter Court)批准了桑兹的报告。6月14日,桑兹"为完成学院建设这一重任,指定一个专门委员会"的建议也获得了批准。当天,这个有着学院董事会性质的七人委员会(Committee for the College)组成了;十天之后,委员会召开了第一次会议并做出决议,建议向殖民地输送包括一位牧师在内的各行各业人士100人,为牧师提供50英亩的土地和40英镑的年薪,同时指定一位上校专门负责学院土地的开发工作。[③] 6月28日,弗吉尼亚公司的一次会议上,威廉·韦尔登(William Weldon)被指定负责选拔从事学院建设的50个人和学院土地的开发建设事宜,而约翰·费拉尔(John Ferrar)负责用船将他们送到殖民地去。

早在1619年6月初,在桑兹进行完汇报之后,弗吉尼亚公司就通知了亚德利总督筹建学院的事,希望亚德利做好相关的准备事宜,并希望他能与当地土著保持良好的关系以争取有更多的学生入学。1619年8月,

---

① Kingsbury S M. ed. The Records of the Virginia Company London, Vol. 3[Z]. Washington: Government Printing Office, 1933: 102.

② Knight E W & Hall C H. ed. Readings in American Educational History[M]. New York: Appleton-Century-Crofts Inc., 1951: 3; Kingsbury S M. ed. The Records of the Virginia Company London, Vol. 1[Z]. Washington: Government Printing Office, 1906: 220.

③ Kingsbury S M. The Records of the Virginia Company London, Vol. 1[Z]. Washington: Government Printing Office, 1906: 234.

当费拉尔的船载着韦尔登选来的50人以及另外从事殖民地建设的50人离开伦敦向弗吉尼亚进发的时候,北美第一个代议制议会在詹姆斯敦召开会议,其中包括两位来自亨利克城的代表。会上,代表们一致赞同在弗吉尼亚建立一所学院的计划,并制定了与印第安人改善关系的基本政策。① 然而,他们却忽视了一个更重要的问题——没有为接待这么多人做好充分的准备工作。当11月4日费拉尔的船经过3个月的艰苦航行抵达弗吉尼亚的时候,这一行人首先面对的是食物、疾病、居所等基本的生存问题以及如何度过严冬,根本无暇顾及学院的建设,原先的学院建设计划完全无法实施。

第二年年初,作为学院土地总负责人的威廉·韦尔登也向伦敦抱怨了物质匮乏的问题,并从原计划从事学院建设的50人中划拨了30人从事其他事务。但是桑兹对此大为不满,他于1620年春指派詹姆斯一世的私人侍从乔治·索普(George Thorpe)取代韦尔登负责学院建设事务,并计划再从英国增派50人过去参与建设。1620年6月底,索普被任命为弗吉尼亚总督的顾问。索普既是公司的股东之一,也是英王的代表,在他的监督下,学院的建设工作终于缓慢地开始了。而此时,伦敦的捐赠依然在继续,1620年春收到的捐赠已达到2043英镑,并且还开始收到图书捐赠,公司也进一步明确了学院委员会的职责。1621年11月21日,帕特里克·科普兰(Patrick Copland)被指定为学院校长和弗吉尼亚总督的顾问,同时将学院土地收入的十分之一作为科普兰的薪水,科普兰还捐资兴办了另一所学校——东印度学校(East India School)作为学院的预备学校,弗吉尼亚公司同意这两所学院同时接受英国人的子女入学。②

1622年初,亨利克学院(Henrico College)的组织和建设工作基本完成,然而此时的英国殖民者却与印第安人发生矛盾并引起了印第安人的强烈反抗。1622年3月22日,亨利克城遭到印第安人的袭击,亨利克城和学院的房屋基本被焚毁,从事学院建设的50人中有17人被杀,连乔

---

① Land R H. Henrico and Its College[J]. The William and Mary Quarterly, Second Series, 1938, 18(4):478.

② Kingsbury S M. ed. The Records of the Virginia Company London, Vol. 3[Z]. Washington: Government Printing Office, 1933: 537 – 540.

治·索普也未能幸免于难，亨利克城里的幸存者纷纷迁出。[①] 虽然伦敦的弗吉尼亚公司没有放弃亨利克学院的计划，还重组了学院委员会并有意恢复学院的建设，但是这件事却深深影响了弗吉尼亚的殖民者，他们开始认为，对于印第安人，征服要比教化容易得多，这使得学院的重建工作止步不前。而此时，英王詹姆斯一世也对弗吉尼亚公司越来越不满，希望对公司进行重组并加强控制，然而弗吉尼亚公司拒绝了英王的重组建议。1624 年 11 月，英王直接取消了弗吉尼亚公司的许可证，弗吉尼亚正式成为英国的皇家领地并开始对印第安人采取强硬政策。之后，亨利克学院和东印度学校再也没有进入议事日程，北美殖民地第一次高等教育的尝试被詹姆斯一世终止了。

就这样，第一次在北美殖民地建立一所学院的计划曾经启动但最终未能避免被扼杀的命运。在整个过程中，英国的殖民政策决定了亨利克学院的生与死。在英国殖民者看来，学校机构不过是殖民的工具，一旦英国政府与当地的殖民者都认识到教化印第安人不是当初所想象的那般容易，教育事业或许是一份操之过急的计划，学院就立刻被放弃了。这种政策在相当长的时间里影响了弗吉尼亚教育事业的发展，以至于十年以后弗吉尼亚才有了第一所初等学校，七十年以后才有了第一所学院。曾担任弗吉尼亚总督三十年之久的威廉·伯克利（William Berkeley）[②]在 1671 年时甚至说道："真是太好了！在弗吉尼亚没有免费学校，没有印刷业，我希望我们在今后一百年里都不要有这些东西。"[③]亨利克学院的经验提示我们，高等教育与政府关系密切。英国政府虽然是学院计划的提出者，但是在具体资助方面却是缺席的，亨利克学院的捐赠基本来自私人，即便詹姆斯一世没有终止它，学院也未必能够坚持下来。[④] 后来的殖民者们逐渐认识到，在最初的殖民环境中，仅仅靠私人善举与土地赠予不足以维持

① Knight E W & Hall C H. ed. Readings in American Educational History[M]. New York: Appleton-Century-Crofts Inc., 1951: 5-6.

② 威廉·伯克利于 1641—1652 和 1660—1677 年间担任弗吉尼亚总督。

③ Flory J S. The University of Henrico[A]. In Meriwether C. Publications of the Southern History Association, Vol. VIII [C]. Washington: The Association, 1904: 40.

④ Cohen S. ed. Education in the United States: A Documentary History, Volume 1[M]. New York: Random House, 1974: 336-337.

一所学院……必须寻求政府的常规帮助。[①] 此后,北美英属殖民地的高等教育以哈佛学院的建立为标志,真正开始了它的进程。这些院校不再重复亨利克学院的错误,开始与政府保持更加密切的接触。

二、早期学院的经验

虽然詹姆斯一世的决定以及英国殖民政策的改变使得北美英属殖民地的首次高等教育计划在弗吉尼亚遭遇挫折,但是十多年以后,高等教育的种子却在其他殖民地开花结果。当时殖民地艰难的环境决定了高等教育必须依赖殖民地政府的支持才能很好地生存下去。

1636 年 10 月 28 日,马萨诸塞湾殖民地议会通过法案:“拨款 400 英镑用于建设一所学校或学院,明年再拨款 200 英镑,学院成立后再拨款 200 英镑。”[②]这成为哈佛学院的起点。但 400 英镑超过了马萨诸塞殖民地 1635 年税收的一半,相当于 1636 年马萨诸塞殖民地税收的四分之一——该法案虽然表达了美好的愿望和坚定的决心,但划拨如此巨额的资金毕竟是不现实的。据 1644 年 5 月 16 日马萨诸塞殖民地的财政统计,1636—1642 年,殖民地政府实际向学院支付 227 英镑 12 先令[③];1647 年,殖民地议会承认政府亏欠学院 379 英镑 16 先令[④],三年后才全部付清。马萨诸塞殖民地政府的财政能力确实有限,17 世纪 40 年代殖民地的经济危机让原本就不稳定的财政状况更是雪上加霜。不过除现金以外,政府还将学院土地上的租金、波士顿与查尔斯顿之间的摆渡业务等收入都归哈佛学院所有。据马热丽·萨默斯·福斯特(Margery Somers Foster)的统计,1636—1652 年,殖民地政府对哈佛学院各种形式的资助

---

① Rainsford G N. Congress and Higher Education in the Nineteenth Century[M]. Knoxville: The University of Tennessee Press, 1972: 7.

② Shurtleff N B. ed. Records of the Governor and Company of the Massachusetts Bay in New England, Vol. 1, 1628－1641[Z]. Boston: The Press of William White, 1853: 183.

③ Morison S E. The Founding of Harvard College[M]. Cambridge: Harvard University Press, 1935: 293.

④ Clews E W. Educational Legislation and Administration of the Colonial Governments[M]. New York: The Macmillan Company, 1899: 11.

总共价值1170英镑，约占哈佛学院总财政收入的37%。① 不可否认，约翰·哈佛（John Harvard）的捐赠对哈佛学院的起步有着非常重要的作用，但是政府的资助也不容低估。

此后，哈佛学院从政府接受的资助一直稳步增加。1652年10月19日，殖民地议会通过了《关于促进新英格兰知识进步的宣言》（*A Declaration Concerning the Advancement of Learning in New England*），向哈佛学院赠地800英亩，第二年5月28日再次赠地2000英亩，1658年又赠地2100英亩。② 议会还决定从1654年开始支付哈佛学院校长工资，到1712年为止，马萨诸塞殖民地政府共支付10位校长总计4987英镑的薪水。1715年以前，哈佛学院还累计从政府获得2850英镑的学院房屋建设资助。1636—1712年，政府对哈佛学院的资助总共高达10926英镑，而同一时段内的私人捐赠仅7101英镑。③ 鉴于此，无论从颁布章程角度还是从财政资助角度来说，马萨诸塞殖民地政府都可以说是哈佛学院的创建者。④

再从学院管理的角度看，就在殖民地议会宣布建立一所学院的第二年，1637年11月20日，殖民地议会宣布由包括总督、副总督在内的12名政府官员组成的第一届学院监事会（board of overseers）来负责学院的人事组织工作，并于当年聘请了第一位教师纳撒内尔·伊顿（Nathaniel Eaton），但是伊顿并没有任何管理权。1642年9月27日，殖民地议会才通过法案让校长代表学院的教员成为监事会的一员，作为校长的亨利·邓斯特（Henry Dunster）只是当时的21名监事会委员之一，而且监事会要对殖民地议会负责。在这种情况下，“校长和教师没有任何保障。他们仅

① Foster M S. “Out of Smalle Beginnings...” An Economic History of Harvard College in the Puritan Period (1636 - 1712) [M]. Cambridge: Harvard University Press, 1962: 126.

② Shurtleff N B. ed. Records of the Governor and Company of the Massachusetts Bay in New England, Vol. 4, Part 1, 1650 - 1660 [Z]. Boston: The Press of William White, 1854: 114, 136.

③ Foster M S. “Out of Smalle Beginnings...” An Economic History of Harvard College in the Puritan Period (1636 - 1712) [M]. Cambridge: Harvard University Press, 1962: 94, 100, 104, 127.

④ Webster D. The Writings and Speeches of Daniel Webster, Vol. 15 [M]. Boston: Little, Brown and Company, 1903: 88 - 89.

仅是一个官方委员会聘请的雇员，担任某一职位，而且还有责无权”①。直到1650年5月，在邓斯特校长的呼吁下，殖民地议会终于同意让校长和学院教职员对校内事务享有决定权，校长和教职员这才得以分享原本由政府官员组成的监事会享有的对哈佛学院的最高权力。尽管如此，当年整个哈佛学院包括校长在内总共只有5位教职员，且多是未经世事的年轻人，他们根本无法管理学院，学院事务依然由校长和监事会共同决定。② 1654年5月3日，议会再次决定将学院的财政权继续交给监事会。监事会一直到1692年才被废除，但是殖民地政府仍然不愿放弃对学院的控制，在校方的妥协下，1697年又设立了一个由总督及其顾问团组成的监察委员会（board of visitors）。该委员会继续在哈佛学院的管理层中行使政府的权力，所选举的校长依然需要得到殖民地议会的批准才有效。

当哈佛学院与马萨诸塞殖民地政府之间寻求妥协时，弗吉尼亚建立了殖民地时期的第二所学院——威廉玛丽学院（College of William and Mary），并由英国王室授予宪章。宪章就学院的管理权做了明确而细致的规定。这份宪章是由英国王室和弗吉尼亚殖民地议会授予以副总督（总督缺位）弗朗西斯·尼科尔森（Francis Nicholson）为首的董事会的。该董事会共18人，除了尼科尔森外，还有4位上议院议员、9位下议院议员和4位牧师，③首任校长詹姆斯·布莱尔（James Blair）是4位牧师之一，除此之外，没有为学院教员留下任何位置。董事会是学院“真正的”和“唯一的”管理者和监督者，被授权建立学院，并全权负责学院教员——1位校长、6位教授的选拔和聘任工作，对全校人事有着最终决定权，校长就职也必须在董事会面前宣誓。同时，学院财政权也归董事会所有，所有收入和捐赠一律经由董事会下拨给校长和其他教员。④ 从伦敦方面来说，

---

① Morison S E. Harvard College in the Seventeenth Century, Part I[M]. Cambridge: Harvard University Press, 1936: 3 - 4.

② Herbst J. From Crisis to Crisis: American College Government, 1636 - 1819 [M]. Cambridge: Harvard University Press, 1982: 17.

③ Massachusetts Historical Society. Collections of the Massachusetts Historical Society for the Year 1798[C]. Boston: Samuel Hall, 1798: 164.

④ Knight E W. ed. A Documentary History of Education in the South before 1860, Vol. Ⅰ, European Inheritances[M]. Chapel Hill: The University of North Carolina Press, 1949: 403, 405, 407, 409, 417.

也希望殖民地政府能够防止学院成为异议的温床。当时,学院校长只负责沟通和协调外部的管理者与内部的教员之间的关系,学院管理完全依赖于董事会。[①] 虽然宪章同意学院校长和教员成立一个独立的法人机构并分享学院的管理权和财政权,但是这个法人机构的人员仍然由董事会决定,并且这个法人机构一直到1729年才成立。即使在1729年之后,校长的权力依然是源自殖民地议会并对其负责,当他与学院教员的意见不一致时,董事会拥有最后的仲裁权。

1693年的宪章也明确规定了政府对学院的资助。首先是1985英镑14先令10便士的现金,由英国政府通过殖民地议会交付给学院董事会用于学院的建设;其次,从弗吉尼亚和马里兰殖民地每英镑的烟草贸易收入中抽取1便士作为固定资助,每年约200英镑,另外还从土地测量局的年收入中划拨50英镑给学院;另外,由英国政府为学院在殖民地划拨2万英亩免税土地[②],弗吉尼亚殖民地政府每年也赠予学院总价值约100英镑的皮毛等实物。在1705年尼科尔森离职以前,威廉玛丽学院从殖民地政府获得的资助总额高达2500英镑。此后弗吉尼亚殖民地政府对威廉玛丽学院的资助力度仍然很大:1718年,弗吉尼亚殖民地政府通过法案一次性向学院拨款1000英镑;1723年,规定学院所有师生免兵役;1734年,通过法案将所有酒类进口税都用于为学院师生购买所需书籍;1745年,将弗吉尼亚未来11年内的消费税用于资助学院;1759年,又将一份征自小商贩的税款拨给学院,这使得威廉玛丽学院的年收入在独立战争之前平均达到2300英镑,[③]独立战争爆发前的年收入更是达到了4000英镑,成为当时北美最富有的学院。

1701年,康涅狄格殖民地议会建立了一所学院学校(Collegiate School),学院完全由公理会牧师掌控,他们有意排斥政府的干预并希望

---

① Herbst J. From Crisis to Crisis: American College Government, 1636 – 1819 [M]. Cambridge: Harvard University Press, 1982: 30, 33.

② Knight E W. ed. A Documentary History of Education in the South before 1860, Vol. Ⅰ, European Inheritances[M]. Chapel Hill: The University of North Carolina Press, 1949: 425, 429, 435 – 437.

③ Adams H B. The College of William and Mary: A Contribution to the History of Higher Education, with Suggestions for Its National Promotion [M]. Washington: Government Printing Office, 1887: 15 – 16.

效仿法国的模式，即由教会来资助学院。① 而当时，康涅狄格殖民地政府并不了解自己应当在学院中扮演怎样的角色，在10月16日通过的学院章程中，指定的学院董事会由10位牧师组成，没有设置任何监察委员会。学院管理上没有赋予政府任何权力，政府只负责提供每年120英镑的资助。然而，正是由于教会的保守性和殖民地政府的消极态度，学院学校在接下来的十年内几乎没有任何发展，完全处于一种混乱和贫困的状态中，直到1714年10月，殖民地议会才利用出售公共土地所得的500英镑为学院建立了一栋房屋。②

1717年学院迁往纽黑文也是由于康涅狄格殖民地政府划拨了250英亩的土地，以及纽黑文当地政府出资700英镑才得以落实，此后政府对学院的资助开始逐步增加。1718年，东印度公司董事伊莱休·耶鲁(Elihu Yale)向学院捐赠了一批价值526英镑12先令的货物以及417本书，这对于学院来说有如雪中送炭。为了感谢伊莱休·耶鲁的捐赠，学院更名为"耶鲁学院"(Yale College)。学院的窘境使得保守的牧师们也不得不把目光投向政府，在他们的呼吁和请求下，1724—1732年，殖民地政府陆续向耶鲁学院赠予了2100英亩土地。接下来的十年中，政府约向学院拨款3000英镑，并于1737年免除了全校师生的税收和兵役。18世纪40年代以后，来自康涅狄格殖民地政府的公共资金成了耶鲁学院的主要收入来源。1749年10月，康涅狄格殖民地政府一次性向学院拨款4000英镑；1751年和1754年又分别拨款7764英镑和3800英镑；1754年还通过议案决定在未来十年内通过出售公共土地，每年向学院拨款1000英镑；1766年，在董事会的呼吁下，议会同意支付学院校长、教授和导师的薪水，当年就达500英镑；1767—1774年，仅为解决学院的财政赤字，殖民地政府就向学院拨款1342英镑。③ 相对来说，来自私人的捐赠很少，当

① Dexter F B. ed. Documentary History of Yale University, under the Original Charter of the Collegiate School of Connecticut, 1701 – 1745[M]. New Haven: Yale University Press, 1916: 7.

② Clews E W. Educational Legislation and Administration of the Colonial Governments[M]. New York: The Macmillan Company, 1899: 124 – 125.

③ Clews E W. Educational Legislation and Administration of the Colonial Governments[M]. New York: The Macmillan Company, 1899: 154 – 163.

年伊莱休·耶鲁的馈赠是一百多年中学院收到的最大的一笔私人捐赠，1721 年至 1746 年间学院收到的最大的一笔私人捐款不过 28 英镑。同时，虽然在学院控制权上牧师们不曾让政府分享，但是在 1745 年的法案中还是规定：校长和董事会全权负责学院的管理，并可以在不违反大不列颠和殖民地法律的情况下制定学院的规章制度，但必须经常接受议会的审查，在必要的情况下，议会有权予以否定和撤销。①

与亨利克学院的命运不同，这三所学院尽管经历了艰难和挫折，但还是坚持了下来并获得很大的发展。尽管导致它们成败命运不同的因素有很多，但政府在其中无疑具有极其重要的地位。无论是拨款、赠地，还是组织、管理，如果没有政府的积极参与和大力支持，哈佛学院、威廉玛丽学院、耶鲁学院或许都难以避免亨利克学院的命运。它们的经历清晰地表明了政府力量在高等教育起步阶段所具有的重要作用。

三、学院中政府权力的收缩

至 18 世纪 40 年代，已有三所高等教育机构矗立在英属北美殖民地的土地上，它们无一例外地从诞生之日起就与殖民地政府建立了密切的联系。政府对每一所学院都有固定的财政拨款，同时还将公共土地租售、商品税收、公共服务收入等作为对学院的额外资助，还对师生们免除税收和兵役等。但是，在此后建立的六所殖民地学院中，却只有国王学院继续与殖民地政府保持了这种密切关系。

1746 年 10 月 23 日，纽约殖民地议会通过法案，以发行公共彩票的方式集资建立一所学院，至 1751 年 11 月 7 日已经集资 3443 英镑 18 先令。1753 年 6 月，殖民地议会同意再增加 1125 英镑，并规定每年抽取 500 英镑的消费税作为政府对学院的常规资助，这些规定在 1754 年的宪章中都得以再次明确。1767 年，学院还从殖民地政府获得了近 3 万英亩的土地。在独立战争爆发以前，国王学院从殖民地政府获得的现金资助共计

---

① Elliott E C & Chambers M M. ed. Charters and Basic Laws of Selected American Universities and Colleges[M]. New York: Carnegie Foundation for the Advancement of Teaching, 1934: 592.

6943英镑,其他形式的资助如彩票、土地、税收总共高达83647英镑。① 同时,与殖民地时期建立的其他学院相比,宪章还大大增强了国王学院的世俗性和公共性,明确规定学院的目的是"为年轻人提供自由学科及科学的教育和指导"②。虽然学院依旧教授《圣经》,还开设其他宗教课程,但不以培养牧师为目标。首任校长萨缪尔·约翰逊(Samuel Johnson)在《纽约公报》(*New York Gazette*)上为学院做宣传的时候就表示,学院不会灌输任何教派的特定的宗教观点,只教授关于基督教的普遍原则,学院以教授有用知识为主要目标。③ 在宪章指定的41名董事会成员中,有包括总督、副总督、最高法院院长等在内的10位政府官员以及7位牧师,其余是24位绅士(gentlemen),并规定24位绅士委员只能由殖民地议会指定和确认。校长是董事会成员之一,没有为教员留下任何位置。同时,董事会没有最终决定权,学院的财政报告、规章制度、会议记录、教学计划等都必须提交给政府审查和备案。④ 国王学院与政府的密切关系在殖民地后期是最具代表性的,纽约殖民地政府在学院的创建、管理、资助方面的介入之深也是十三个殖民地之最,而且这种密切的关系一直保持到独立战争以后,纽约州政府在国王学院的恢复过程中继续起主导作用。

除了国王学院之外,在后来建立的六所学院中,只有费城学院和达特茅斯学院(Dartmouth College)接受过政府的公共资金和土地捐赠。费城学院创办之初,费城市政府就向学院拨款200英镑,并承诺接下来5年每年拨款100英镑,宾夕法尼亚殖民地政府还通过发行彩票为其筹资6000余英镑。1769年建立的达特茅斯学院在战前也从新罕布什尔殖民地政府获得过1866英镑的资助,并且其12名董事会成员中有6名是政府官员。其他学院则开始更多地寻求私人的捐赠和教会的支持,并努力办成某一个教派的学校。1764年罗得岛学院成立的时候,罗得岛政府认为议

① Blackmar F W. The History of Federal and State Aid to Higher Education in the United States[M]. Washington: Government Printing Office, 1890: 133.

② King's College. The Charter of the College of New York in America[M]. New York: J. Park and W. Weyman, 1754: 3.

③ Hofstadter R & Smith W. ed. American Higher Education: A Documentary History, Vol. Ⅰ[M]. Chicago: The University of Chicago Press, 1961: 110.

④ Herbst J. From Crisis to Crisis: American College Government, 1636 – 1819[M]. Cambridge: Harvard University Press, 1982: 108.

会在教育事业上并无确定的职责，除了免除学校师生的赋税和兵役外没有提供任何资助，这所学院完全由浸礼会所控制。长老会创立了新泽西的第一所学院——新泽西学院(The College of New Jersey)，但是新泽西政府对学院的态度是非常消极的，“新泽西议会从来没有为它最古老的学院贡献过任何资金”①。在没有政府支持的情况下，学院的状况往往是比较糟糕的。仅从财政上来说，独立战争以前，除了国王学院以外，各学院几乎都面临着财政紧张的问题，新泽西学院的年度财政赤字更是超过了800英镑，费城学院1761年的财政预算也出现了700英镑的缺额。②

在学院管理上，政府的角色也逐渐被边缘化，罗得岛学院、新泽西学院、皇后学院(Queen's College)的管理权均由不同教派控制，它们也比较拒斥政府和世俗权力的干预。就连已经走过半个多世纪的耶鲁学院，在1745年的法案确定了殖民地议会对学院管理的监督权之后，康涅狄格殖民地政府也不愿继续更多地介入耶鲁学院的管理。校长托马斯·克莱普(Thomas Clap)的管理引起了耶鲁学院师生的不满。5月8日，两位董事会成员贾里德·埃利奥特(Jared Eliot)和托马斯·拉格尔斯(Thomas Ruggles)联名致信康涅狄格总督和议会，认为学院教堂的设立破坏了宗教秩序，冒犯了议会权力，希望政府予以干预；1759年3月，一份匿名小册子以学院财政问题为由，要求康涅狄格殖民地议会介入学院管理；1762年学院开学时，议会又收到一份要求政府成立监事会干预学院事务的呼吁……③尽管收到了各种来自各方的呼吁，但是康涅狄格殖民地政府仍然没有采取任何干预措施。

四、殖民地时期的经验与困惑

1763年，耶鲁学院的师生对克莱普校长的反对达到最高潮。这一年的3月10日，一份由9位绅士签名的备忘录递交到康涅狄格殖民地议

① Maclean J. History of the College of New Jersey, from Its Origin in 1746 to the Commencement of 1854, Vol. 1[M]. Philadelphia: J. B. Lippincott Co., 1877: 67-68.

② McAnear B. The Raising of Funds by the Colonial Colleges[J]. The Mississippi Valley Historical Review, 1952, 38(4): 591.

③ Dexter F B. Biographical Sketches of the Graduates of Yale College with Annals of the College History, Vol. II[M]. New York: Henry Holt Company, 1896: 507, 564, 723.

会。这份备忘录主要对耶鲁学院中的管理表达了不满，如校长的独断专行、不公正的规章制度等。他们建议："规章制度应该提交给议会审查，当前的惩罚力度要减轻，保障师生自由向议会呼吁的权利。总之，作为学院的创建者，议会应该通过设立一个监事会来行使它的权力。"①值得注意的是，这9位签名的绅士中有6位是耶鲁学院的毕业生，随之又有5位牧师——都毕业于耶鲁学院——向议会表示对此建议的支持。5月12日，议会就此事进行讨论。15日，克莱普校长来到议会，对此做了回应。他并没有为自己的管理措施辩护，而是通过回顾学院的历史，提出殖民地政府并不是严格意义上的学院创建者，所有的建校程序都是按照不列颠的法律进行的，殖民地政府在学院中的角色最多只是"巡视员"(inspector)，因而无权对学院的管理进行干预和监督，并且声称，如果让政府设立一个监事会，只会带来无尽的麻烦和困扰。② 精于法律的克莱普甚至警告议员们，如果议会决定干预学院，他就向伦敦投诉。在克莱普的雄辩与警告下，殖民地议会最终还是退缩了，克莱普甚至自信地说，关于政府干预学院一事"再也不会被公开地讨论了"③。

克莱普校长成功地让耶鲁学院把政府的权力拒之门外，可是他的预言后来却被证明是错误的，他一时的成功也很快变成了泡影。三年以后，他在学生的激烈反抗下黯然辞职。在他辞职三个月后，学院董事会立即向议会申请资助，并主动将学院的账目、管理等事务交由议会审查。"克莱普让耶鲁成为一所教会学院的设想破灭了，学校再次成为康涅狄格殖民地政府的学院。"④然而，克莱普校长的成功与失败却让殖民地时期的高等教育在处理与政府关系时所面对的问题更加清晰：政府应该在何种程度上介入高等教育？作为一所学院，它是否应该接受政府的监督与管

---

① Dexter F B. Biographical Sketches of the Graduates of Yale College with Annals of the College History, Vol. II[M]. New York: Henry Holt Company, 1896: 778.

② Clap T. The Annals or History of Yale College in New Haven[M]. New Haven: John Hotchkiss and B. Mecom, 1766: 74.

③ Clap T. The Annals or History of Yale College in New Haven[M]. New Haven: John Hotchkiss and B. Mecom, 1766: 77.

④ Herbst J. From Religion to Politics: Debates and Confrontations over American College Governance in the Mid-Eighteenth Century[J]. Harvard Educational Review, 1976, 46(3): 421.

理？学院的法律地位到底是怎样的？

殖民地时期的高等教育发展既给我们提供了启示，也给我们留下了困惑。比如，政府的角色在高等教育发展的早期是不可或缺的，甚至是学院生存和发展的关键性力量。因此，一直到殖民地末期，哈佛学院、耶鲁学院、威廉玛丽学院、国王学院、费城学院、达特茅斯学院都与殖民地政府保持着一定程度的关系，政府甚至在一些学院的董事会、监事会中有着举足轻重的地位。哈佛学院与政府关系之密切使得它离一所公立学院仅一步之遥了。虽然殖民地时期并没有产生一所世俗的公立大学，但是已经在为政府介入高等教育做酝酿了。① 然而，这一过程并非一帆风顺。政府对于自己在高等教育中的表现非常谨慎和犹豫，而且随着殖民地条件的改善和宗教力量的增强，新建的一些学院开始拒斥政府干预，如新泽西学院、皇后学院、罗得岛学院，它们更多依靠教会和私人的力量生存和发展。大觉醒运动（The Great Awakening）后宗教势力的复兴与多元化，以及随之而来的政教分离运动让这些问题更加复杂，总是犹豫和被动的政府甚至自己也不明确应当在高等教育中扮演怎样的角色，以至于1763年克莱普校长能够轻松地战胜康涅狄格殖民地议会。不过，这只是一个开始，这些问题随着独立战争的到来和新国家的建立，将变得更加急需解决。

第二节　革命时代的学院与政府

一、独立战争中的学院

1765年3月，英法七年战争刚刚结束两年，英国议会通过了一份《印花税法案》（*Stamp Act*），向北美殖民地加征税收以解决日益增长的军费问题。法案总共向殖民地人民增加了四十多种税收，其中包括对所有的印刷出版物征税，在学院中使用的每一张纸乃至学生的毕业证书也要纳税。如此一来，每名学院学生每年要为此纳税2英镑，而当时学院每学期

① Howard G E. The State University in America[J]. The Atlantic Monthly, 1891(3): 335.

的学费才5英镑左右。当年12月18日，费城学院校长威廉·史密斯(William Smith)在给好友约西亚·塔克(Josiah Tucker)的信中写道："《印花税法案》，或者出自议会的任何从我们口袋中掏钱的法案……对于一个根据崇高的自由原则接受教育的民族来说都是一种耻辱，是对他们的忠诚以及与英国人的亲缘关系的质疑。"①《印花税法案》出台后，师生开始抵制英国的货物并讨论忠诚与自由的问题。在南卡罗来纳殖民地，《印花税法案》引起的政治讨论与社会动荡让南卡罗来纳殖民地人民越发认识到自己的独立与自由得不到保障，他们希望通过一所学院促进殖民地的经济发展，抵制英国货物，使得自己在经济和文化方面更加独立。就在当年，议会通过了一份学院章程，然而，总督出于对英国的忠诚却拒绝签署这份法案。② 学院事务已经不可避免地受到政治的冲击，师生们也热衷于讨论政治问题。1765年新泽西学院毕业典礼上，毕业生的演讲主题就是"爱国主义"和"自由"。这种趋势愈演愈烈。1772年，一位参加新泽西学院毕业典礼的绅士说道："我很惊讶，大部分年轻人在他们的毕业演说里大谈复杂的政治话题……我差点以为自己置身于一群喧闹的政客之间。"③事后，学院董事会提醒校长约翰·威瑟斯庞(John Witherspoon)注意学生中间这种过分的政治热情。威瑟斯庞认为学院不应该过多地介入政治事务，但他同时承认学院天然地具有自由和独立的精神。④ 学院中对政治话题的关心一开始或许还仅止于讨论和争辩，但师生们逐渐明白，他们必须在这场政治风暴中选择一个立场。而且，当他们参与政治的时候，并没有想到即将到来的战争，也没有为此做任何的准备。

这些学院所处的地理位置都是殖民地中政治、经济比较发达的城镇，这就决定了它们必然无法远离战争。战争对学院最直接、最明显的影响就是新生入学人数锐减。哈佛学院1775年只有22个新生入学，只及此

---

① Smith H W. Life and Correspondence of the Rev. William Smith, D. D... : With Copious Extracts from His Writings, Vol. 1[M]. Philadelphia: Ferguson Bros Co., 1880: 385.

② Easterby J H. A History of the College of Charleston, Founded 1770[M]. Charleston: The Trustees of the College of Charleston, 1935: 8.

③ A Friend of Impartiality. To the Printer of the Pennsylvania Chronicle[N]. Pennsylvania Chronicle and Universal Advertiser, 1772-10-31(1).

④ Witherspoon J. The Miscellaneous Works of the Rev. John Witherspoon[M]. Philadelphia: William W. Woodward, 1803: 353.

前正常年份的一半，一直到 1780 年才恢复到战前正常的入学人数。在最困难的 1776—1778 年，各院校的入学人数均大幅减少，达特茅斯学院在这三年内招收的新生总数还不及 1775 年一年的招生数。① 耶鲁学院在 1777 年、1778 年也分别只招收了 20、22 名新生，只及正常入学人数的一半。② 费城学院由于英军对费城的占领，1777 年根本没有新生入学，1778 年只招收了不到 10 名新生。③ 1776 年 12 月至 1782 年 5 月期间，罗得岛学院被用作兵营和医院，正常的学校管理和教学都被迫中断，没有招收任何新生，也没有任何正规的教学。国王学院更是直接关闭了，整个战争期间都作为军营和战时医院使用，校方将学生全部迁出，将图书和设备寄存到市政厅。多年以后，国王学院校长本杰明·穆尔(Benjamin Moore)痛心地回忆道："几乎所有属于学院的设备和大部分图书都在这次搬迁中遗失了，在差不多三十年以后，有六七百卷的图书才被发现和修复。"④几乎所有学院的教学和管理都受到战争的严重影响，正如后来担任耶鲁学院校长的埃兹拉·斯泰尔斯(Ezra Stiles)在 1777 年底所感慨的："公共的灾难和混乱已经波及了每一所学院。"⑤1777 年初，英军与大陆军在普林斯顿交战，新泽西学院的校园几乎成了废墟，图书和设备损失无法估量。罗得岛学院先后被大陆军、英军和法军占领用作军营与医院，直到 1782 年秋天，学院才得以重新开学，这期间，曼宁校长成了罗得岛学院唯一的教师并坚持在自己家里召集学生授课。

在九所殖民地学院中，只有耶鲁学院、威廉玛丽学院以及达特茅斯学院受战争的影响相对较小。1777 年，耶鲁学院的大部分图书和设备被转移到附近的三个小镇上。1779 年 7 月，英军短暂地占领过耶鲁校园一天，

---

① Roche J F. The Colonial Colleges in the War for American Independence[M]. Millwood: Associated Faculty Press, 1986: 125.

② Stiles E. The Literary Diary of Ezra Stiles, Volume Ⅱ[M]. New York: Charles Scribner's Sons, 1901: 226, 301.

③ Maxwell W J. General Alumni Catalogue of the University of Pennsylvania[Z]. Philadelphia: General Alumni Society, 1922: 9.

④ Columbia University. A History of Columbia University, 1754 - 1904[M]. New York: The Columbia University Press, 1904: 51.

⑤ Stiles E. The Literary Diary of Ezra Stiles, Volume Ⅱ[M]. New York: Charles Scribner's Sons, 1901: 226.

而在此之前,斯泰尔斯校长已把剩下的图书和文件分散寄存到自己的亲人、朋友和学生家里。据斯泰尔斯校长的日记记载,英军占领期间并未对校园建筑造成破坏①,战争期间耶鲁最大的损失是图书、资料和设备在分散转移过程中的遗失。另外一个困扰耶鲁的问题则是食物和过冬木柴的短缺。哈佛学院也有着与耶鲁学院类似的遭遇,战争期间哈佛学院的图书馆和教学工作转移到康科特,也受食物短缺的困扰。只有达特茅斯学院在整个战争过程中从未被军队占领或征用,教学活动一直持续着,相对来说受战争的影响最小,尽管它也受食物短缺的困扰。威廉玛丽学院有30名学生和3名教授参加了大陆军。总的来说,殖民地的高等教育受到了战争的巨大破坏,同时还失去了重要的资金来源,包括来自英国的捐赠和殖民地政府的拨款,如何生存下去成为这些学院所面临的最迫切的问题,根本无暇顾及其他事情。②

的确,战争对学院造成了巨大的物质破坏,在这场重大的政治军事冲突中,学院无法避免来自政府力量的干扰,它们也无法让自己置身于冲突之外,学院都主动或被动地为军事和政治服务,这是政府影响高等教育的另一种方式,幸运的是,九大学院最后都艰难地生存了下来。同时,这场战争也是学院师生第一次如此深入地介入政治。《独立宣言》的56个签署人中有55人是从学院毕业的,其中有9人还在第二届大陆会议中任职。③ 新泽西学院校长约翰·威瑟斯庞在政治领域非常活跃,战争期间他一直在大陆会议中任职,也曾服务于新泽西州议会,经常在政治事务与校务之间穿梭;而费城学院的本杰明·拉什教授和他的同事詹姆斯·坎农(James Cannon)也是宾夕法尼亚独立运动的领导人物,拉什还作为一个医生服务过大陆军。另一个值得注意的方面是,政府也没有忘记学院,或者说革命对学院提出了更多的要求,"教育和爱国主义话题从未分开

① Stiles E. The Literary Diary of Ezra Stiles, Volume Ⅱ[M]. New York: Charles Scribner's Sons, 1901: 356-357.

② Cubberley E P. Public Education in the United States: A Study and Interpretation of American Educational History[M]. Boston: Houghton Mifflin Company, 1947: 82-83.

③ Morison S E. Three Centuries of Harvard: 1636-1936[M]. Cambridge: Harvard University Press, 1942: 90-91.

过"①,以培养教士和牧师为目标的学院教育理念在独立战争中开始受到挑战和冲击,越来越多的人开始考虑高等教育能够为新的国家做些什么。1776 年 5 月 31 日,一个署名为"学院人"(Academicus)的弗吉尼亚人在《弗吉尼亚公报》(*Virginia Gazette*)上向弗吉尼亚大会(Virginia Convention)②呼吁在创建政治制度的同时不要忘了教育事业,"唯有学术能够为政府提供持久的稳定性……我们必须以我们的胸怀来滋养我们的宗教和国家今后的支持者们,请向我们仅有的一所可以为之自豪的为青年人提供教育的学院伸出友谊之手吧"③。6 月 14 日,他继续呼吁大会将威廉玛丽学院纳入州政府的管理之下,为学院指定董事会和监察会的成员以及各科教师,学院课程也要由州政府进行审查,州政府应拥有对学院的绝对管理权和控制权。总之,要将威廉玛丽学院变成一所政府"自己的学院"。④ 这成为当时人们对高等教育的一种新期望——政府应更深地介入学院事务,让学院更好地为公众和国家服务。事实上,战争期间以及战后初期,政府在学院中的权力也确实经历了一番调整,而"学院人"的呼声更是成为三年后杰斐逊改革威廉玛丽学院的先声。

二、学院中政府权力的再调整:以耶鲁学院为例

1754 年,耶鲁学院校长托马斯·克莱普发表了《学院的宗教本质》来回应来自公众对耶鲁学院过于保守的批评。在这本小册子中,克莱普认为耶鲁学院一开始是由 10 位公理会牧师创建的,因此学院其实就是公理会的一个机构,学院内部的教学和管理必须遵从公理会的教义和制度。"创建这所学院的目的就是以我们自己的方式来培养牧师,为达到这个目

---

① Robson D W. Educating Republicans: The College in the Era of the American Revolution, 1750 - 1800[M]. Westport: Greenwood Press, 1985: 104.

② 弗吉尼亚大会在 1774—1776 年间召开了五次政治会议,弗吉尼亚殖民地总督于 1774 年解散了殖民地议会,弗吉尼亚大会实际扮演着弗吉尼亚议会的角色。该大会第五次会议于 1776 年 5 月 6 日在威廉斯堡召开,5 月 15 日大会宣布弗吉尼亚独立,并着手建立政府。

③ Academicus. To the Honorable the Convention of Virginia[N]. The Virginia Gazette, 1776 - 5 - 31(2 - 3).

④ Academicus. To the Honorable the Convention of Virginia[N]. The Virginia Gazette, 1776 - 6 - 14(3 - 4).

的……学生们必须参加同样的仪式。"①因此,耶鲁学院不能接受任何形式的政府干预。这可以说是克莱普 1763 年在康涅狄格殖民地议会慷慨陈词的铺垫。虽然 1766 年克莱普在校内师生的压力下被迫辞去了校长职务,但是在学院与政府的这场博弈之中,作为校长的克莱普却一度取得了胜利。在他任职期间,康涅狄格殖民地政府虽然听到了师生和公众的多次呼吁,但没有对保守的耶鲁学院采取任何形式的官方干预,只是取消了此前每年给予的常规资助。不过克莱普的固执和专断也在耶鲁学院引起了公愤,使得学院与政府之间的关系无法调和,以至于学院董事会在他去职之后都不敢指定新的校长,由纳夫塔利・达格特(Naphtali Daggett)担任临时校长达 11 年之久,直到埃兹拉・斯泰尔斯校长的到来。新校长斯泰尔斯必须对政府权力做出新的考虑。

直到 1778 年 7 月斯泰尔斯正式就职的时候,耶鲁学院依然笼罩在顽固的托马斯・克莱普狭隘的教条之下。② 斯泰尔斯一年前得知耶鲁学院董事会决定让他出任校长的时候就很清楚他被选中的原因以及耶鲁学院面临的困境,他在 1777 年 9 月 19 日的日记中写道:"董事们选择我是想阻止政府建立另一所学院。"③因为斯泰尔斯本来就是政府推荐的人选,如果董事会不采纳,政府明确表示将新建一所学院。我们从中可以看出:第一,尽管处于战争期间,康涅狄格政府在被耶鲁学院拒之门外多年之后希望建立一所受自己控制的学院,这是政府干预高等教育的一种期望;第二,耶鲁学院希望改善与政府之间的关系,新校长的重要任务之一就是调和学院与政府的关系。早在赴任之前,斯泰尔斯就已经有了明确的教育理念,作为耶鲁毕业生的他也希望能够将学院从克莱普狭隘的教会学校模式下解脱出来。他的想法充分体现在 1777 年 12 月 3 日写给友人伊利法莱特・威廉姆斯(Eliphalet Williams)的信里所草拟的一份《大学计划》(*Plan of a University*)之中。在这份后来被称为"克拉克・克尔(Clark

---

① Clap T. The Religious Constitution of Colleges, Especially Yale College in New Haven[M]. New London: T. Green, 1754: 13, 15.

② Boorstin D J. The Americans: The Colonial Experience[M]. New York: Random House Inc., 1958: 180.

③ Stiles E. The Literary Diary of Ezra Stiles, Volume Ⅱ[M]. New York: Charles Scribner's Sons, 1901: 207-209.

Kerr)现代多元化大学(multi-university)理念的最早蓝图"的计划中,斯泰尔斯认识到了学院与政府存在的必然联系:"大部分毕业生在完成学业以后都会返回家乡进入公共机构,开创自己的事业。或许他们中的大部分人在一生中都会应当地政府的召唤进入政府公共部门中的各种公共机构……为了加强学院与公众之间的关系,非常需要政府来奠定这一关系的基础,当然,也不能忽视个人的作用。"①

与此同时,耶鲁学院董事会与康涅狄格政府的协调也开始了。从1777年夏天一直到1778年初,学院董事会多次向政府表示了妥协和让步,主动要求政府为耶鲁学院指定一个监事会,在校务管理上拥有投票权,有权决定教授的聘请以及课程的安排,而政府则需要恢复对学院的资助。尽管如此,康涅狄格政府还是没有接受董事会的请求,仍然对这所保守的教会学院表示不信任和不同情。② 这在一定程度上也表明政府对于干预宗教色彩浓厚的高等院校并无把握。当1777年11月14日斯泰尔斯拜访康涅狄格州议会议长的时候,议长答应可以为学院寻找资助,至于这是否可以使学院与政府之间保持良好的关系,议长自己也表示怀疑,他只是强调政府不会撤销学院或者改变学院章程。③ 可见,当时政府在面对高等教育时的态度依然犹豫不决。1779年7月,战火烧到了耶鲁学院,学院的生存成为首要问题,斯泰尔斯成了学院唯一的教师,战争期间断断续续坚持着教学。直到1783年战争结束,耶鲁学院才完全恢复到战前状态。但是战争并没有磨灭康涅狄格政府对高等教育的兴趣,直到1782年,州政府仍然没有放弃重新建立一所学院的想法。该年2月,州议会对此又做了一番热烈的讨论,只是政府的态度依旧暧昧,而且还出现了较大的意见分歧。④

在政府与学院的关系上表现犹豫的不只是政府。进入18世纪80年

① Stiles E. Plan of a University [M]. New Haven: Yale University Library, 1976.

② Herbst J. From Crisis to Crisis: American College Government, 1636-1819[M]. Cambridge: Harvard University Press, 1982: 153-154.

③ Stiles E. The Literary Diary of Ezra Stiles, Volume Ⅱ [M]. New York: Charles Scribner's Sons, 1901: 229.

④ Stiles E. The Literary Diary of Ezra Stiles, Volume Ⅲ [M]. New York: Charles Scribner's Sons, 1901: 9.

代，斯泰尔斯在管理和发展耶鲁学院方面业绩突出，虽然他不希望让学院与政府处于紧张的关系，但也不愿意让学院完全依赖于政府，他积极为学院寻求其他方面的资助。由于资金来源的多元化，耶鲁学院在战后的恢复和发展非常迅速。1782 年，校园内一座长约 18 米、宽约 10 米的砖结构餐厅落成；1783 年，耶鲁全校学生达 270 人，成为当时所有学院中人数最多的。就连康涅狄格州政府委员会也不得不承认："耶鲁学院的财政状况比我们预想的要好多了……他们的财政管理非常谨慎而灵活。"①斯泰尔斯也尽量与政府保持良好的关系。1783 年 5 月 8 日，美英两国在巴黎进行谈判，斯泰尔斯就来到康涅狄格州议会做了一次长篇演说，大力赞美了"自由"和"真理"将给美国乃至世界带来的荣耀。② 1781 年，耶鲁学院举行毕业典礼，并邀请社会人士参加。在典礼上，斯泰尔斯明确表示，学院应该造就对社会有用的人，如选民、议会和国会的代表、法官等。③

但是，康涅狄格州政府和耶鲁学院都对彼此间的关系持不确定的态度。耶鲁学院希望向政府让步以获得政府的资助和公众的谅解，但是它也知道，让步是有限度的；州政府希望加大对耶鲁学院的干预以更好地使高等教育为公众和政治服务，但它也知道，干预是有限度的。对于这两个限度究竟应该在何种程度上结合，双方都没有答案，这个问题一直延续到了 18 世纪 90 年代初。1791 年 10 月，康涅狄格州议会指定了一个全部由耶鲁毕业生组成的六人委员会与耶鲁学院的校长和董事会商讨学院事务，这是学院与政府之间在相互尊重基础上的一次坦诚沟通。在 1792 年 5 月的州议会上，委员会做了一次翔实的汇报，对耶鲁学院的工作给予了中肯的评价，并向议会提出了学院希望从政府获得帮助的愿望。议会接受了这份报告并通过了《扩大耶鲁学院的权力和增加学院资助的法案》(*An Act for Enlarging the Powers and Increasing the Funds of Yale College*)，同意在公共税收的基础上每年资助耶鲁学院 1200 英镑，另拨 2500 英镑

---

① Baldwin E. History of Yale College, from Its Foundation, A. D. 1700, to the Year 1838 [M]. New Haven: Benjamin and William Noyes, 1841: 109 - 110.

② Hoeveler J D. Creating the American Mind: Intellectual and Politics in the Colonial College [M]. Lanham: Rowman & Littlefield Publishers Inc., 2002: 271.

③ Herbst J. The American Revolution and the American University [J]. Perspectives in American History, 1976(10): 292.

用于建设一栋学生宿舍；学院董事会中增加包括州长和副州长在内的8位政府官员，且他们拥有与其他董事相同的权力，董事会需每年向议会汇报学院工作。① 1792年6月28日，耶鲁学院董事会召开特别会议，很愉快地接受了该法案，7月20日法案正式生效。1794年7月，耶鲁学院利用政府经费建成了一座长约50米、宽约8米的四层砖结构大楼，学院图书、设备等得到增加，教授的工资也开始从政府拨款中支付。此后，耶鲁学院接受的政府资助越来越多。1796年，政府一次性赠予学院13726美元的政府债券。

至此，耶鲁学院和政府终于达成一个双方都可以接受也可以让公众接受的妥协，耶鲁学院也终于从克莱普校长的模式下解脱出来，重新回到了殖民地时期与政府建立的密切关系上来。这不仅归功于斯泰尔斯校长的个人努力，也是由于政府自身对介入高等教育有了比较清晰的态度。1792年的法案和后续的法案与十多年前耶鲁董事会主动呼吁的内容没有本质上的差别，甚至政府还主动做了某种程度的退让，政府官员在17人的董事会里也没有占多数。政府在大力资助和介入董事会参与学院管理的情况下，并没有改变耶鲁学院的章程，即没有改变学院的私立性质以及教会对学院的控制权。

康涅狄格州在经过慎重的考虑之后还是在高等教育中迈出了重要的一步，而国王学院的战后重建也为纽约州提供了干预甚至控制高等教育的契机。

三、政府主导下的学院重建：从国王学院到哥伦比亚学院

1776年4月6日，国王学院收到了一则来自所谓的"安全委员会"(Committee of Safety)的通知，必须在6天内做好接待军队的工作。为此，校方将学生全部迁出，将图书和设备寄存到市政厅，国王学院的校园一下子变成了军营和战时医院，学院就此中断正常的教学活动整整八年。战争中校园受到严重破坏，图书设备损失严重。但物质上的损失毕竟还不能从根本上摧毁一所高等院校，对于国王学院来说，更严重的问题是战后

---

① The State of Connecticut. Resolves and Private Laws of the Connecticut, from the Year 1789 to the Year 1836[Z]. Hartford: John B. Elderdge, 1837: 477 - 478.

失去了其他学院那样的自我恢复能力，因为学院董事会在战后出现了大量的空缺，原先的21名董事只剩下5人，其他的要么迁居，要么退休，要么去世了，以至于董事会根本无力承担起复校的职责，同时也没有一位像斯泰尔斯那样的校长来领导重建事业。在此情况下，学院不得不向政府求助。1784年3月24日，13个自称是国王学院管理者的人集体署名向州议会呼吁，以政府之力恢复国王学院，同时上交学院章程，请州议会进行修订，并希望恢复后的学院可以成为建立一所大学的基础。① 纽约州由于在战争中受到了严重的破坏，当1783年底英军完全撤出该州的时候，全州已无一所学校在正常运转。1784年1月21日，纽约州州长乔治·克林顿在州议会做年度汇报时呼吁："对年轻人的教育的忽视是战争造成的不幸。或许没有比恢复和鼓励学校的发展更值得引起我们注意的了。"②议会立即指定了一个委员会负责研究此事。2月19日，委员会主席詹姆斯·杜安(James Duane)向议会提交了一份《关于在本州建立一所大学的提案》(*An Act for Establishing a University in This State*)。3月25日，州议会第二次讨论了国王学院管理者的呼吁。4月16日，在对杜安的提案进行多次讨论和修改后形成了一份"赋予这所目前仍称为国王学院的学院以一定的特权，进而变更校名和章程以在本州内建立一所大学"的法案。

1784年5月1日，纽约州议会正式通过了这份法案，并将国王学院更名为哥伦比亚学院。③ 该法案有三处值得注意：第一，州议会在为学院更名的时候放弃了"州立学院"(State College)，而改用政治上比较中性的"哥伦比亚学院"(Columbia College)。④ 这是学院对政治的一种委婉的拒

① The State of New York. Proceedings of the Twelfth Anniversary of the University Convocation of the State of New York[Z]. Albany: Weed, Parson Company, 1875: 199.

② The State of New York. Proceedings of the Twelfth Anniversary of the University Convocation of the State of New York[Z]. Albany: Weed, Parson Company, 1875: 197.

③ Columbia University. A History of Columbia University, 1754 - 1904[M]. New York: The Columbia University Press, 1904: 61.

④ The State of New York. Proceedings of the Twelfth Anniversary of the University Convocation of the State of New York[Z]. Albany: Weed, Parson Company, 1875: 208. 纽约州大学评议会助理秘书丹尼尔·J. 普拉特(Daniel J. Pratt)在编纂这份文献的时候注明法案的原稿上是将国王学院更名为"州立学院"(State College)，后被划去改成了"哥伦比亚学院"(Columbia College)。

斥，或者也可以说是州议会并没有意愿将学院改弦更张由私立转为公立，纽约州在干预高等教育的问题上依然非常谨慎。第二，哥伦比亚学院在纽约州今后创建的大学中处于绝对的领导地位，其他学校尤其是初中等学校必须接受哥伦比亚学院的管理。这其实又是在以私立学院为基础建立一个州的教育体系，而这种矛盾的初衷就注定了后来学院与政府之间联合的破裂。第三，法案授权组建了一个“纽约州大学评议会”（Regents of the University of the State of New York），州长、副州长、参众两院议长都名列其中。该委员会不仅仅是一所大学的管理机构，而且要全权负责纽约州内各级学校的建设事宜，其实质相当于一个政府机构。因此，政府在放弃了学院的州立化之后依然保持着创建哥伦比亚大学的主导权，整个哥伦比亚学院的重建过程其实就是以公共权力建立一所私立学院。三天以后，评议会召开了第一次全体会议，指出他们的首要工作是收集和整理战争期间转移和散落的书籍、文件、档案等一切属于学院的财物，并在接下来的一年中修复学院建筑、制定规章制度、聘请教师等。1784 年 5 月 15 日，学院匆匆举行了战后的第一次入学考试。两天之后，德·威特·克林顿（De Witt Clinton）成为哥伦比亚学院招收的第一名学生，除他以外还有 8 名学生陆续被录取，他们都直接进入三年级，学院由此正式走上了战后恢复之路。

哥伦比亚学院在关闭八年之后重新开始了教学活动，不过困扰学院的最大问题依然是资金不足。评议会采取了与罗得岛学院相同的两种集资方法，一是去欧洲寻求赞助，1784 年 5 月 26 日评议会派代表去法国和尼德兰寻求赞助；二是在本州公开募捐，但在 1784 年 11 月 26 日举办的一次募捐活动上，只收到爱德华·克拉克（Edward Clarke）的一份 1000 英镑的捐赠用于购买图书。这两种方式都未能解学院的燃眉之急，学院甚至对于刚刚入学的新生都无法做出妥善的安顿，只能临时性地提供一些最基本的安排。之前的法案根本没有规定政府必须对学院提供资助，评议会靠自身的力量已经无法为学院提供充足的资金，哥伦比亚学院的复兴依旧需要政府更深的介入。1784 年 11 月 26 日，在评议会的努力下，州议会通过了一份修正案，同意向学院一次性拨款 2552 英镑。12 月 14 日，评议会召开会议，为哥伦比亚学院规划了 27 个教授职位，并确定了一份

17 人的教授名单。①

1786 年 4 月 11 日，哥伦比亚学院终于迎来了战后第一次毕业典礼。典礼在纽约当时最古老的建筑圣保罗教堂(St. Paul Church)举行，当天，邦联国会的参众两院暂时休会并派代表参加此次毕业典礼，以表示对教育事业的支持。② 纽约州州长以及州议会的代表也都出席了此次典礼，德·威特·克林顿还用优美的拉丁语做了长篇演说，可谓盛况空前。③ 但实际上，学院与政府之间早已暗流涌动，它们的目标开始出现分歧。1785 年，萨福克郡(Suffolk County)请求州议会建立一所独立的即不受哥伦比亚学院控制的专科学校(academy)，这虽然符合政府传播知识、促进教育的政策，但是与 1784 年法案的设计不符；同时，公众以及州议会开始对 1784 年法案对哥伦比亚学院地位的安排感到不满，认为法案非常不公，把所有学院的权力都交到了少数人的手中。面对这些问题，1785 年，评议会指定了一个由 16 位来自全州各地的绅士组成的委员会来考虑在州内促进文化事业的方式和方法。④ 1787 年 2 月 15 日，委员会得出结论，认为对高等教育的控制不可集中化，建议"每一所单独的学院都应该由一个特定的法人团体全权负责"，评议会的权力不能单独交给任何一所学院。⑤ 这不仅意味着哥伦比亚学院不再享有州内高等教育的领导地位，而且政府对高等教育的绝对控制权也随之消失。第二天，作为委员会主席的詹姆斯·杜安就根据这份报告起草了一份提案，由亚历山大·汉密尔顿提交到了州议会。评议会成员、来自萨福克郡的耶鲁毕业生埃兹拉·洛默迪厄(Ezra L'Hommedieu)也于 2 月 27 日向州议会提交了一份提案，反对让全州的教育服从哥伦比亚学院的领导，但仍然主张让州议会来指定每一所学校的管理层，即建立一个由政府主导的州教育体系。换句话说，洛默迪厄需要的是对当时纽约州大学评议会的管理模式进行改

① Columbia University. A History of Columbia University, 1754 - 1904[M]. New York: The Columbia University Press, 1904: 63 - 64.

② 纽约是当时美利坚合众国邦联国会的所在地，也是美国的首都。

③ New York-April 13[N]. New York Journal or the Weekly Register, 1786 - 4 - 13(3).

④ Sherwood S. The University of the State of New York: History of Higher Education in the State of New York[M]. Washington: Government Printing Office, 1900: 59.

⑤ Sherwood S. The University of the State of New York: History of Higher Education in the State of New York[M]. Washington: Government Printing Office, 1900: 63.

革。这两份提案其实都是对政府在何种程度上干预高等教育和整个教育体系的一种回答,很遗憾的是,州议会没有立刻对这两份提案表态。

杜安和洛默迪厄的提案促使评议会以及公众逐渐认识到目前的这种管理体制以及政府干预高等教育的模式需要改革,并且需要在这两种方案之间寻找某种妥协。1787 年 3 月 8 日晚,评议会内部终于达成一致意见:"为教授读写算而建立公共学校是一个非常重要的目标,这不仅要由私人力量来推动,还要靠公共权力来促进。任何公民都应该免于无知,但现实却是太多的年轻人在无知中成长。"①公共权力和私人力量在促进知识发展方面的作用都得到了肯定,这份修改后的提案于 4 月 13 日被州议会通过。这份《为创建一所大学及其相关目的的法案》(*An Act to Institute a University within This State, and for Other Purpose Therein Mentioned*)其实是一份构建全州教育体系的计划,在高等教育部分,它承认私人和团体有权建立学院,其权利与哥伦比亚学院一致,即保证了所有学院的平等和独立地位。至于哥伦比亚学院,政府承认国王学院的章程继续有效,章程中规定的学院权利继续保留。同时,纽约州大学评议会也继续保留,但它必须代表全州利益而非局部利益,它有权对州内所有学校进行监督,不过任何学校的董事、校长、教职员等都不得成为评议会成员。② 该法案不仅是对哥伦比亚学院、州高等教育乃至州教育体系的重组,同时也是对政府与教育、高等教育关系的再调整。纽约州政府把评议会与哥伦比亚学院明确地划分开来,即在公共职责与私立机构之间划下了明确的界限,重新确立了哥伦比亚学院的私立性质,使其不再受政府权力的控制,也不承担公共职责。无论在法律地位上还是事实上,哥伦比亚学院都不可能成为"州立学院",其本质上依然是对国王学院的承接,政府在高等教育中的权力又退缩回 1784 年以前,结束了公私机构界限模糊的时代。③

1787 年 4 月的法案中,州议会指定了学院的 24 名董事会成员。1787

---

① Hough F B. Historical and Statistical Record of the University of the State of New York during the Century from 1784 to 1884[M]. Albany: Weed, Parson Company, 1885: 7.

② Sherwood S. The University of the State of New York: History of Higher Education in the State of New York[M]. Washington: Government Printing Office, 1900: 74 -76.

③ Humphrey D C. From King's College to Columbia College, 1746 -1800[M]. New York: Columbia University Press, 1976: 279.

年5月,国王学院首任校长萨缪尔·约翰逊的儿子威廉·萨缪尔·约翰逊全票当选为哥伦比亚学院第一任校长。尽管州政府从对高等教育的控制中撤了出来,但是学院董事会依旧认为政府是最主要的、最天然的资金来源,财政支持与实际控制之间并无必然的联系。[①] 在董事会的呼吁下,州议会依旧对学院进行资助。1790年3月31日,纽约州议会通过了《为更进一步鼓励知识法案》(*An Act for the Further Encouragement of Literature*),为学院一次性拨款500英镑,并授权哥伦比亚学院可以通过租售自己的土地和房屋来获得收入。1792年4月11日,纽约州议会再次通过法案,拨款1500英镑为学院购买图书,200英镑购买化学设备,1200英镑构筑围墙保证学院的空间,5000英镑建造一栋大楼及其侧楼等。同时,州政府还支付大部分学院校长和教师的薪水。[②] 虽然纽约州政府放弃了将国王学院变成一所州立大学的计划,但实际上从殖民地时期一直到建国初期,国王学院和哥伦比亚学院都被看作是培养未来政府官员的机构。[③]

美国独立战争后,政府与学院的关系以及政府在高等教育中的权力都面临着重新调整,因为此前各个学院的法律地位是依赖于不列颠政府的,而此时,各个殖民地已获得独立的政治地位,面对新独立的政府,学院必须重新认识自己的法律地位和章程规定的权利与特权……高等教育的公共价值以及由此决定的政府与学院之间的紧密联系在殖民地时期已被广泛认可。[④] 面对新的形势,学院和政府都不可避免地需要重新定位彼此之间的关系,战争造成的客观上的破坏又为这种调整提供了契机。不过,殖民地时期的经验确实为革命时期政府与学院的关系提供了借鉴,这种理想的新关系正如威廉玛丽学院校长詹姆斯·麦迪逊(James Madison)在给耶鲁学院校长斯泰尔斯的信中所说的:"为美国未来的繁荣和崛起奠

---

① Whitehead J S. The Separation of College and State: Columbia, Dartmouth, Harvard and Yale, 1776 - 1876[M]. New Haven: Yale University Press, 1973: 24.

② Columbia University. A History of Columbia University, 1754 - 1904[M]. New York: The Columbia University Press, 1904: 75.

③ Whitehead J S. The Separation of College and State: Columbia, Dartmouth, Harvard and Yale, 1776 - 1876[M]. New Haven: Yale University Press, 1973: 10.

④ Roche J F. The Colonial Colleges in the War for American Independence[M]. Millwood: Associated Faculty Press, 1986: 164.

定基础的当是我们的学院和大学。”[①]学院内部的课程变化也体现了它们向公共权力的靠近。与物质破坏相比,“更加重要的是战争也破坏了学院的旧课程和旧目标”[②],学院中的实用科学课程开始增加,教士不再是学院唯一的培养目标了。[③] 然而,事实上二者关系的探索和调整正如耶鲁学院和国王学院(哥伦比亚学院)那般经历了一番混乱和波折,更重要的是,政府在重新处理与学院关系的时候也开始意识到自己建立公立高等教育的必要性,这种认识开启了政府试图控制高等教育的早期实践。

第三节 公立高等教育的早期理念与实践

一、“不合时宜”的呼声

自殖民地末期以来,政府在高等教育中一直无法找到确切的位置,这种角色的模糊也体现在建立公立高等教育的早期实践中。虽然北美早期的高等教育都是私立的教会学校,但到了殖民地末期,出现了公立高等教

① Stiles E. The Literary Diary of Ezra Stiles, Volume Ⅱ[M]. New York: Charles Scribner's Sons, 1901: 446.

② Rudolph F. The American College and University: A History[M]. New York: Alfred A. Knopf, 1968: 34.

③ 斯泰尔斯在1781年就说过,哈佛学院、耶鲁学院和新泽西学院中神学和希伯来语被不断忽略和漠视,而现代语言与历史却逐渐热门。他在1778年就为学生拟订了新的学习计划,其中除了少量的古典学科外,大部分都是算术、几何、数学、天文学、地理学、逻辑学、伦理学、自然哲学以及洛克的人类理解论等。在1783年的学校备忘录中,他再次强调了此项计划。参见:Stiles E. The Literary Diary of Ezra Stiles, Volume Ⅱ[M]. New York: Charles Scribner's Sons, 1901:513-515, 535-537. 1784年的哈佛已经不再将教士作为唯一培养目标了,到了18世纪90年代,典型的哈佛学生就是无神论者。参见Morison S E. Three Centuries of Harvard: 1636-1936[M]. Cambridge: Harvard University Press, 1942: 185. 1784年,新泽西学院的一年级课程虽然还是古典学科,但历史、逻辑学、算术、现代英语等在二年级课程中占的分量开始超过古典学科,三年级的课程则集中在自然哲学和数学,以及一些理论(几何、代数等)和实践学科(测量、航海、勘测等),四年级的课程主要是道德哲学以及阅读洛克、孟德斯鸠的作品等。这种课程与培养目标的转换使得学院开始承担原本属于政府的“公共职责”,即培养公民,这也从侧面反映了学院对政府权力的一种妥协。

育的呼声。公立高等教育最早的实践可以追溯到国王学院创建过程中对公立高等教育的呼唤。1702 年,新泽西殖民地总督刘易斯·莫里斯(Lewis Morris)提出纽约殖民地作为英裔美国人的聚居地应该拥有一所学院,当时他并没有指明这所学院应该建成私立的还是公立的。如果没有两个年轻人的呼吁,国王学院的建立过程中就不会有一番公与私的争论。

1746 年,纽约殖民地议会通过一份法案,决定以发行 2250 英镑公共彩票的方式为建立一所学院做准备以促进殖民地的发展。法案刚刚通过,年仅 18 岁、刚刚从耶鲁学院毕业的威廉·史密斯在给友人威廉·利文斯顿(William Livingston)的信中说:"我们议会的议员们都是一些没有受过教育和没有文化品位的人,所以学院计划不会成功。"①利文斯顿也认为由于各方利益的冲突,学院计划不可能顺利进行。1749 年,利文斯顿发表了一份 9 页的小册子,他希望纽约殖民地政府拿出切实的行动来建立一所对"知识的发展"和"公共的福利"有用的学院,并指出这样一所学院对殖民地的政治、经济、文化、道德、宗教等各个方面具有促进意义;最重要的是,这些目标必须由一所公共的(public)学院来实现。② 他虽然承认宗教在培养道德和促进公共幸福方面的重要性,但是通篇不谈如何通过教会来促进学院的建立,而是强调这所计划中的学院的公共性与公共目标。利文斯顿并没有像史密斯那样贬低议会的议员们,相反,他认为纽约殖民地的议员有着足够的睿智来创建和管理这样一所学院,这也是他们不可推卸的责任。③

1752 年,威廉·史密斯也发表了一份 30 多页的小册子,他认为教育乃是政治事业的基础和灵魂,能够最长久地保持一个国家的自由与独立,而"这个近乎一个国家的皇家领地……却至今没有一所公共学院"④,所

---

① Humphrey D C. From King's College to Columbia, 1746 - 1800[M]. New York: Columbia University Press, 1976: 36.

② Livingston W. Some Serious Thoughts on the Design of Erecting a College in the Province of New York[M]. New York: John Zenger, 1749: 2 - 3.

③ Livingston W. Some Serious Thoughts on the Design of Erecting a College in the Province of New York[M]. New York: John Zenger, 1749: 6.

④ Smith W. Some Thoughts on Education with Reasons for Erecting a College in This Province [M]. New York: J. Parker, 1752: 2.

以他极力赞同议会通过法案建立和资助一所学院。史密斯还提出了自己的建议，例如将学院建在纽约城，学生多从本地招收，尤其是学院应该提供一种"文雅的教育"(polite education)，以培养"优秀的绅士"(fine gentlemen)为目标，使年轻人"理解他们自己以及国家的利益，不受任何别有用心的人的误导和欺骗"①。我们无法得知史密斯所说的"别有用心的人"是不是指教会人士，但是在他与利文斯顿的小册子中丝毫不谈教会在这所学院中的地位，这种有意的忽略本身就是对宗教干预乃至控制高等教育的反对，他们所设想的高等教育是世俗的、实用的，有着强烈的政治色彩。就在一年前，纽约殖民地议会就通过法案为未来的学院拨款 3443 英镑，并指定了第一届董事会成员负责筹建事宜，为学院的创建走出了最重要的一步。尽管威廉·利文斯顿位列董事会成员的名单之中，但是整个董事会基本被英国国教会和三一教会控制，利文斯顿开始激烈反对这种由少数教派控制学院的管理模式，并将对学院事务的关心转移到排除教会干预的方面来。

1752 年 11 月，威廉·史密斯、威廉·利文斯顿和约翰·莫林·斯科特(John Morin Scott)在纽约城创办了一份以"真理"与"自由"为口号的周刊《独立评论》(*Independent Reflector*)，在 1753 年的 3 月到 4 月间，史密斯和利文斯顿以该周刊为阵地，发表了一系列反对宗教控制学院，倡议建立一所由政府控制的公立学院的文章。他们认为，这所学院应该服务于所有人民，提供自由的教育，它应该仅仅是一家公共机构，不受任何教派的控制……它应该为全社会的利益服务，不教授任何宗教知识。② 他们认为，一所公立学院应该致力于所有人和整个社会的自由与幸福，让学院接受政府的监督和管理是为了使其受到更好的资助，接受民众的监督，以更好地实现最终目标。而由教会控制的学院则恰恰相反，只会服务于特定的教会，培养目标狭隘，不仅不利于整个社会的发展，还会扰乱殖民地的

---

① Smith W. Some Thoughts on Education with Reasons for Erecting a College in This Province [M]. New York: J. Parker, 1752: 14.

② Smith W. A Constitution of the Same Subject[N]. Independent Reflector, March 29, 1753.

安宁与和平。① 1753 年,史密斯还发表了一篇非常重要的文章《马拉尼亚学院的一般理念》(*A General Idea of the College of Mirania*)。② 文中阐述了一个关于高等教育的"乌托邦",史密斯设想了一所"马拉尼亚学院"来表达他的高等教育理想。史密斯认为,学院的目标是培养更好的人和更好的公民,学院应由政府建立和维持,课程中虽然保留了古典学和宗教,但已然不是重点,比这更重要的是"有用的学科",并强调学院的公共服务功能。史密斯毫不掩饰他的激进理念:"所有私立学院都要被禁止……政府应该将教育事务从私人手中收回……让年轻人远离各种家族、教派和党派利益。教育年轻人是政府的职责,因为年轻人是政府的财产,应该根据政府的意图接受教育。"③他的课程设置充分为政府和国家考虑,其教育目标也进一步政治化为培养政治领导者和爱国者,主张让爱国精神像阳光一样洒满整个社会。④ 史密斯认为,宗教应从高等教育中完全退席,甚至不应承担传统的道德教育职责,因为任何教派都是偏狭的,对于真正的公共美德和公民生活是不利的。1754 年 5 月 30 日,著名律师詹姆斯·亚历山大(James Alexander)和史密斯联合署名向议会呼吁,不要建立一个由单一教派控制的学院,政府和议会应该成为学院的创建者和管理者,并且要将所有宗教人士排除在外,建立一所真正的公共机构。⑤ 可以说,自亨利克学院以来,英属北美殖民地高等教育的宗教性第一次受到如此强烈的批评和抵制,他们对教会、政府、教育之间的关系提出了与以往截然不同的观点,即学院的公共性只能通过政府来实现,教会教育始终是非公共的。

---

① Smith W. A Constitution of the Same Subject[N]. Independent Reflector, 1753-3-29(18). Smith W. The Same Subject Continued[N]. Independent Reflector, 1754-4-5(19). Smith W. A Farther Prosecution of the Same Subject[N]. Independent Reflector, 1754-4-12(20).

② mirania 源自拉丁语 mirus,意为奇境、仙境。

③ Smith W. A General Idea of the College of Mirania[M]. New York: J. Parker and W. Weyman, 1753: 66-67.

④ Smith W. A General Idea of the College of Mirania[M]. New York: J. Parker and W. Weyman, 1753: 76.

⑤ Alexander J & Smith W. The Querist, or a letter to a Member of the General Assembly of the Colony of New York, Containing a Variety of Important Questions Occasioned by the Charter Lately Granted for the Establishment of a College[M]. New York, 1754: 4-5.

这些观点在今天看来或许是顺理成章的，但是在那个教会掌控教育事业的时代则属于“不合时宜”的激进声音，威廉·利文斯顿、威廉·史密斯这两个年轻人并不能对政界产生多大的影响，牧师和政客们对史密斯的“教育乌托邦”也不屑一顾，英国国教会的牧师们也对这些反对意见不屑一顾，甚至鄙视一位牧师竟然与他们进行辩论，因为没必要“用一门大炮来消灭一只害虫”。[①] 最终殖民地议会只是稍稍推迟了学院章程的通过，1754 年 10 月 31 日，在临时总督詹姆斯·德兰西(James De Lancey)的推动下，议会顺利通过了国王学院的章程，继续保持了学院的宗教性和私立性，同时还同意牧师们的要求——今后的校长必须是国教徒，学校内必须行使国教的仪式，最后还迫使《独立评论》停刊。也正是在这一年，学院的董事会成员之一本杰明·尼科尔(Benjamin Nicoll)对此前的所有批评做了一个总体的回应，对利文斯顿、史密斯和亚历山大的观点一一做了反驳。他认为，只有政府和王室有权建立一个法人机构，而国王学院的建立完全是遵照正常的方式进行的，董事会成员也都是由议会指定的，从这一点来说，学院的建立完全合法，同时，这些来自教会的董事也都精通青年人的教育事务。[②] 面对尼科尔的言论，两个年轻人没能做出针锋相对的回应。尽管如此，他们还是没有放弃希望。1755 年秋，新总督查尔斯·哈迪(Charles Hardy)上任，利文斯顿本希望新总督可以跟他一起反对这所教会学院，但是受到了哈迪的冷遇；相反，哈迪对国王学院的校长却礼遇有加，并迅速批准了给学院的 500 英镑拨款。自此以后，反对的声音就日趋沉寂了。[③]

利文斯顿和史密斯的反对并未给国王学院的建立带来任何阻力，丝毫没有达到削减教会在学院中的控制力的目的，也没有增加政府在学院中的权力，但是他们看似微不足道的呼吁却意味着殖民地末期公立高等

---

① Schneider H W & Schneider C. ed. Samuel Johnson, President of King's College: His Career and Writings, Vol. 1, Autobiography and Letters [M]. New York: Columbia University Press, 1929: 166.

② Schneider H W & Schneider C. ed. Samuel Johnson, President of King's College: His Career and Writings, Vol. 1, Autobiography and Letters [M]. New York: Columbia University Press, 1929: 196 - 200.

③ Chandler T B. The Life of Samuel Johnson, D. D.: The First President of King's College in New York[M]. New York: T. & J. Swords, 1824: 94 - 95.

教育的需求开始显现。值得注意的是,不管是主张教会学院一方还是主张公立学院一方,他们都希望学院所承担的职责是“公共性”的,只是对于采取何种途径实现这种“公共性”有着不同的考虑。公立学院的主张者们认为政府的权力来自人民,政府授权建立的学院应由人民的代表来控制和管理才能真正为公共利益服务,而牧师们则认为学院理应由教会控制。在公立学院的主张者们看来,学院服务于社会的关键在于权力的均衡而不是垄断,可是在教会看来,学院服务于社会的关键在于权力的仁慈而不是均衡。① 正如利文斯顿在感到建立公立学院无望时所说的:“盲目已经战胜了英国人的自然权利,一所只服务于单个教派的教会学院建立了,同时也侮辱了这片土地上的所有其他教派。”②第一次关于公立高等教育的呼吁是不成功的,但是它“成功地调动了公共舆论,并在对北美错综复杂的宗教和教育之间的关系进行持续争论方面作出了重要的贡献”③。这场争辩反映出公立高等教育所面临的基本困境,即教会和政府谁真正代表教育的“公共性”,而这又涉及政教之间的基本关系,当政教本身就界限不清的时候,公立学院的呼吁自然就显得无力了。

二、宗教自由法案与政教分离运动

在英属北美殖民地,宗教力量从一开始就在各个方面扮演着举足轻重的角色,文化和教育事业乃是属于教会的事务,因此政府若要更深地介入高等教育领域,前提就是宗教和世俗之间得有一个清晰的界限。自从18世纪中期开始,整个殖民地社会就出现了世俗力量逐渐强大以及政教分离的总体趋势,可以说利文斯顿和史密斯对公立学院的呼吁和对政教界限的明确划分是这一趋势在高等教育领域内的早期体现,随后的独立战争更是加速了这个进程。战争爆发以后,各州的宗教政策渐趋缓和,对于异教徒和私自传教都不再像以往那样采取严厉的惩罚措施,一些州开始放弃用公共税收来支持教会的政策。在此基础上,政教的界限越来越

---

① Humphrey D C. From King's College to Columbia College, 1746 - 1800[M]. New York: Columbia University Press, 1976: 44 - 45.

② Common Sense. The Watch-Tower, No. LII[N]. The New York Mercury, 1755 - 11 - 17 (1).

③ Wright J A. Separation of Church and State[M]. Santa Barbara: Greenwood, 2010: 46.

清晰,政府也有了理由介入原本属于教会的公共事务——高等教育,学院在管理机构、资金来源、课程内容、培养目标、师资力量等方面都开始呈现世俗色彩,逐渐打破此前宗教力量绝对支配高等教育的局面,这也为政府与高等教育之间的关系带来了新的变化。

1773 年,马萨诸塞殖民地的一个牧师艾萨克·巴克斯(Isaac Backus)发表了《一份关于宗教自由的呼吁》(*An Appeal to the Public for Religious Liberty*),宣称:"上帝在世间创造了两种截然不同的,永远不应该混淆的管理体制,其一是世俗的,其二是宗教的。""宗教的事务来自上帝,而世俗政府应该留给人类自己去打理。"①针对有些人认为世俗政府的行政长官应该同时以宗教和公共事务的名义履行其职责,甚至要求以公共税收维持教会的观点,巴克斯反驳道:"如果一个牧师不满足于上帝所能带给他的一切,还以上帝使者的名义从人间攫取利益,迫使人们出资支持他,那么他还能保持其牧师的品格吗?"他甚至直斥这种行为"简直就是在贩卖人类的灵魂"。② 巴克斯指出,宗教与世俗的真正界限在于宗教以教义为武器战胜各种邪恶,而世俗是要以刀剑保卫和平,并以公民权利作为奖惩的规范,性质和目标截然不同的两种管理体制绝对不可以互相干扰。最后他总结道,为了维持教会而征税是一个"巨大的错误",所以"我们无法服从这样的权力",这违背了真正的良心自由。③ 其实,18 世纪 60 年代末,巴克斯就参与了浸礼会组织的一个调查宗教问题的委员会,并向马萨诸塞和康涅狄格政府发出呼吁,认为政府与教会的密切关系以及对教会的资助本身就成为政府和公众的负担,同时这种资助教会的行为"从我们身上拿走了财产,不仅未经我们同意,而且是粗暴的、违背我们意愿的"④。1779 年,在马萨诸塞州的制宪会议上,巴克斯希望杜绝政府利用公共税收支持教会的做法,虽然会议最后还是同意让每个城镇都出资维持一名牧师,但是毕竟还是对宗教自由和政教界限做出了规定:"本州所有的教派和良好公民都平等地受法律的保护。法律永远不允许任何教派

① Backus I. An Appeal to the Public for Religious Liberty[M]. Boston: John Boyle, 1773: 9.
② Backus I. An Appeal to the Public for Religious Liberty[M]. Boston: John Boyle, 1773: 12.
③ Backus I. An Appeal to the Public for Religious Liberty[M]. Boston: John Boyle, 1773: 56.
④ Hovey A. A Memoir of the Life and Times of the Rev. Isaac Backus, A. M.[M]. Boston: Gould and Lincoln, 1858: 178.

之间存在从属关系。”①

在巴克斯从宗教角度呼吁政教分离的同时，杰斐逊也从另一方面为政教分离做出了努力。在弗吉尼亚，英国国教会一直是官方宗教，政府也一直用税收为国教会拨款。殖民地末期，关于公共资金资助教会是否合理的争论开始松动政教之间的关系。② 1776 年 5 月 15 日，弗吉尼亚州议会指定了一个委员会来准备该州的宪法。随后，杰斐逊为这份法案写了序言，圣公会（Episcopal）教徒乔治·梅森（George Mason）起草了法案的主体部分，经过詹姆斯·麦迪逊的修改后，最终形成了十六条的《弗吉尼亚权利宣言》（*Virginia Declaration of Rights*）。其中第十六条就是关于宗教自由的原则："宗教……只能通过理性和信仰来引导，而不能通过强制和暴力。因此，所有人根据各自良心的指引都拥有宗教自由的权利。"同年 6 月，杰斐逊在费城为大陆会议紧张工作之余还为弗吉尼亚州起草了一份宪法草案，其中对宗教自由做了明确的表述："所有的人都有宗教信仰的充分自由，不得强迫任何人参加或出钱支持任何宗教机构。"③这也就意味着政府不可以用公共税收支持任何教派。弗吉尼亚州议会围绕这两条关于宗教自由的提议进行了激烈的辩论，1776 年 11 月 19 日终于达成妥协意见："尽管宗教事务上的意见都不应该受到限制，但……公共团体必须接受管理，同时也应该为神职人员提供适当的资助并管理他们的言行"④杰斐逊曾回忆说这是"他经历过的最激烈的辩论了"⑤。虽然这一妥协并未实现法案的初衷，但是随着战争的进行和人们观念的变化，至 1777 年，弗吉尼亚州就已经不再将公共税收用于任何宗教事务了，牧师的薪水也不再由政府支付了。杰斐逊在 1777—1779 年连续三年都提出

---

① Thorpe F N. ed. The Federal and State Constitutions, Colonial Charters and Other Organic Laws of the States, Territories and Colonies Now or Hitherto Forming the United States of America, Vol. III[M]. Washington: Government Printing Office, 1909: 1914.

② Gill A. The Political Origins of Religious Liberty[M]. Cambridge: Cambridge University Press, 2008: 73.

③ 梅利尔·D. 彼得森. 杰斐逊集（上）[M]. 刘祚昌，邓红风，译. 北京：生活·读书·新知三联书店，1993：367.

④ Eckenrode H J. Separation of Church and State in Virginia: A Study in the Development of the Revolution[M]. New York: Da Capo Press, 1971: 50.

⑤ Jefferson T. The Writings of Thomas Jefferson, Vol. 1[M]. Washington: The Thomas Jefferson Memorial Association, 1903: 57.

类似的提案,并对 1776 年悬而未决的宗教自由提议进行讨论,不同的政治力量也逐渐接受宗教自由的原则。

1779 年春天,围绕宗教自由的问题,弗吉尼亚州议会再次进行了非常激烈的争论,各种要求解决这一问题的提案纷至沓来,州议会倍感压力。6 月 4 日,州议会指定了一个由约翰·哈维(John Harvie)、乔治·梅森和杰曼·贝克(Jerman Baker)组成的三人委员会来拟定一份关于宗教自由的提案以供议会讨论。虽然两天前杰斐逊刚刚宣誓就职弗吉尼亚州州长并且他不是该法案起草委员会的成员,但是约翰·哈维在 6 月 12 日提交的《宗教自由法案》(*Bill for Religious Freedom*)主要还是由杰斐逊起草的。6 月 5 日,该委员会又提出一份《关于进一步终止向英格兰教会的神职人员支付薪水的提案》(*Bill for Further Suspending the Payment of Salaries Heretofore Given to the Clergy of the Church of England*)。第二份提案在四天以后就获得通过,但《宗教自由法案》则开始了它漫长的论争过程。在随后的几年里,关于宗教自由提案的争论从未中断过,每次都取得一点进步,但并未达到最终目标,直到 1783 年战争结束时,议会"在宗教问题上仍未采取任何重要的行动,尽管这些问题比以前已经更加公开化了……新的时代将会决定……政教是否会完全分离"①。

1785 年 12 月 14 日,《宗教自由法案》终于再次被提交到弗吉尼亚州众议院。三天以后,众议院以 74 票对 20 票通过该法案。但当法案提交到参议院时,参议院却对其进行了修订,众议院又否决了这些修改,于是两院在 1786 年 1 月 9 日派出各自的代表召开会议,对该法案进行磋商,16 日终于达成了一致意见。《宗教自由法案》在经历了多次辩论、推迟和删改之后,终于成为法律。该法案明确宣布:"不得强迫任何人去教堂做礼拜或为其教会提供经费,也不允许根据一个人的宗教见解或信仰对他的人身或财产实行强制、限制、侵扰或使其承受负担,也不得用任何方法折磨他。所有的人都可以自由地表明信仰并且据理坚持自己的宗教见解,不能因为他们这样做而削减、扩大或影响他们的公民权。"②这份《宗

① Eckenrode H J. Separation of Church and State in Virginia: A Study in the Development of the Revolution[M]. New York: Da Capo Press, 1971: 73.

② 梅利尔·D. 彼得森. 杰斐逊集(上)[M]. 刘祚昌,邓红风,译. 北京:生活·读书·新知三联书店,1993:369 - 371.

教自由法案》彻底摧毁了殖民地时期政教合一的传统，将独立战争时期日益壮大和独立的世俗力量以及初步的政教分离以法律的形式确定了下来，确立了世俗与宗教相分离的原则，它“在宗教和世俗权力相分离的实验中跨出了非凡的一步”①。1791 年 12 月 15 日，弗吉尼亚州批准通过了美利坚合众国宪法的第一至第十条修正案，即《权利法案》(*The Bill of Rights*)，自此，新国家在全国范围内确立了宗教自由原则：国会不得制定确立国教或禁止信教自由的法律。1802 年，杰斐逊已经成为美利坚合众国总统，他在给友人的信中写道：“我相信你说的宗教完全是个人的事务，每个人都不应该把自己的信仰或崇拜归功于其他任何人……这部属于整个美利坚民族的法案，宣布他们的议会不应该制定任何法律，以表示对任何一种宗教的敬意或禁止其自由活动，这是在教会与政府之间划定了界限。”②

也正是在 1791 年，艾萨克·巴克斯牧师向合众国国会呼吁成立一个联邦委员会负责《圣经》的印刷发行——他虽然主张政教分离，但依然希望在所有学校中保持宗教在道德指导上的地位。③ 但无论如何，巴克斯都无法阻止宗教自由和政教分离原则影响到教育事业，甚至可以说其最深刻的意义就体现在教育事务上。“在宗教自由的原则下，教会所交出的最显著的权力或许就是对公共教育的控制权了。在此之前，公共教育……在传统上就被认为完全是教会的本职工作。”④此前，殖民地时期的高等教育在革命年代的发展已经充分显示出政府力量对学院建设和发展的干预，政教分离以后，政府更加需要考虑其在世俗领域的教育权。尤其是在新国家建立以后，革命者们面对的不仅仅是废除旧的社会关系，更重要的是建立新关系，对民众进行启蒙教育。当教育成为政府领域内的公共事务的时候，它就不再是由少数人享有，教育为公共幸福服务的观念

---

① Fraser J W. Between Church and State: Religion and Public Education in a Multicultural America[M]. New York: St. Martin's Press, 1999: 19.

② Lee C C. ed. Crusade Against Ignorance: Thomas Jefferson on Education[Z]. New York: Teachers College Press, 1961: 69.

③ Wright J A. Separation of Church and State[M]. Santa Barbara: Greenwood, 2010: 61.

④ Mead S E. The Lively Experiment: The Shaping of Christianity in America[M]. New York: Harper & Row, 1963: 66.

越来越清晰。① 教育——包括高等教育——不是为少数人服务而是要为所有公民服务,其目标必须是政治的、公共的、实用的,而非宗教的。过去由宗教力量控制的高等教育是以培养教士为根本目的的,所传授的主要也是神学知识,这种高等教育根本无法承担起这样的世俗责任,新政府必须改革旧学院和发展新学院以实现自己的目标,由此开启了美国高等教育发展的一个新起点。

三、威廉玛丽学院的公立化改革

与巴克斯对宗教在教育领域里的保守态度相比,杰斐逊表现得更加彻底,他完全反对在教育中加入任何宗教因素,他在呼吁宗教自由和政教分离的同时,凭着对教育事业长久以来的兴趣,还首次提议在弗吉尼亚州建立一个系统的公立学校体系,并主导了对他的母校威廉玛丽学院的公立化改革。

威廉玛丽学院是继哈佛学院之后,英属北美殖民地建立的第二所、弗吉尼亚的第一所高等院校,1693 年被授予宪章,詹姆斯·布莱尔担任首任校长。威廉玛丽学院从一开始就非常重视古典学科和宗教知识,要求学生在入学前就必须熟练掌握希腊语和拉丁语,而且每一名学生毕业时都必须返回英国接受国教会的"圣职"授予仪式。由于国教会和学院本身的保守与封闭,威廉玛丽学院的师生们并不参与社会上关于宗教、政治的各种辩论,也没有学术讨论,学院甚至不鼓励全职的教员献身于学术研究,它直接继承了英国牛津大学和剑桥大学的模式,"建立在宗教教条的基础上,其课程不允许有任何一点偏差"②。然而,战争和社会形势的变化对高等教育的影响不可避免地波及了弗吉尼亚,"尽管学院依然维持着一种延续了整个殖民地时期的学院与政府关系的传统,并且实际上也允许学院董事会中有大量的政府代表,但是这种政策已经不能适应弗吉尼亚的新变化了,除非学院能够放弃与教会之间的主要联系,但学院本身是

① Bell S. The Church, the State and Education in Virginia[M]. Philadelphia: The Science Press Printing Company, 1930: 162.

② Tyler L G. Early Courses and Professors at William and Mary College[J]. The William and Mary Quarterly, 1905, 14(2): 75.

不愿意这么做的"[①]。既然如此,学院就必须通过外力来处理与教会之间的关系。从独立战争一开始,弗吉尼亚州在杰斐逊的推动下,就较早地迈出了宗教自由和政教分离的步伐。1779 年 6 月,杰斐逊刚刚就任弗吉尼亚州州长,州议会就收到了他的《宗教自由法案》,开始了政教分离的进程。随即,他的另外三份议案也被提交到州议会:《更进一步推广知识法案》(*A Bill for the More General Diffusion of Knowledge*)、《关于修改威廉玛丽学院章程的法案》(*A Bill for the Amending the Constitution of the College of William and Mary*)和《关于建立一座公共图书馆的法案》(*A Bill for Establishing a Public Library*),由此开启了弗吉尼亚州的教育事业和高等教育事业改革进程。

在《更进一步推广知识法案》中,杰斐逊重新设计和规划了整个弗吉尼亚州的教育体系,其出发点全然是政治的而非宗教的:"经验表明,甚至在最好的政府形式下,那些被委以权力的人,随着时间的推移,也可能会把它变为暴政,因此人们相信,为了防止这个转变,最有效的办法便是尽可能地启迪所有人的心智……为了促进公众幸福,应该使那些被赋予才华和道德的人通过自由教育成为有资格去接受、有能力去保卫公民的神圣权利和自由的人……并且由全体人民共同承担费用去教育他们。"[②]整部法案的精神在于,让政府来主导整个教育体系,让民众选举出来的代表来监督和管理州内的各级学校,包括建设校舍、聘用或解雇教师、测试学生、推荐阅读书目以及制定教学大纲等,并由公共财政提供全面资助。法案中只字不提教会参与教育事务,政府力量全面介入教育事业,教育的目的也不再是为宗教服务,而是要培养良好的公民,是要在弗吉尼亚普及一种全新的教育哲学。[③] 该法案中有两处明确提及威廉玛丽学院,其一是由政府任命的学监要"保证威廉玛丽学院的巡视员所推荐的阅读和教学

① Tewksbury D G. The Founding of American Colleges and Universities before the Civil War [M]. New York: Teachers College Press, 1965: 143.

② 梅利尔 · D. 彼得森. 杰斐逊集(上)[M]. 刘祚昌,邓红凤,译. 北京:生活 · 读书 · 新知三联书店,1993:392 - 393.

③ Bell S. The Church, the State and Education in Virginia [M]. Philadelphia: The Science Press Printing Company, 1930:164.

大纲得到遵守”[①]；其二是学监要每隔一年对所在地区的学生进行考核，并从“最高年级的学生中挑选一个学习最好、天赋和资质最好、最有希望的人，允许他升入威廉玛丽学院，在那里学习三年，食宿、服装都是公费”[②]。若该法案获得通过，威廉玛丽学院将成为一所公立的高等教育机构，并且成为弗吉尼亚州公立教育体系的顶点，学院因此必须消除宗教色彩并接受政府的全面控制。

《关于修改威廉玛丽学院章程的法案》是专门针对威廉玛丽学院的改革方案，并且是从学院章程入手进行改革。杰斐逊认为：“过去将近一百年的历史已经证明了，尽管威廉玛丽学院接受了大量的公共资助，但是没有实现预期的目标。如果对其章程中的某些条款进行修改的话，我们就有理由希望它会变得更有用。但是章程的修改又无法通过由章程本身授予权力的董事会来实现。这所学院是由该州的最高行政长官在议会请求下授权建立的……公众有权对其章程进行修改，直到修改以后的章程可以使该学院对公众更加有利。……此时，资助和促进这所学院的发展已经成为议会独特的职责了。”[③]在此，杰斐逊更加明确地表明要将发展高等教育变成州政府的职责，威廉玛丽学院也必须成为公共机构并为公众服务。具体来说，他的改革主要从三个最重要的方面进行：学校管理、资金来源和课程结构。第一，原来的 18 位董事会成员减为 5 位，并且皆由议会投票选举产生，同时另从州议会和法院中选出 3 位名誉校长负责教员聘任和解决校内的各种争端，把学院的管理权完全收归政府；第二，学院能够从政府得到稳定的资助，并明确规定，每进口一桶茶叶，其中 5 英镑的进口税用于资助学院；第三，对课程进行改革，原先的六个教授席位——希伯来语和《圣经》，神学与护教学，修辞学、逻辑学和伦理学，物理学、形而上学和数学，拉丁语和希腊语，以及专门负责印第安人学生的教席——在经过改革后改为九个教授席位：东方和北方的古代语言，教会

① 梅利尔·D. 彼得森. 杰斐逊集(上)[M]. 刘祚昌，邓红凤，译. 北京：生活·读书·新知三联书店，1993：394－395.

② 梅利尔·D. 彼得森. 杰斐逊集(上)[M]. 刘祚昌，邓红凤，译. 北京：生活·读书·新知三联书店，1993：400.

③ Honeywell R J. The Educational Work of Thomas Jefferson [M]. Cambridge: Harvard University Press, 1931: 207－208.

和政府的历史，道德哲学、自然与国家法和艺术，自然哲学和自然史，数学，现代语言，法律与治安，解剖学与医药学，以及专门负责向印第安人传教的席位，并且废除了神学院。① 这些改革对于当时的威廉玛丽学院乃至整个高等教育领域而言都是革命性的措施，然而，改革方案在众议院未获通过。

但是这并没有停止杰斐逊对母校的改革，他利用学院监察员（visitor）的身份②继续推动该学院的改革。“在威廉斯堡的那一年里，我促成了这所学院组织上的一个重要变化，即废除了语法学校，以及神学和东方语言两个教授席位，同时增添了一个法律和治安的教授席位，一个解剖学、医药学和化学的教授席位。由于章程只允许我们有六位教授，所以我们让道德学教授兼授自然和国家法以及艺术，让数学和自然哲学教授兼授自然史。”③这基本实现了《关于修改威廉玛丽学院章程的法案》中关于课程方面的改革，甚至直接将神学和东方语言的教授席位废除了，这对于传统的教会大学，乃至对整个殖民地时期的高等教育模式都是一场重大的冲击。1779 年 12 月 9 日，一名学生在家信中如此描述学院正在经历的变革：“威廉玛丽学院经历了一场非常重大的革命。监察员们在 12 月 4 日举行了会议，想把学院立刻变成一所大学，废除原来的章程以及文法学校的设计，继而，麦迪逊先生成为数学教授和学院校长，威思先生担任法律教授，麦克勒格先生担任物理学教授，安德鲁斯先生担任道德哲学教授，贝利尼担任现代语言教授……”④九天之后，《弗吉尼亚公报》也刊载了 12 月 4 日威廉玛丽学院监察员们的会议，会议通过了一个新的章程，并认为“学院的资金不再能够支撑这所由宪章所规定的机构了……那份教育计划方案是最适合不过的了，它将更直接地达成首要的生活目

---

① Honeywell R J. The Educational Work of Thomas Jefferson [M]. Cambridge: Harvard University Press, 1931: 208 – 209.

② 在威廉玛丽学院，其最高的管理层称为 board of visitors，而不是像其他学院那样称之为 board of trustees。威廉玛丽学院的 board of visitors 即学院的董事会，其成员被称为 visitor 或者 governor。

③ Jefferson T. The Writings of Thomas Jefferson, Vol. I [M]. Washington: The Thomas Jefferson Memorial Association, 1903: 74.

④ Tyler L G. John Brown to His Uncle William Preston, December 9, 1779 [J]. William and Mary College Quarterly Historical Magazine, 1901, 9(1): 22.

标。……事实已经证明,科学的进步不可能被一所文法学校所阻止,科学知识可以在其他地方以更简便的方式传播,学院有必要通过任何可能的途径拓展它的资金来源"①。同时,学院的教学方法也进行了改革和创新。杰斐逊引进了演讲法和选修制(elective system),学生可以根据自己的兴趣和课程的费用自由选择两至三位教授的课程。在改革的推动下,威廉玛丽学院的学术氛围焕然一新,师生们开始讨论社会和政治话题。1776 年开始,威廉玛丽学院的美国大学优等生荣誉学会(Phi Beta Kappa Society)积极组织各类辩论,大多是一些与当时的革命背景有关的非常实际的论题,诸如"土地法是否与一个明智的国家相称"、"公立教育和私立教育哪一个更好"、"其他政府形式是否比联邦制更加适合公共美德"、"宗教在政府中是否必要",等等。②

1780 年 1 月,威廉玛丽学院正式实行新的学院章程,课程也抛弃了旧的模式而实行新的课程体系,古典学科和宗教知识已经被排除在外……这次改革形成了一个新的高等教育发展方向。学院与宗教之间的界限越来越明显,政府力量对学院的干涉也越来越深。1784 年,州议会同意向学院永久性划拨一定数量的土地,学院有权处理这些土地。革命期间,威廉玛丽学院发生的改革"再次说明了部分美国人极其渴望使他们的教育机构能够契合当时社会总体的价值观"③。虽然由于宗教力量的阻碍,威廉玛丽学院在新国家中终究没有变成一所公立大学,但是部分必要的课程改革依然实现了,殖民地时期建立的威廉玛丽学院必须跟延续了一个世纪左右的古老的高等教育模式告别了。1788 年,华盛顿在接受威廉玛丽学院名誉校长一职时,致信学院校长塞缪尔·格里芬(Samuel Griffin)说:"我充分地信任你们在努力将教育体系置于'让它最有利于国

① William and Mary College. At a Convocation of the Visitors of the College of William and Mary, on the 4th Day of December 1779[N]. The Virginia Gazette, 1779-12-18(2).

② Phi Beta Kappa. The Original Phi Beta Kappa Records, including the Minutes of the Meetings from December 5, 1776 to January 6, 1781 at the College of William and Mary, with Introduction and Notes by Oscar M. Voorhees[Z]. New York: Phi Beta Kappa Key, 1919: 40, 41, 44, 53, 55, 58.

③ Robson D W. Educating Republicans: The College in the Era of the American Revolution, 1750-1800[M]. Westport: Greenwood Press, 1985: 111.

家与学术'这样的基础之上。"①到1805年,"在威廉玛丽学院接受教育的绅士们一般具有一个共同的特征——他们有着广阔的心胸,他们毫无地方偏见的观念"②。但是杰斐逊对此还是不满意,因为这远没有达到他的理想,改革后的威廉玛丽学院只能说是通往理想道路上的一种过渡。在他看来,学院与政府之间应该保持一种更加密切的关系,他依然怀疑改革后的学院并不能充分承担起培养合格的公民与政治领导人的责任,他认为改革只是帮学院摆脱了最糟糕的状态,学院仍然处于被公众忽视的状态,他想进一步为弗吉尼亚州建立一所由政府资助的、更加"中心"(centrally)的大学,建立一所真正州立大学的计划开始在他心中酝酿。③

四、费城学院的分与合

威廉·史密斯描绘他的乌托邦学院的时候,明确地表示他所设想的学院跟富兰克林在费城创办的学院非常相像。④ 富兰克林早在1749年就发表了《关于宾夕法尼亚青年人教育的建议》(*Proposals Relating to the Education of Youth in Pennsylvania*),他认为青年人的教育应该成为社会幸福的坚实基础,政府应该予以重视,要建立和资助相关的学院(Seminaries of Learning);⑤对于学院本身来说,则要教授各种有用的专业知识以培养学生的"公共精神"(public spirit)。1751年,在费城专科学校(Philadelphia Academy)正式开学之际,富兰克林又发表了《英语学校的理念》(*Idea of the English School*),为学校详细设计了各学年的课程。⑥ 在富兰克林的坚持下,在1740—1755年费城学院创建的过程中,学校从一所慈善学校发展成一所高等学院,但从来没有设置过神学院,甚至也没有

① Washington G. The Writings of George Washington, from the Original Manuscript Sources, 1745－1799, Vol. 29[M]. Washington: Government Printing Office, 1939: 482.

② Scott J. A Geographical Dictionary of the United States of North America[M]. Philadelphia: Archibald Bartram, 1805: 16.

③ Jefferson T. The Writings of Thomas Jefferson, Vol. X[M]. Washington: The Thomas Jefferson Memorial Association, 1907: 140.

④ Smith W. A General Idea of the College of Mirania[M]. New York: J. Parker and W. Weyman, 1753: 15.

⑤ Franklin B. Proposals Relating to the Education of Youth in Pennsylvania[M]. Philadelphia, 1749: 5.

⑥ Franklin B. Idea of the English School[M]. Philadelphia, 1751.

古典课程和宗教课程。“它的教员来自各个教派，学院的性质完全摆脱了宗教偏见。”①同时，学院与政府保持着密切的关系，1755 年章程就给学院带来了 500 英镑的拨款和将近 3000 英亩的赠地，费城殖民地政府每年还给予学院固定的资助。尽管学院的目的是公共的、世俗的而非宗教的，但无论是宾夕法尼亚殖民地政府还是费城殖民地政府，都无意将其转变为公立学院。然而，战争和革命的到来却打破了这一平静。

1760 年，费城学院为改善财政状况，跨洋去英国募集了近 7000 英镑捐赠，其中包括英国国王的个人捐赠，其他学院也都有类似的情况，可是在大革命到来之时，这却成为学院与英国保持暧昧关系和同情英国政府的证据。1778 年 1 月 2 日，宾夕法尼亚州议会通过了《暂时停止费城学院董事会权力的法案》(*An Act for Suspending the Trustees of the College and Academy of Philadelphia, for a Limited Time*)，理由是在英军占领费城期间，一些学院董事向英军表示友好而对美利坚合众国表现出敌意。整整三个月以后，4 月 2 日，州议会通过决议要求学院所有的董事、校长、教授、导师都必须在两个月之内宣誓忠诚于州政府和州宪法。② 1779 年 2 月 23 日，州议会又指定了一个委员会全面调查费城学院的管理、财政等状况；3 月 16 日，学院董事会向调查委员会提交了一份关于学院历史与现状的汇报；4 月 5 日，董事会的报告被提交到议会，列入议事日程。③ 但董事会在政府权力面前并没有屈服，他们重申了法人权利由章程授予并受法律保护，必须“完全排除任何政府导向和控制”，就连之前主张政府控制教育、此时在学院担任校长④的威廉·史密斯也认为政府不能粗暴

① Thorpe F N. ed. Benjamin Franklin and the University of Pennsylvania[M]. Washington: Government Printing Office, 1893: 140.

② Chamberlain J L. ed. University of Pennsylvania, Its History, Influence, Equipment and Characteristics, Vol. 1 [M]. Boston: R. Herndon Company, 1901: 83 – 84; The Commonwealth of Pennsylvania. Journals of the House of Representatives of the Commonwealth of Pennsylvania, Beginning with the Twenty-Eighth Day of November 1776, and Ending the Second Day of October 1781[Z]. Philadelphia: John Dunlap, 1782: 182, 204.

③ The Commonwealth of Pennsylvania. Journals of the House of Representatives of the Commonwealth of Pennsylvania, Beginning with the Twenty-Eighth Day of November 1776, and Ending the Second Day of October 1781[Z]. Philadelphia: John Dunlap, 1782: 359.

④ 当时的称谓是教务长(provost)，其职务相当于校长。

地干涉学院事务。[①] 面对董事会的强硬态度，议员们感到他们的政治要求完全被忽视了，政府的教育责任和权力也被忽视了，他们决定采取更加严厉的措施。当年7月，州长约瑟夫·里德(Joseph Reed)向学院董事会建议不要举行毕业典礼，因为董事会的权力还处于暂停期间。[②] 9月9日，他在向议会做的演讲中表示："本州的宪法已经认为青年人的教育对社会福利和政治秩序至关重要……但我们发现这个伟大的责任被普遍忽视了……"接着，他认为费城学院"通过它的章程跟英国当局紧密地联系在一起……他们希望通过保持与当权派对待革命一致的态度以从英国政府争取更多的资助"，鉴于董事会"明显地与英国政府勾结"以及"对州政府权力的漠视"，他认为本州人民不应该对其宽容，议会也不该保护其法人地位。[③] 1779年11月27日，州议会终于通过一项重组费城学院和州高等教育的法案，认为学院被危险和不忠的人士所控制，打破了社会的安宁，动摇了政府的权威，还会经常造成骚乱和流血事件，因此法案宣布学院的章程失效，州政府全面接管学院的所有财产和事务，并为学院提供资金。此外，法案还要求在学院的基础上组建"宾夕法尼亚州立大学"(University of the State of Pennsylvania)，并指定了学校董事会成员，学校所有教学和行政事务必须接受议会指定的监察委员会的监督。[④] 可以说，在此法案之下，原来的费城学院已经不再拥有合法地位，而是代之以一所在学院基础上扩展而成的州立大学。该法案不啻为一份新的大学章程，州政府第一次试图建立和控制一所高等教育机构。

新董事会上任后立即着手课程拓展和教学计划改革，增加了一个天

---

① Gordon A D. The College of Philadelphia, 1749 – 1779: Impact of an Institution[D]. Madison: University of Wisconsin-Madison, 1975: 262 – 265.

② Thorpe F N. ed. Benjamin Franklin and the University of Pennsylvania[M]. Washington: Government Printing Office, 1893: 238.

③ The Commonwealth of Pennsylvania. Journals of the House of Representatives of the Commonwealth of Pennsylvania, Beginning with the Twenty-Eighth Day of November 1776, and Ending the Second Day of October 1781[Z]. Philadelphia: John Dunlap, 1782: 363 – 364.

④ The Commonwealth of Pennsylvania. Laws of the Commonwealth of Pennsylvania, from the Fourteenth Day of October, One Thousand Seven Hundred, to the Twentieth Day of March, One Thousand Eight Hundred and Ten, Vol. I[Z]. Philadelphia: John Bioren, 1810: 474 – 479.

文学教席和一个德语学院(German School),并重组了医学院(Medical School)。1782年,董事会还制订了一份现代化的、颇有启蒙特色的大学教育计划,全校共设七个教授席位,古典学只是其中之一,宗教课程仍被排除在外。在此期间,学校获得了很大的发展,资金有了稳固的保障,学生人数也在1784年达到了400名,1779年至1789年间平均每年学生人数达到250名。

然而,原来的费城学院董事会拒不承认州议会在1779年通过的法案,威廉·史密斯为了学院的合法权利也一直在奔走,但在由激进派掌握的议会中没有收到任何积极的效果。直到1788年州议会选举中保守派获得了胜利,史密斯把握机会在议会做了一次演说,这次演说引起了保守派的注意。1789年3月6日,州议会终于通过法案撤销了1779年的法案,认为1779年的法案违背了州宪法中关于保护个人和机构的合法权利的条款,而且当时的议会不是像法案标题所说的"修改"学院章程,而是重新制定了一个章程,因此,原来董事会的所有权利都必须恢复,学院财产也必须归还。① 但这只是撤销了1779年法案的部分内容,纠正了违反州宪法的部分,关于宾夕法尼亚州立大学的部分却仍然有效,从而导致出现了同一所高等教育机构有两个董事会、两个独立的管理和教学系统的现象。

这种分离现象从一开始就使费城学院与宾夕法尼亚州立大学处于比较窘困的境地。对于后者来说,既然1779年法案的部分内容被废除了,那么这所大学的合法性就更值得怀疑了,"学院横遭议会的接收,这是在一种抢劫行为而不是重组或巩固本州唯一的高等院校的努力下推动的"②,而所谓的州立大学正是政府这一涉嫌违宪行为的直接后果;对于前者来说,虽然1789年的法案是学院对政府的一次重大胜利,但毕竟学院与政府的关系大不如前,经过十年的折腾,学院的教学事务大受影响,财政状况更是糟糕。同时,费城的政府和民间力量都还不足以同时维持两所高等院校,两所学校之间必然存在很多竞争,这对两者的发展都不

---

① Mitchell J T & Flanders H. ed. The Statutes at Large of Pennsylvania, from 1682 to 1801, Vol. XIII[Z]. Harrisburg: Harrisburg Publishing Co., 1908: 187 - 192.

② Thorpe F N. ed. Benjamin Franklin and the University of Pennsylvania[M]. Washington: Government Printing Office, 1893: 225.

利。在此情况下,两个董事会于1791年初开始协商合并事宜。1791年9月30日,在两个董事会互相妥协的情况下,州议会通过了《关于合并宾夕法尼亚州立大学和费城学院的法案》,合并后的"宾夕法尼亚大学"的名称中保留"大学"而去掉"州立",也是互相让步的结果。法案规定新大学董事会由此前两个董事会各派出12名董事组成,由州长担任并永远担任董事会主席,董事会成员将由董事会自己投票决定。董事会有权决定校内所有的教学和管理事务,前提是不违反本州的法律,同时还要向州议会汇报年度财政状况。①

从1779年到1791年,费城学院在公立与私立之间经过一阵徘徊又恢复到了原来的状态,它依旧是一所私立大学,其与州政府之间的联系仅仅是州长出任董事会主席和每年的年度财政汇报。宾夕法尼亚州政府的权力在经过一番对高等教育的强势干预之后又退回到了原来的政府与学院的界限,甚至此后"议会推进本州高等教育事业责任的观念也逐渐减弱,议会甚至开始无视大学董事会关于财政资助的呼吁了"②。与威廉玛丽学院相同的是,费城学院在改革过程中虽然没有改变学校的性质,但是宾夕法尼亚州立大学董事会关于课程改革的成果大多保留了下来,这场分与合的动荡也让原来的学院发展更符合时代的潮流,其实课程的拓展乃是这一时期学院变革的最大成果,这也是旧学院在新时期必然要经历的阵痛。革命的力量并没有摧毁任何一所高等院校,也没有打断任何一所学院的发展进程,相反,给它们带来的是改革与扩展的机遇。从费城学院到宾夕法尼亚大学的转变是连续的而非断裂的,从殖民地时期延续而来的费城学院事实上并没有终结,"这只意味着一个时代的结束。……一个新的世界已经到来,大学必须在其中扮演它的角色"③。

但是,新时期的改革也引发了冲突,在高等教育考虑自身角色的同时,政府也必须考虑它在高等教育中的地位。在威廉玛丽学院以及费城

---

① Mitchell J T & Flanders H. ed. The Statutes at Large of Pennsylvania, from 1682 to 1801, Vol. XIII[Z]. Harrisburg: Harrisburg Publishing Co., 1908: 184-187.

② Sack S. History of Higher Education in Pennsylvania, Vol. 1 [M]. Harrisburg: The Pennsylvania Historical and Museum Commission, 1963: 288-289.

③ Cheyney E P. History of the University of Pennsylvania, 1740-1940[M]. Philadelphia: University of Pennsylvania Press, 1940: 125.

学院的曲折历程中,政府的强势干预可看作是政府办大学的冒险尝试。在这一过程中,议会而非法院成为政府与学院董事会交锋、争辩和妥协的场所。学院作为一个法人机构的法律地位和权利既受到过立法机关的侵犯,也受到过它们的纠正和保护,最后几乎所有的改革进程都是学院董事会与政府权力之间协商和妥协的结果,政府权力在进与退的摇摆中终究没有越过法律的界限。1787 年 10 月,在威廉玛丽学院改革八年之后,原威廉玛丽学院的文法学院院长约翰·布拉肯(John Bracken)向弗吉尼亚州地方法院提起诉讼,希望法院判决威廉玛丽学院董事会恢复在改革中关闭的文法学院以及他被撤销的院长职位和教授席位,这是 18 世纪唯一一次将学院管理权问题诉诸司法程序的事件。① 布拉肯的辩护律师约翰·泰勒(John Taylor)认为,威廉玛丽学院是一所公立或者说半公立机构,在不经过州议会批准的情况下就撤销文法学院和布拉肯的职务是越权行为。② 而为学院辩护的正是威廉玛丽学院的毕业生,后来成为联邦法院首席大法官并为达特茅斯学院案做出判决的约翰·马歇尔(John Marshall),他认为董事会的权力是由学院章程赋予的,完全具备独立的法定管理权,由董事会主导的改革措施也是完全合法的。③ 法院最终于 1790 年 12 月 8 日驳回了布拉肯的诉讼,但是并没有对学院的公私性质下结论,只是说判决是"依据法律程序识别出来的真实情况"④,政府在学院面前的权力与角色依然不甚明晰。事件的整个过程更像是二十年后达特茅斯学院案的一次预演,学院的性质、法律地位以及政府权力在学院事务中的地位依然不明确。这是留给美国高等教育的一个困惑,其解决也要像殖民地时期以来的经验所昭示的那样,必须经由政府和学院共同协商来完成。

---

① Herbst J. The American Revolution and the American University [J]. Perspectives in American History, 1976(10): 343.

② Bartosic F. With John Marshall from William and Mary to Dartmouth College [J]. William and Mary Law Review, 1966, 7(2): 260.

③ Bridge J W. The Rev. John Bracken vs the Visitors of William and Mary College: A Post-Revolutionary Problem in Visitatorial Jurisdiction [J]. William and Mary Law Review, 1979, 20(3): 423.

④ 原文为 on the merits of the case, 法官借此想说明判决乃是依据法律程序推理出来的结论,不一定就是真正的事实,以此加以区分。

第二章　政府意识的觉醒与国家高等教育政策的形成

独立战争不可避免地对高等教育事业造成了冲击，独立后的州政府也在此时找到了机会开始正式进入高等教育领域，甚至尝试着将殖民地时期的教会学院直接转换成新国家中在政府直接控制下的公立大学。虽然这些大胆的尝试并没有成功，但是却标志着独立后的政府对高等教育的意识逐渐觉醒。从独立战争开始，所有学院和大学的管理者及师生都被要求宣誓忠诚于州政府和合众国，州政府也要求新建立的高等教育机构要符合国家的政治原则，公与私的界限在这里变得模糊。更重要的是，在处理西北部土地问题的过程中，以土地资助大学的提议被国会接受，直接促成了西部早期赠地大学的建立，由此开启了联邦政府对高等教育的资助政策。此外，独立后的美国对欧洲经验产生了矛盾的心态，对文化独立的渴望使得政府对留学海外产生了不满情绪，甚至明令禁止，而同时又不得不承认美国与欧洲在高等教育方面的差距，来自法国、德国和瑞士的建议和计划都进入了国父们的视野。

第一节　学院的公共性

一、政府对高等教育的政治要求

1777 年 6 月下旬的一天，在宾夕法尼亚州内，很多白人成年男子在各自所在郡和市的法院前排起长龙，一个一个地在法官面前宣誓，以表示在政治上对政府的忠诚以及与英帝国的决裂。这主要是由于州议会在 6

月13日通过了一份法案,宣称为了保证州内人民对英帝国保持独立与自由,全州内18岁以上的白人男子必须于7月1日前在各自郡和市的法官面前宣誓,宣誓的内容已经在法案中确定:“我宣誓,我同意放弃并拒绝与英国国王乔治三世(George Ⅲ)及其继任者的任何联合,同时我将会对自由和独立的宾夕法尼亚州保持忠诚和真正的联合,我在任何时候都不会做有损于自由与独立的事情……”①在独立战争的背景下,政府开始以政治为由几乎干涉到了社会的各个领域,当然也包括高等教育领域,法案中规定的“白人男子”也包括了各级学校中的教师。第二年4月1日,州政府再次通过法令更加明确地规定,为了确保本州的独立和人民的幸福,任何学院和学校的董事、校长、教授、导师,如果没有像1777年的法案所规定的那样进行宣誓的话,那么他就会“在法律上被判决无法胜任所任职位”②。学院校长和教师若不向州政府表示自己的政治忠诚,那么州政府就有权通过法律将其解聘。这种规定自殖民地时期建立高等教育以来还是第一次。政治已不仅仅是学院中的学习科目和讨论话题,实际上已经开始干涉学院的管理权、人事权和学术自由——政府向高等教育提出了自己的政治要求。

对此,州内的教师们没有立刻做出激烈的反应。直到1779年11月,贵格会的教师和牧师们才联名向州议会呼吁,对议会的这一做法提出温和的反对:“我们不受任何政治目的的驱使,我们是国家真正的朋友,我们希望它繁荣昌盛,也关心着我们正当权利的行使……”③这与其说是一种反对,不如说是一种自我表白,更像是另一种表达政治忠诚的形式。其实它在本质上与州议会政治宣誓的要求是一致的,只不过是一种自愿的表达。在高等教育领域,政治忠诚的表达更加明显,这在迪金森学院的创建中得到了明显的体现。

---

① The Commonwealth of Pennsylvania. The Statutes at Large of Pennsylvania, from 1682 to 1801, Vol. IX[Z]. Harrisburg: William Stanley Ray, State Printer of Pennsylvania, 1906: 111 - 112.

② The Commonwealth of Pennsylvania. The Statutes at Large of Pennsylvania, from 1682 to 1801, Vol. IX[Z]. Harrisburg: William Stanley Ray, State Printer of Pennsylvania, 1906: 239 - 240.

③ Sharpless I. A History of Quaker Government in Pennsylvania, Vol. II[M]. Philadelphia: T. S. Leach Co., 1900: 186.

迪金森学院是在本杰明·拉什的直接推动下建立的，也正是在他的强烈主张下，该学院从建立之初就表明自己是一所完全独立且不受政府控制的教会学院。但另一方面，学院的章程中也开宗明义地宣布：学院的建立是基于"很多人对爱国主义、统一、技能和博爱的呼吁"，并将会促进"有用知识"的发展和本州人民的真正幸福。① 在学院创建目的中不提及宗教使命，这在以往的学院章程中几乎是不可能的，对一所教会学院来说更是如此。章程的最后明确回应了政府在1777年和1778年对学院董事、校长和教师做出的政治宣誓的要求，规定所有的董事会成员及后来的继承者，以及每一位校长和教授，在他们开始履行职责之前都必须在费城的两位法官面前进行政治宣誓。② 州议会于1783年9月9日通过了迪金森学院的章程。9月15日，第一届董事会就在约翰·迪金森（John Dickinson）的家中召开了第一次会议，讨论学院的组织工作。会议正式开始前首先阅读了学院章程，然后所有出席的董事会成员根据章程的要求在两位法官面前宣誓："我们作为宾夕法尼亚州迪金森学院的董事会郑重承诺：我们真诚地忠实于宾夕法尼亚州，我们不会直接或者间接地做任何有损于宪法和政府的事情……"③一年多以后，本杰明·拉什致信著名的联邦主义者约翰·杰伊（John Jay）时说道："这所学院目前完全由一群开明的绅士管理，他们已经一致表示对合众国和国会权力的支持，并反对那些破坏自由与共和主义的浪漫的政府理念。"④迪金森学院成立前几天，美英两国在巴黎签下和约，独立战争正式结束，英国正式承认了美国的独立地位。从某种程度上说，迪金森学院是这个新国家的第一所高等院校，虽然这是一所独立的教会学院，但它正是以这种独特的方式表示了自身与政府之间的密切关系。政府与高等教育的关系随着战争的结束和国家生活的开始，也将进入一个新的阶段。

---

① Dickinson College. Catalog of Dickinson College[Z]. Carlisle: Published by the College, 1911: 7.

② Dickinson College. Catalog of Dickinson College[Z]. Carlisle: Published by the College, 1911: 12.

③ Morgan J H. Dickinson College: A History of One Hundred and Fifty Years, 1783 - 1933[M]. Middletown: Wesleyan University Press, 1973: 16.

④ Sellers C C. Dickinson College: A History[M]. Middletown: Wesleyan University Press, 1973: 53.

早在1770年,后来担任耶鲁学院校长的埃兹拉·斯泰尔斯在纽波特讲道的时候听说了达特茅斯学院的建立,并且南卡罗来纳和罗得岛都在筹建新的学院,他惊呼一个"学院热(college enthusiasm)的时代即将到来"①。虽然当时并没有像斯泰尔斯所期望的那样出现学院热,但是从独立战争后期开始,在美利坚合众国的土地上确实涌现了一波建设高等院校的热潮。据于尔根·赫布斯特的统计,从1636年至1769年,殖民地时期为美国留下了九所学院,而从1782年至1787年短短五年间,新建的高等院校就多达十一所。② 这十一所高校按其性质主要分为三类,第一类就是像迪金森学院这样继承了殖民地时期高等教育的模式,仍然是由教会控制的独立的私立学院,共有六所。但是这些私立学院都不约而同地向政府靠近,如1785年,南卡罗来纳州查尔斯顿学院(College of Charleston)的章程开篇就说:"给青年人合适的教育对社会的幸福与繁荣来说是必要的,因此这应该成为一个值得州议会关注的领域。"为表明该学院正是应人们对一所公共学院的呼吁而建,章程在最后更是强调州议会所颁布的学院章程应该被认为是一份"公共法案"(public act)。③ 虽然它的董事会并不由州议会任命,但是第一届董事会成员都是政界知名人士,多数还是当时州议会的议长和议员,其中查尔斯·平克尼(Charles Pinckney)和约翰·拉特利奇(John Rutledge)还是后来制宪会议中的重要人物。④ 与迪金森学院同一年确立章程的汉普登-西德尼学院也是由长老会控制的教会学院,并延续北美传统的管理模式。然而学院章程仍然声明任何人被聘任为董事会成员、教授或导师的前提是"他要以实际行动向全世界证明他对美利坚合众国的独立和自由的真诚热爱"⑤。1787年

① Dexter F B. ed. The Literary Diary of Ezra Stiles, Volune I [M]. New York: Charles Scribner's Sons, 1901: 45-46.

② Herbst J. From Crisis to Crisis: American College Government, 1636-1819[M]. Cambridge: Harvard University Press, 1982: 244-247.

③ Easterby J H. A History of the College of Charleston[M]. Charleston: The Scribner Press, 1935: Appendix I.

④ Easterby J H. A History of the College of Charleston[M]. Charleston: The Scribner Press, 1935: 20-21.

⑤ Hening W W. ed. The Statutes at Large, Being a Collection of All the Laws of Virginia, from the First Session of the Legislature in the Year 1619, Vol. XI[Z]. Richmond: George Cochran, 1823: 273.

3 月成立的富兰克林学院应属此时新建学院中宗教氛围最浓的一所，但是在教会的呼吁下，建立这所学院的目标乃是为国家培养“有用的公民”。① 州议会一次性就拨给学院 1 万英亩的土地，这在此前的北美高等教育史上非常罕见，难怪本杰明·拉什在 1789 年写道，这所学院“在州政府的怀抱中受到无尽的重视”②。此时的私立学院虽然继承了殖民地时期以来的学院传统，但是在其创办过程中却不自觉地逐渐向政府靠近，与此前的私立学院相比，它们与政府的关系更加密切。

除了这类学院外，还有两类，其一是由政府创办的公立大学，只有佐治亚大学(University of Georgia)一所；其二是由政府与教会合办的学院，共有四所。当时，教会力量在高等教育中仍然处于主导地位，创办于 1785 年、作为早期州立大学代表的佐治亚大学要到 1801 年才正式开学，但是，政府参与到高等教育中来标志着政府在高等教育方面的意识正在觉醒。新国家的高等教育发展从一开始就试图一方面继承殖民地时期的传统，一方面又要开创一种与殖民地时期不同的新模式，这种意识又通过公众的推动得到进一步的加强。“由教会和世俗力量一起创办学院的兴起反映了当时不断增长的对殖民地学院贵族气派的不满……普通的美国人开始抛弃殖民地时期的负担，选择那些能够满足他们实用教育需求的地方教育机构。他们非常期待那些能教会他们谋生技能的学院。”③在合作办学中，学院虽然名义上依然是私立的，但是其中的政府因素大大增强，公私性质交错成为这一时期美国高等教育发展的一个重要特点，华盛顿学院(Washington College)以及特兰西瓦尼亚大学的建立为这种新的发展提供了良好的注脚。

二、华盛顿学院：公私性质模糊的高等教育

1723 年 10 月 5 日，马里兰殖民地议会通过法案，希望每一个郡都在

---

① Klein F S. The Spiritual and Educational Background of Franklin and Marshall College[M]. Lancaster: Commercial Printing House, 1939: 34.

② Dubbs J H. History of Franklin and Marshall College[M]. Lancaster: The New Era Printing Company, 1903: 23.

③ Williams F D. ed. The Northwest Ordinance: Essays on Its Formulation, Provisions and Legacy[M]. East Lansing: Michigan State University Press, 1989: 99.

合适的地方建立自己的学校以教育郡内的儿童,殖民地将拨给每一所学校 100 英亩的土地,并利用一部分进出口商品的关税为学校提供资金。华盛顿学院的前身——肯特郡学校(Kent County School)正是在这样的背景下建立的,但是一直到殖民地末期,这所学校才正式开始招生。1779 年,马里兰州对学校教师做出了与宾夕法尼亚州同样的政治要求,即进行政治宣誓,任何人都要表明自己对合众国和州政府的忠诚。肯特郡学校有几位董事拒绝宣誓,州议会就解除了他们的职位并重新指定了新的董事。① 由此可以看出,政府权力一开始就在肯特郡学校中扮演着关键性的角色,在政治忠诚的名义下,政府可以主导学校的管理权与人事权,这也是导致后来华盛顿学院公私性质模糊的原因之一。

在从肯特郡学校转变为华盛顿学院这一过程中有一个重要人物,就是当年建立国王学院时向殖民地政府和公众呼吁建立公立学院的威廉·史密斯。1753 年,本杰明·富兰克林收到史密斯呼吁公立高等教育的小册子《马拉尼亚学院的一般理念》之后,邀请史密斯参观他的学校。富兰克林的学校在 1755 年被授予章程,正式成为费城学院,史密斯成为它的首任校长。1779 年 11 月 27 日,在英军撤离费城之后,宾夕法尼亚州议会通过法案重组了费城学院并将其转变为一所公立大学,史密斯也就不再担任校长。随后他来到肯特郡的切斯特顿,他希望在这里建立一所学校以继续自己的教育事业。与此同时,肯特郡学校的董事会知道了史密斯的到来以及他之前的教育经历,邀请他来担任学校校长,史密斯欣然应允。至 1782 年初,肯特郡学校全校学生已达 140 多名。由于当时马里兰州还没有自己的高等教育机构,很多学生表示除非学校能够提供学院教育,否则他们将会前往其他州甚至漂洋过海到欧洲去继续深造。② 1784 年,史密斯在谈及建立华盛顿学院的动机时提出:“在这片伟大的土地上,任何一所管理良好的以传播有用知识和弘扬我们国家优良传统的学院都应该受到普遍的关注……马里兰州的华盛顿学院正是这样一所机

---

① Dumschott F W. Washington College[M]. Chestertown: Washington College, 1980: 3.

② General Assembly of Maryland. Laws of Maryland, Made and Passed at a Session of Assembly, 1782[Z]. Annapolis: Frederick Green, 1782: preamble.

构，值得受到我们这个新州的公众的认可。”① 虽然史密斯同时也是肯特郡教区的牧师，但是在创办学院的动机中已无传统的宗教式表述，其主要动机是实际的考虑与温和的政治需要，他甚至认为所有学院都应该发扬“国家”的政治和文化传统。在殖民地时期，学院的创办虽然都要经由政府通过法案、章程确立其法律地位，但其创办目标与最初的筹划基本都是由教会的牧师们完成的，作为继殖民地时期九大学院之后的第十所学院，华盛顿学院从一开始就表明了自己是新时代的产物。

1782 年 5 月 24 日，马里兰州议会正式通过了学院章程，章程开篇就表明学院在目标上应该是双重的，即世俗的和宗教的，但是在具体表述中却只提“推进有用知识、科学和美德”，而不提宗教之事。董事会由原来肯特郡学校的 7 人扩充为至少 17 人，最多不得超过 24 人，其中 7 人必须为肯特郡人士，其他董事则需来自州内的其他郡，马里兰州州长威廉·帕卡（William Paca）也位列其中，这其实就在学院的管理层中确立了其公共性。章程中还有两处值得注意，一是学院名称确定为“华盛顿学院”，这是为了纪念独立战争期间乔治·华盛顿将军卓越的政治和军事表现，而实际上华盛顿本人并未对此学院做出捐赠和贡献，这是美国高等教育史上第一次仅仅凭一个人的政治军事威望就以其名字命名一所高等教育机构，“华盛顿学院”的名称本身就是一种政治性的体现；二是章程在最后规定，“任何出任学院董事、校长、副校长或者教授的人都必须根据本州法律的要求进行政治忠诚宣誓”②，这也是第一次在学院章程中出现政治宣誓的规定。1782 年 10 月 15 日，学院董事会在向州议会汇报学校财政状况的同时，声明董事会成员已经进行了政治宣誓。华盛顿学院作为新时期的第一所学院，开创了将浓厚的政治性与公共性因素引入一所私立性质的高等教育机构的先例。1782 年 7 月 8 日，威廉·史密斯代表学院董事会向华盛顿写了一封信，让他知道学院将以他的名字命名：“国家希望为您建立公共的纪念馆……但可以肯定的是，没有什么比一所以您名字命名的学院更为人们所接受的了，这所学院将激励和鼓舞未来的年轻人

① Smith W. An Account of Washington College in the State of Maryland[M]. Philadelphia: Joseph Crukshank, 1784: 5.

② Smith W. An Account of Washington College in the State of Maryland[M]. Philadelphia: Joseph Crukshank, 1784: 14.

去膜拜和效仿您这些公共的美德和爱国的事业,从而在每一个好公民的心中为您建立一座纪念碑。”① 在史密斯的这封信中,依稀可以看出当年马拉尼亚学院理想的影子,学院的私立性与公共性几乎并行不悖,或许连他自己也分不清这是一所私立学院还是公立学院了。

1782 年 11 月 26 日,学院董事会在向州议会的一次汇报中再次陈述了自己的公共立场与政治态度,重申了自己的目标乃是推进知识、美德和公共精神,用华盛顿将军的名字命名学院则体现了一种高贵的爱国精神,这样一所学院“不仅值得而且应该受到最多数公众的认可,以及在将来得到议会的保护和鼓励”②。次日,马里兰州议会针对这所新学院做出了一系列决议,认可了董事会为学院建设所做出的努力,认为学院的资助者在造福国家方面为公众树立了榜样,并表示在条件允许的时候,学院应当接受公共资助。③ 虽然圣公会也是创办学院的重要力量之一,但是除了在章程中还可以看到些许与宗教相关的字眼以外,其他的正式文件中已极少出现宗教因素,取而代之的是政治态度与爱国情感。在史密斯和州议会的文字中,华盛顿学院俨然成了一所极富爱国色彩的公立学院。

1783 年 5 月 14 日,华盛顿学院迎来了第一次毕业典礼。典礼在切斯特顿的一座教堂里举行,州长威廉·帕卡带领董事会成员在学生们的欢迎下缓缓步入教堂。史密斯以一段庄重的布道开始了典礼,而这是整个典礼中唯一一次提及宗教。继而由毕业生进行了四场演说和辩论,其内容皆与公共事务和政治事务有关,其中一个辩论题目是“自然状态是不是战争状态”。④ 当天下午,威廉·史密斯的儿子查尔斯·史密斯(Charles Smith)作为学院第一届毕业生代表做了告别演讲,主题是“美国的国家繁荣与科学进步”,在整个基调上,这不啻为一篇爱国主义演说。年仅 18 岁的查尔斯·史密斯欢呼这是一个“胜利的时刻”,他祝贺马里兰州因为有

① Smith H W. Life and Correspondence of the Rev. William Smith, D. D. ... : With Copious Extracts from His Writings, Vol. 2[M]. Philadelphia: Ferguson Bros Co., 1880: 85.

② Smith H W. Life and Correspondence of the Rev. William Smith, D. D. ... : With Copious Extracts from His Writings, Vol. 2[M]. Philadelphia: Ferguson Bros Co., 1880: 83.

③ Smith W. An Account of Washington College in the State of Maryland[M]. Philadelphia: Joseph Crukshank, 1784: 27.

④ Smith H W. Life and Correspondence of the Rev. William Smith, D. D. ... : With Copious Extracts from His Writings, Vol. 2[M]. Philadelphia: Ferguson Bros Co., 1880: 88.

了华盛顿学院而成为知识与美德的殿堂，他更为所有的毕业生而自豪，因为“当我们国家辉煌地屹立于世界民族之林的时候，当雄伟的志向摆在我们面前的时候，所有有学识的人、爱国者和英雄都会有他们的用武之地，从而为美国的繁荣贡献自己的力量”①。最后他还呼吁道：“你们的心和我在一起，爱国的热情在你们心中迸发……我们将会把造福我们国家以及支持它的宗教、法律、主权和民权作为我们所追求的伟大目标。”他最后以他父亲在《马拉尼亚学院的一般理念》中的一首长诗作为结尾，并在注释中提出父亲的计划不是乌托邦，华盛顿学院几乎已经实现了父亲的教育计划。② 可以说，这是一篇慷慨激昂的爱国宣言，作为校长的威廉·史密斯让他的儿子做此演说本身就是一种态度表达，甚至可以看作是整个学院董事会的立场。殖民地时期的学院学生不可能有这样的“爱国热情”和“政治觉悟”，政治因素也不可能如此深刻地植入学院，学生们为国家服务的热情也不曾如此高涨。更重要的是，传播宗教的职责此时不再那么明确，所谓的“知识”和“美德”乃是适合于新生的美利坚合众国的实用知识和公共道德。耶鲁学院校长埃兹拉·斯泰尔斯曾在日记中记录了这次典礼的大致进程，他虽然认为华盛顿学院会成为一所“有用的学院”，但还是批评史密斯父子的行为是“自大而狂妄”的。③

华盛顿学院可以说是巨大的社会变革为新国家的高等教育带来的一个新事物，当美英两国还在巴黎就停战和约进行激烈谈判的时候，这场毕业典礼以其独特的形式与内容为美国的高等教育标出了一个新的起点。华盛顿学院模糊的公私性质证明，在新的时代里，私立性与公立性可以在同一所学院里和谐共存。同样作为办学主体之一的教会并没有对此状况表示不满，除了在日常的校园生活中依然保持宗教的祈祷仪式之外，学院的培养目标完全可以世俗化，政府可以堂而皇之地进入高等教育领域，并且宣布学院应为国家服务。然而，这毕竟只是一个起点，政教之间的微妙

---

① Smith W. An Account of Washington College in the State of Maryland[M]. Philadelphia: Joseph Crukshank, 1784: 31.

② Smith W. An Account of Washington College in the State of Maryland[M]. Philadelphia: Joseph Crukshank, 1784: 34.

③ Stiles E. The Literary Diary of Ezra Stiles, Volume III[M]. New York: Charles Scribner's Sons, 1901: 4.

关系使得马里兰州政府对高等教育的干预暂时也止步于此。1785 年,州政府曾希望将华盛顿学院与另一所新建的圣约翰学院(St. John's College)合并为一所公立的马里兰大学(University of Maryland),这个计划最后失败了,主要是因为公众害怕宗教力量与政府在大学中的高度结合可能会导致一种新形式的国教以威胁宗教自由。① 公众的这种担心一方面为政府的权力划定了界限,一方面也反映出当时政府涉入高等教育领域之深。一直到 1812 年,在华盛顿学院建立 30 年后,马里兰州才另建了一所真正的公立大学——马里兰大学。

三、特兰西瓦尼亚大学:公共的私立大学

美国高等教育史学家约翰·R. 塞林在他的《美国高等教育史》中把特兰西瓦尼亚大学作为美国新国家高等教育发展的典型代表之一,并且认为从既有的档案和历史学家的叙述来看,它"不仅仅是一所早期学院,而且可以说是最古老的州立大学"②。后来杰斐逊在创办弗吉尼亚大学的时候还引用特兰西瓦尼亚大学的例子来批评州政府在高等教育领域的不作为,不过特兰西瓦尼亚大学的创建也与杰斐逊对公立大学的推动有着间接的关系。杰斐逊把威廉玛丽学院转变为一所公立学院的努力虽然失败了,但是他作为学院董事会成员成功地对学院课程进行了大幅调整,实现了他的部分目的。更为重要的是,政府开始逐渐意识到自身在高等教育领域的职责,"教育开始被赋予一个新的方向,政府不再关心人们的精神生活,而是要用科学和美德来加强对人们自由与权利的保障"③。

1780 年 5 月,弗吉尼亚州议会通过了一份法案,并由当时的州长杰斐逊签署,划拨肯塔基郡内的 8000 英亩土地建立一所公共学校或者学院

---

① Tewksbury D G. The Founding of American Colleges and Universities before the Civil War [M]. New York: Teachers College Press, 1932: 159.

② Thelin J R. A History of American Higher Education[M]. Baltimore: The Johns Hopkins University Press, 2004: 46.

③ Bell S. The Church, the State and Education in Virginia[M]. Philadelphia: The Science Press Printing Company, 1930: 175.

以培养学生的心智和传播有用知识,并为这所学校指定了董事会。① 然而,议会没有再对这所学校或学院的建设和管理做出任何进一步的规定,但该法案却为后来的学院建设奠定了第一块法律基石,成为特兰西瓦尼亚大学最初的章程,并且明确地指出,这所学校是"公共的"(public),在美国高等教育史上还是第一次做出如此清晰的规定。但是此后的三年中,学校的建设并无任何进展,其中有几位董事还在跟印第安人的冲突中丧生。直到1783年6月3日,凯莱布·华莱士(Caleb Wallace)等4位董事会成员一起向州议会呼吁,希望议会可以修改1780年的法律,扩大董事会在管理和财政等方面的权力以切实推进学院建设的进程。② 州议会也对此呼吁做出了积极的回应,当月就通过一份新法案,在1780年法案的基础上,重新任命了25位董事会成员并赋予他们在管理和财政方面的权力,允许他们"可以像州内任何一所学院和大学的董事会那样行使权力和特权",还将学校的名称确定为"特兰西瓦尼亚学院",学院可以在不考虑学生宗教立场的情况下根据课业授予学士和硕士学位。同时,议会还追加了12000英亩的赠地,使学院所获得的免税土地达到2万英亩,但是又规定,这些土地的租售必须得到议会的批准且不得违反州的宪法和法律。③ 这份新章程虽然承认了董事会的权力,也规定将来的新董事会成员将由董事会投票决定,但是这一切又都必须在州议会的指导和监督下进行,即董事会须向州议会负责,同时学院所有的董事会成员、校长、教授、导师和职员在履行职责之前都必须宣誓忠诚于政府,这其实又是在某种程度上确立了州政府对学院的最高权力。这也为后来董事会与州议会的冲突以及学院属性的不确定性埋下了伏笔。

1783年11月10日,董事会召开了第一次会议,长老会牧师戴维·赖斯(David Rice)被选为董事会主席,并开始了学院的组织建设工作,新学

---

① Hening W W. ed. The Statutes at Large; Being a Collection of All the Laws of Virginia, from the First Session of the Legislature in the Year 1619, Vol. X[Z]. Richmond: George Cochran, 1822: 287 - 288.

② Robertson J R. ed. Petitions of the Early Inhabitants of Kentucky to the General Assembly of Virginia, 1769 - 1792[Z]. Louisville: John P. Morton Company, 1914: 69 - 71.

③ Hening W W. ed. The Statutes at Large; Being a Collection of All the Laws of Virginia, from the First Session of the Legislature in the Year 1619, Vol. XI[Z]. Richmond: George Cochran, 1823: 282 - 287.

院进入了充满动荡的缓慢发展期。第二年，董事会先创办了一所语法学校，1785 年开学，但是由于资金缺乏，这所语法学校仅维持了一年多就关闭了，并且一关就是三年多。直到 1789 年，学校才重新开学，并于次年举行了第一次毕业典礼。1791 年 9 月 1 日，长老会牧师詹姆斯·莫尔(James Moore)被董事会选为学院的第一任校长。而此时，关于学院中是否应该加入宗教因素的争论也早已展开。1787 年 9 月 1 日，《肯塔基公报》(*The Kentucky Gazette*)上一篇署名为"天主教徒"(Catholic)的文章指出，学院建设和选聘教师进度迟缓主要是由于董事会成员来自不同的教派，都希望从自己的教派里选择教师而无法达成共识。"天主教徒"并不是希望将学院完全置于某一教派的控制之下，而是要寻求宗教与学院之间的更加适当的平衡，他希望在学院中保持各教派之间的力量平衡，从每个教派选聘同样数量的教师，并在不教授神学教义的前提下用宗教来进行道德教育，因为他担心学院完全排斥宗教因素会让学生们分不清善恶。① 其实"天主教徒"希望这所学院既不属于教会也不属于政府，而是保持一种世俗的私立性，从而更好地为宗教生活和公共生活服务，让学院在教会与政府之间保持一种中立。11 月 10 日，一篇署名为"一个特兰西瓦尼亚人"(A Transylvanian)的文章对这种温和的观点表示了反对，作者虽然不反对宗教，但是认为学校和教堂毕竟还是有区别的，教师必须以同样的标准和方式从不同的教派中选择，并且董事会要明确地告诉教师他们的任务是训练学生的心智而不是灌输教派观点。② 另一个署名为"一个教派主义者"(A Sectarian)的人则认为，教派不会从那些开明人士的手中争夺教育权，各教派对公众都是非常温和仁慈的，"我们这几年一直在盼望和祈祷，希望那些开明人士能够以其智慧和精力领导年轻人的教育事业。但是直到我们的耐心耗尽，我们也没有看到一点希望"③。双方的观点并非完全针锋相对，至少都不主张教会继续在特兰西瓦尼亚学院中占据主导地位，只是对于政府和教会在高等教育中的关系的密切程度有着不同的认识。

---

① Catholic. To Mr. Bradford[N]. The Kentucky Gazette, 1787-9-1(1).

② A Transylvanian. To Mr. Bradford[N]. The Kentucky Gazette, 1787-11-10(1).

③ A Sectarian. To Mr. Bradford[N]. The Kentucky Gazette, 1787-12-22(1).

然而,特兰西瓦尼亚学院董事会和州议会都没有积极回应这些争论。1790 年 12 月 3 日,州议会甚至还通过法案,认为学院董事会成员在肯塔基郡内过于分散,于是把董事会就学院事务达成决议的法定人数降为 7 人,而此前在 1783 年的学院章程中规定的是 13 人,[①]这使得长老会顿时失去了对学院原本就不是很强的控制力。从 1792 年开始,长老会就计划建立一所属于自己教会的学校。1794 年 4 月 9 日,长老会牧师詹姆斯·莫尔辞去了校长职务。10 月 9 日,浸礼会牧师哈里·图尔明(Harry Toulmin)继任校长,这进一步加快了长老会建校的步伐。12 月 12 日,肯塔基州议会[②]同意了长老会的请求,准许其建立一所肯塔基学校(Kentucky Academy)。但一直到 1797 年,这所学校才正式开学。

在图尔明被选为校长之后,董事会内部的长老会牧师们对此一直很不满,认为选举的过程不合法。1795 年 11 月 23 日,州议会不得不暂时停止了学院董事会的职权并派专人介入调查。[③] 在州议会的干预下,图尔明觉得自己的校长职位并不稳定,1796 年初辞职了。随后,詹姆斯·莫尔再次被选为校长。至此,可以说特兰西瓦尼亚学院经历了一个非常动荡的时期,十多年中学院并未取得相应的发展,其主要原因就在于学院管理权力的不确定以及学院在权力的冲突中一直在宗教与世俗之间徘徊。校长更迭的风波之后,学院发展环境逐渐趋于稳定,但此时特兰西瓦尼亚学院和肯塔基学校都面临着资金困难的问题,学校发展难以为继。1796 年 10 月 14 日,莫尔刚刚重新上任一个多月,两所学校的董事会达成了一致意见同意两校合并,经过两年的磋商和研究之后,1798 年 11 月 3 日,两所学校的董事会向肯塔基州议会提出申请,希望议会授予新的学院章程。

1798 年 12 月 22 日,肯塔基州议会通过了《合并特兰西瓦尼亚学院和肯塔基学校的法案》,并于 1799 年 1 月 1 日正式生效。这份新章程并没有像 1783 年那样确立州议会对学院的最高权力,也没有提及董事会要

---

① Hening W W. ed. The Statutes at Large; Being a Collection of All the Laws of Virginia, from the First Session of the Legislature in the Year 1619, Vol. XIII[Z]. Philadelphia: William Browm, 1823: 147.

② 肯塔基于 1792 年正式脱离弗吉尼亚州,成为美国第十五个州。

③ Baker H G. Transylvania: A History of the Pioneer University of the West, 1780 – 1865[D]. Cincinnati: University of Cincinnati, 1949: 30.

向州议会负责,其更重要的意义在于由此开始考虑在肯塔基州内建立以特兰西瓦尼亚大学为顶点的公共教育系统。① 在建立大学的同时,州议会同一天还通过法案,在每一个郡拨地建立一所中等学校,并由这些学校继续建立初等学校,所有这些学校将作为州立大学特兰西瓦尼亚大学的补充。② 而早在 1798 年初的一份关于资助学校发展的法案中就肯定了支持公共教育乃是明智政府的首要职责。③ 凯莱布·华莱士在给友人的信中激动地写道:“1798 年的一系列法案让美国建立了被证明是最进步、最实用、最完整的教育体系。”④因此,虽然大学章程中并没有规定特兰西瓦尼亚大学的公共义务,甚至没有明确政府权力在大学中的位置,但需要注意的是,从这一系列法案来看,大学建设是肯塔基州整个公共教育体系的一个环节,事实上,特兰西瓦尼亚大学是公立教育的重要组成部分。

因此,1798 年的大学章程对于特兰西瓦尼亚大学的性质依然留下了疑惑,肯塔基州议会将一所由章程看是私立性质的大学纳入公立的公共教育体系之中,从此以后,政府和公众都对这所大学投入了更多的关注。然而,除了早期的赠地外,政府并未给予学校更多的公共资助,特兰西瓦尼亚大学的发展是非常缓慢的。1815 年 12 月,肯塔基州众议院派出一个委员会对特兰西瓦尼亚大学建校以来的教学与管理情况进行调查。1816 年 1 月 26 日,调查委员会提交了一份报告称:“用董事会的话说:‘大学的地位很低,非常低!’学生人数比以前还要少……更严重的问题在于,它的内部有一种腐化在蔓延,如果不彻底查明并完全清除,它不仅会腐化而且会彻底摧毁这所大学。董事会已经分裂了。……多数董事已经形成了对校长和教授应有一种特殊教派原则要求的观点。”⑤同时,学

① Littell W. ed. The Statute Law of Kentucky, Vol. II[Z]. Frankfort: Johnston Pleasants, 1810: 235.

② Littell W. ed. The Statute Law of Kentucky, Vol. II[Z]. Frankfort: Johnston Pleasants, 1810: 240 – 246.

③ Littell W. ed. The Statute Law of Kentucky, Vol. II[Z]. Frankfort: Johnston Pleasants, 1810: 107 – 109.

④ Pollitt M H. A Biography of James Kennedy Patterson, President of the University of Kentucky from 1869 to 1910[M]. Lexington: Security Trust Co., 1925: 140.

⑤ McCormick S L. Transylvania University: "Public" Higher Education in Kentucky, 1780 – 1878[D]. Urbana: University of Illinois-Urbana-Champaign, 2007: 67, 87.

校中还出现了一些不爱国的政治行为，如学生中开始出现批评美国政府而赞美英国政治体制的现象。很显然，州议会开始对学校的缓慢发展表示不满，并且将这种原因归结为学校董事会本身，尤其是对宗教力量控制了董事会表示不满。调查委员会建议议会把学校董事会成员全部撤换。虽然董事们在议员中大力游说，希望公众可以接受一所由教派控制的大学，然而，1818 年 2 月 3 日，肯塔基州议会参众两院仍然以绝对多数的投票通过了《进一步管理特兰西瓦尼亚大学的法案》，决定永久终止当前学校董事会的所有权力，并重新确定了 13 位董事，还规定以后任何董事的选举和任命都必须得到议会的认可才有效。① 由此，肯塔基州议会再次收回了对学校的绝对控制权。有研究者认为，“如果说有什么因素是决定早期特兰西瓦尼亚大学的发展的话，那就一定是大学中的宗教角色”②。但与其把原因归结为宗教力量，还不如说是州政府一直不能为自己在高等教育中的角色找到合适的位置。正当肯塔基州成功撤换特兰西瓦尼亚大学董事会成员的时候，达特茅斯学院董事会却将新罕布什尔州告上了联邦最高法庭，在那里，州政府与学院董事会的碰撞产生了完全不同的结果。

第二节　文化独立与欧洲经验

一、文化独立与留学之困扰

1699 年 5 月 1 日，威廉玛丽学院举办了一场学生演说，其听众主要是当时弗吉尼亚殖民地总督弗朗西斯·尼科尔森以及殖民地议会的议员们，演讲的目的是通过展示学生的能力来体现学院的进步，以此吸引殖民地政府以及各界知名人士的支持。其中，第二名学生演讲的主题是“我们的孩子在我们的家乡弗吉尼亚殖民地接受教育是否比在英国或者其他地

① Slaughter G. ed. Acts Passed at the First Session of the Twenty-Sixth General Assembly for the Commonwealth of Kentucky[Z]. Frankfort: Kendall and Russells, 1818: 554 - 556.

② McCormick S L. Transylvania University: "Public" Higher Education in Kentucky, 1780 - 1878[D]. Urbana: University of Illinois-Urbana-Champaign, 2007: 71.

方接受教育更好”。该生认为，让孩子漂洋过海接受教育既浪费时间又有损健康，还容易被腐化，殖民地人民的钱财也会随之流失，父母也没有机会去督促子女学习，因此，让弗吉尼亚殖民地的年轻人在自己的家乡接受教育是最明智的选择，留学海外则是得不偿失的。最后他总结道：“我可以肯定地说，弗吉尼亚的教育是最适合弗吉尼亚的孩子们的，不会浪费时间和金钱，也不会损耗健康和名誉……可以发挥我们的天赋，以服务于这块土地上的教会和政府。”①然而，此时此刻，在英属北美殖民地上还只有两所学院，而威廉玛丽学院更是整个殖民地时期南部唯一的高等院校，而且与英国和欧洲大陆相比，当时北美殖民地的高等教育还面临着资源、设备和人员匮乏等问题，这名学生的演说只表达了一个愿望，事实上并没能阻止更多的人前往欧洲留学。

自从在英属北美殖民地上发展高等教育以来，殖民地的高等教育事业与欧洲，尤其是宗主国英国的关系极为密切。尽管远隔重洋交通不便，但是“殖民地时期富有的美国家庭仍然热衷于把他们的孩子送往欧洲尤其是英国接受教育”②。密歇根大学的英语文学教授摩西·科伊特·泰勒(Moses Coit Tyler)曾写道：“1630 年至 1690 年间，新英格兰地区与母国同样人口规模的地区拥有同样数量的牛津和剑桥毕业生。”③同时，新英格兰人在创办自己的高等教育的时候，不仅模仿了母国的大学模式，而且其理念、组织、教学也几乎复制了母国的经验，这种移植在每一所殖民地时期的学院身上都可以找到。跟英国殖民者一样，其他国家的移民也都愿意把孩子送到自己的母国去接受教育，北美的这种移民性质使得其高等教育与欧洲建立了一种密切关系。到 18 世纪早期的时候，在整个西欧遍布着家庭条件优越的北美学生，他们在英国、法国、德国、荷兰、意大利的大学里获得专业知识的训练。④ 就连本杰明·富兰克林也曾在英国学

---

① Speeches of Students of the College of William and Mary Delivered May 1, 1699[J]. The William and Mary Quarterly, Second Series, 1930, 10(4): 328 – 329.

② Knight E W. Early Opposition to the Education of American Children Abroad[J]. The Educational Forum, 1947, 11(1): 193.

③ Tyler M C. A History of American Literature, Vol. I[M]. New York: G. P. Putnam's Sons, 1879: 98.

④ Hoffa W W. A History of US Study Abroad: Beginnings to 1965[M]. Carlisle: Frontiers Journal & The Forum on Education Abroad, 2007: 25.

习印刷事务。1753 年，伦敦皇家学会（The Royal Society of London for Improving Natural Knowledge）还为了表彰他对电的研究而选他为院士；1766 年他更是成为第一个访问德国哥廷根大学（University of Göttingen）的北美人。甚至在美国人赢得独立以后，约翰·亚当斯（John Adams）在巴黎与英国人谈判结束后还特地将自己 16 岁的儿子约翰·昆西·亚当斯（John Quincy Adams，后来成为美国第六任总统）留在欧洲游学达五年之久。

殖民地末期，北美人民的教育和文化独立意识逐渐觉醒，人们开始希望摆脱对欧洲文化的依赖。1750 年 6 月 30 日，费城市政务会议通过了对费城学院进行资助的决议，以期"让宾夕法尼亚的年轻人有机会在家乡接受良好的教育，而不必前往国外求学。这不仅可以省下大量的费用，而且可以让他们的亲属和朋友对他们的道德进行更加严格的监督"①。1770 年 1 月 30 日，南卡罗来纳殖民地副总督威廉·布尔（William Bull）在向议会建议建立免费公共学校和学院的时候也称，建立学院教育年轻人乃是未来的希望和基础，当前父母们都把孩子送到国外学习，远离了父母的监督，孩子的生活和道德都充满危险，"我认为这是一件值得公众重视的事情"②。南卡罗来纳州议会在 1776 年 10 月 11 日通过决议，在禁止本州人民与英国保持金钱和商务往来的同时，对那些留学欧洲的学子网开一面，家长可以自由地向留学英国或其他国家的孩子寄送钱款和物品而不会受法律的追究。③ 1778 年 7 月 14 日，费城学院的毕业生戴维·拉姆齐（David Ramsay）在南卡罗来纳州查尔斯顿市议会发表了纪念独立日的长篇演说，拉姆齐明确地表达了美利坚合众国不仅要政治独立，而且要追求文化独立的愿望。他认为自由的政府更适合孕育知识和开启民智，不断增长的爱国热情将会促进科学和艺术的发展。"我们的独立开启了一个科学知识传播和增长的新时代。一种发展知识的热情已经开始传遍合众

---

① Thorpe F N. ed. Benjamin Franklin and the University of Pennsylvania[M]. Washington: Government Printing Office, 1893: 245.

② Easterby J H. The South Carolina Education Bill of 1770[J]. The South Carolina Historical and Genealogical Magazine, 1947, 48(2): 98.

③ Salley A S. ed. Journal of the General Assembly of South Carolina, September 17, 1776-October 20, 1776[Z]. Columbia: The State Company, 1909: 107.

国的每一片土地。……科学和艺术已经植根于我们之中,受到各个政府的哺育而逐渐成熟,真理和自由也会在它们周围繁荣起来。自由,包括公民自由和宗教自由,将会以无上的荣光照耀在所有阶级和所有教派的人们身上。"①尽管他没有直接谈到留学和高等教育问题,但他却直接地将教育发展、知识进步与人民的爱国热情、国家的独立和统一紧密地联合起来,这不啻为一篇文化独立的宣言书。1779 年 1 月 20 日,这篇演说被《宾夕法尼亚公报》(*Pennsylvania Gazette*)刊出。1785 年 1 月 27 日,佐治亚州在佐治亚大学的章程的序言中指出,教育的目的乃是"鼓励和支持宗教与道德原则,让社会对年轻人进行早期的塑造,同时通过教育培养他们对美德和秩序的热爱",但是留学外国是达不到这些目的的,教育年轻人乃是"我们自己的最重要的职责和义务"。② 2 月 7 日,佐治亚州议会又通过法案,要对留学海外的年轻人采取惩罚措施:"在该法案通过以后,任何 16 岁以下的年轻人如果前往国外接受教育达到三年的,在他回到本州之后将会在三年内被视为外国人,没有资格担任议员、行政人员或担任任何公共和军事职务。"以此类推,在国外留学多长时间,就会被取消这些资格多长时间,留学海外的人将会被视为外国人并受到剥夺公民权的严重处罚。③

与此同时,文化精英和政治精英们也开始慎重考虑留学和国家文化独立的问题,"一些政治家和学院中的教育者认识到'美国式'高等教育的使命就是在一个新的国家里为建立一种与欧洲完全不同的社会秩序而教化公民"④,所有的教育问题都开始指向为新生的国家服务。1783 年,美国的地理学之父耶底底亚·莫尔斯(Jedidiah Morse)在纽黑文创办了一所女子学校,出于教学的需要,次年他推出了一本地理学教材《简易地理学》(*Geography Made Easy*)。在序言中,莫尔斯说道,"我们恭顺地从大不

---

① Smith W. ed. Theories of Education in Early America, 1655 - 1819[M]. Indianapolis and New York: The Bobbs-Merrill Company Inc., 1973:221 - 229.

② Candler A D. ed. The Colonial Records of the State of Georgia, Vol. XIX, Part II[Z]. Atlanta: Chas. P. Byrd, State Printer, 1911: 364.

③ Candler A D. ed. The Colonial Records of the State of Georgia, Vol. XIX, Part II[Z]. Atlanta: Chas. P. Byrd, State Printer, 1911: 378.

④ Hoffa W W. A History of US Study Abroad: Beginnings to 1965[M]. Carlisle: Frontiers Journal & The Forum on Education Abroad, 2007: 24.

列颠接受法律、礼仪、书籍以及思维方式,我们的年轻人已经被教育成了英国国王的奴仆而不是自由和独立的国家公民",但同时"情形正在发生变化,革命是鼓励科学发展的,尤其是我们国家的地理学"。① 他的目的不仅仅是提供一本教科书,更重要的是使学生认识自己的国家以及增进对国家的情感。本杰明·拉什更是直截了当地指出,独立战争只是革命的第一幕,战争结束了,但是革命还远未结束,目前"尚需建立和完善新的政府体制,还要培育公民的行为规范、道德品质和文明举止"②。很显然,美国虽然已经赢得了军事胜利和政治独立,但这还远远不够,新生的国家必须培养合格的国民。因此,留学问题直接关乎国家的公民培养和文化独立问题。1785 年秋天,刚刚出任驻法大使的杰斐逊收到他的友人小约翰·班尼斯特(John Bannister, Jr.)的来信咨询欧洲留学问题。在回信中,杰斐逊一开始很客观地比较了日内瓦和罗马的留学优势与劣势,但是很快就话锋一转,反问道:"为什么一个美国年轻人要到欧洲接受教育呢?一种有用的美国教育的目标又是什么呢?"他认为只有现代语言和医学这两个专业有去欧洲学习的必要,其他的学科都可以在美国国内得到很好的教育。他毫不客气地列举了去欧洲留学的坏处:"留学者会喜欢上欧洲的奢侈与浪费而轻视祖国的简朴;他会热衷于欧洲贵族的特权而厌恶祖国穷人和富人一起共享的平等;他会偏爱贵族制和君主制;他会结识一些对他一点用处都没有的外国友人,而失去了在祖国形成永久友谊的机会……"杰斐逊简单明了地总结道:"在我看来,一个美国人到欧洲学习,在他的知识、道德、健康、习惯和幸福方面都是一种损失。"③ 留学海外乃是对美国自身价值观和政治制度的一种冲击,对于刚刚独立的美国来说,它很不利于国家公民的培养,甚至可以说是对共和制度的一种潜在威胁。

---

① Morse J. Geography Made Easy: Being an Abridgement of the American Geography, Second Edition[M]. Boston: Isaiah Thomas & Ebenezer T. Andrews, 1790: advertisement.

② Good H G. Benjamin Rush and His Services to American Education[M]. Berne: Witness Press, 1918: 198.

③ Knight E W. ed. A Documentary History of Education in the South before 1860, Vol. II [M]. Chapel Hill: The University of North Carolina Press, 1950: 4-5.

被称为“美国学术和教育之父”①的诺亚·韦伯斯特则从语言文字的角度出发，举起了文化独立的大旗。1788 年，他在《美利坚杂志》(*The American Magazine*)上撰文《致每一个美国人：女性教育以及在本国内教育年轻人的重要性》，表达了对留学海外一事的反对态度。他认为，在革命以前留学欧洲是没有什么争议的，但现在留学海外作为一项国家事务必须受到质疑。“美国作为一个独立国家的荣耀要求我们必须建立起能够满足我们所有目的的文化机构，不再把我们的年轻人送到国外去，也不要在书籍和教师方面依赖他国……另一方面，外国的教育会直接损害我们的政治利益，即便不禁止的话也应该持反对态度。”②韦伯斯特与杰斐逊一样，认为年轻一代留学海外会造成知识、道德、习惯、文化和价值观等方面的损失，这不仅对国家不利，也对个人幸福有害，“留学会使年轻人沾染一些不适合本国的言行和娱乐方式，而这些一旦进入国内还可能变得流行起来”③。对于高等教育，韦伯斯特承认美国与欧洲之间还存在着客观的差距，有些专业需要去欧洲深造，但是不应过早，应该在个人的价值观形成以后才考虑。最后他呼吁美国人应该把眼光投向自己的国家：“浪费生命去模仿其他的国家，接受他国荣耀的荫蔽是一件可耻的事情。”④1789 年，韦伯斯特发表了他的《论英语语言》，全面阐述了他的文化国家主义观。他认为，语言研究是自由教育的重要组成部分，美国是一个移民国家，形成一种纯洁的美国口音对于美利坚合众国来说是至关重要的。语言、语音的混乱会在各州、各阶层之间形成鸿沟，尤其是在统治阶层与民众之间形成隔膜，“一种粗俗的语言已经在各州的居民中造成一种分裂的气氛……因此我们的政治和谐与一种统一的语言密切相关。作为一个独立国家，我们需要在语言和政府方面有我们自己的一套体系。虽然我

---

① Slater R J. ed. Noah Webster's First Edition of an American Dictionary of the English Language, Fifth Edition[M]. San Francisco: Foundation for American Christian Education, 1987: 11 - 27.

② Webster N. A Collection of Essays and Fugitive Writings on Moral, Historical, Political and Literary Subjects[M]. Boston: I. Thomas and E. T. Andrews, 1790: 30 - 31.

③ Webster N. A Collection of Essays and Fugitive Writings on Moral, Historical, Political and Literary Subjects[M]. Boston: I. Thomas and E. T. Andrews, 1790: 32.

④ Webster N. A Collection of Essays and Fugitive Writings on Moral, Historical, Political and Literary Subjects[M]. Boston: I. Thomas and E. T. Andrews, 1790: 36.

们是大不列颠的后代并说着它的语言，但它不应该成为我们的标准”①。在韦伯斯特看来，形成自己的语言标准是文化独立的重要内容，并且跟国家的政治独立是一体的。“让我们抓住时代机遇建立一种‘国家语言’（national language）和‘国家政府’（national government）。……作为一个独立的民族，我们在国际上的声誉需要我们在一切事情上都是联邦的、国家的，因为如果我们自己不尊重自己，其他国家也肯定不会尊重我们。总之，让我们每一个美国人都牢记：漠视国际声誉是与一个勇敢独立的民族的性格与尊严相违背的。”②韦伯斯特的书是在新宪法的批准过程中出版的，在这个特殊的时期，他从语言文化的角度对“联邦的”（federal）和“国家的”（national）美国的形成的期待也有了一些政治意味。此后，韦伯斯特更是直接投身到语言改造的实际行动中去，他的名字成了词典的代名词，他的语法教科书让美国学校真正成为“共和国的机器”（republican machines），为塑造“真正的美国人”而服务。

作为美国的第一任总统，华盛顿也对留学和美国高等教育的发展问题表示关注。他在第一次国情咨文中就呼吁国会承担起发展科学和文学的职责。1795 年 3 月 6 日，华盛顿致信弗吉尼亚州州长罗伯特·布鲁克（Robert Brooke）时说道：“我看到很多美国年轻人移居海外以获得高深学识和科学知识，我为此感到深深的悲哀……必须认识到，把年轻人送往国外，让其置身于不同的政治制度中，从而无法很好地学习自己的价值观，这是一种深刻的危机。因此，是时候在美利坚合众国制订一种普遍教育的计划了。”③华盛顿还把弗吉尼亚州议会赠予他的波托马克河航运公司（Potomac River Company）股票 50 股，用于在合众国首都建立一所符合这一普遍教育计划的大学，即国立大学计划。布鲁克州长将华盛顿的信转交给了州议会，12 月 1 日，弗吉尼亚州议会做出决议认可了华盛顿的意见并同意华盛顿将受赠的波托马克河航运公司股票用于大学建设：“美国

① Webster N. Dissertations on the English Language: With Notes, Historical and Critical[M]. Boston: Isaiah Thomas and Company, 1789: 20.

② Webster N. Dissertations on the English Language: With Notes, Historical and Critical[M]. Boston: Isaiah Thomas and Company, 1789: 406.

③ Washington G. The Writings of George Washington, from the Original Manuscript Sources, 1745 - 1799, Vol. 34[M]. Washington: Government Printing Office, 1940: 149 - 150.

年轻人为完成学业而迁居外国使得他们暴露于不利于他们的政治偏见之下，这应该是需要避免的。在联邦首都建立一所能够集聚各州的年轻人并帮助他们完成学业的大学计划应该得到每一个州的支持。"①而此时，弗吉尼亚州还没有自己的州立大学，整整三十年之后，弗吉尼亚大学才正式开学。

在留学问题的刺激和拉什、韦伯斯特、华盛顿等人的呼吁下，美国政府的教育意识开始觉醒，而这一觉醒过程的标志就是同时期发生的东部早期州立大学的建设以及国立大学计划的首次努力。某种程度上甚至可以说，"这一时期高等教育变革的重要动机就是阻止未来的领导人留学海外"②。留学问题乃至高等教育发展的问题已经不仅仅是单纯的教育话题，而是新国家的政治安全和文化独立的重要内容。国家利益需要所有层级的教育都迎合政治经济的需要，若留学可以达到此目的，其实也未尝不可，拉什在1768年给友人的信中就说："我认为每一个费城人都应该到国外待几年，让他认识到他的家乡比世界上其他地方都好。"③拉什在后来的国立大学计划中也主张送年轻人去欧洲，但他们的任务是为国立大学挑选优秀的教授，搜集重要的资源，及时引进欧洲日新月异的新科学和新技术。④

二、寻求新的欧洲经验

1783年，一位法裔作家推出了一本小册子《一个美国农夫的来信》，率先向革命胜利后获得独立的所有美利坚人发问："谁是美国人？"他认定"美国人"是一种"新民"，一个新的民族。想要成为美国人，必须抛弃以往的偏见和习惯，在新的政府和新的原则之下形成新的观念和新的生

① Knight E W & Hall C L. ed. Readings in American Educational History[M]. New York: Appleton-Century-Crofts Inc., 1951: 96-97.

② Justice B. ed. The Founding Fathers, Education, and "The Great Contest": The American Philosophical Society Prize of 1797 [M]. New York: Palgrave Macmillan, 2013: 192.

③ Butterfield L H. ed. Letters of Benjamin Rush, Volume I [M]. Princeton: Princeton University Press, 1951: 63-64.

④ Benjamin Rush. Plan for a Federal University[J]. American Museum or Repository, 1788, 4(11): 443.

活方式。① 但是,这一过程并不是一蹴而就的,作者也没有指出具体如何造就这种“新民”,但可以肯定的是,这应是高等教育不可推卸的职责。对于新生的美国来说,其高等教育经验基本都是来自过去的宗主国英国,而此时英国经验已经普遍被认为不适合一个自由的民族。虽然反对留学成为独立战争后教育领域内的一种主要倾向,但是,美国毕竟是一个新生的国家,独立的美国已经与英国割断了一切宗主国与殖民地式的关系,美国的高等教育在寻求独立发展道路的同时,还需从别处接受经验和建议,于是法国和德国开始进入借鉴的视野。

独立战争过程中,法国与美利坚人民站到了一起,为美国革命提供了至关重要的帮助,这使得美国与法国在政治上一度维持了非常亲密的关系,而法国启蒙运动中的思想更是为美国独立提供了重要的思想资源,美国高等教育领域中的法国影响也随之开始显现。这首先体现在美国学院中法语地位的上升。早在 1735 年,哈佛学院就聘请了一位法语教师正式开设法语课程,但是一开始并不顺利,该课程一度被取消。② 直至 1780 年,哈佛学院董事会再次授权法国人西蒙·普兰(Simon Poullin)在学生家长同意的情况下教授法语,普兰将与学院的其他教师享受同样的权利。1782 年,董事会又增加了一名法语教师艾伯特·加勒廷(Albert Gallatin)。③ 战火中的国王学院虽然遭到严重毁坏甚至正常的教学都难以为继,但是在 1779 年仍然坚持增设了一个法语教授席位。1784 年 1 月 9 日,罗得岛学院董事会更是直接致信当时的法国国王路易十六(Louis XVI),申请资助一个法语教席:“由于国家之间的距离,法语被我们忽视了,我们接受了太多英国人的偏见,直到我们更清楚地看到了驻扎在学院里的勇敢的法国军队,才放弃这种偏见。此刻我们的年轻人热切地希望能够得到一些关于他们崇敬的杰出的、富有人情味的国家和民族的性格、天赋和影响力的信息。为了满足这种对知识的渴望,必须鼓励学习和传

---

① Hector J. Letters from an American Farmer[M]. Belfast: James Magee, 1783: 33 - 35.

② Quincy J. The History of Harvard University, Volume I[M]. Cambridge: John Owen, 1840: 394 - 395.

③ Quincy J. The History of Harvard University, Volume II[M]. Cambridge: John Owen, 1840: 275.

播法语。”①法语地位的上升还只是法国对美国高等教育影响很小的一个方面，更为重要的是，来自法国的影响力体现在计划为美国在更大层面上设计一种区域性乃至国家性的高等教育，这种尝试在后来被证明并不成功，但是其理念依然在美国建国初期的高等教育发展中扮演了重要的角色。

自独立战争后期开始，美国人自己也开始发展新学院，但其理念更多的还是来自殖民地时期的经验，同时加入了一些革命的色彩。第一次具有国家高等教育性质的努力来自法国著名的重农主义者弗朗索瓦·魁奈（François Quesnay）的孙子魁奈·德·博瑞派尔（Quesnay de Beaurepaire）。1780 年他提出在弗吉尼亚州首府里士满建立一个类似于巴黎科学院和伦敦皇家学会的学术机构，并明确指出这一机构将是“国家性的”（national）和“国际性的”（international）；同时，还要在纽约、费城、巴尔的摩分别设立分支机构，以更好地辐射全国。② 博瑞派尔甚至还为此从美国和法国募集到了 6 万法郎的资金。1783 年 2 月 27 日，富兰克林的女儿萨拉·贝奇（Sarah Bache）在写给父亲的信中也夸赞这个计划：“这是一个非常广泛的计划，对美国人来说是很有价值的。如果它能够实现，它绝不会与学院的教育计划相冲突，它将会成为年轻人在完成学院学业之后继续接受教育的唯一场所。”③很显然，这个计划中的机构已经被当作比学院级别更高的研究型教育机构。博瑞派尔为此设计了一个由两百多人组成的研究和管理团体，其研究和教学的科目主要侧重于当时最先进的科学知识，如物理、化学、植物、地理、机械、设计以及自然史、外国语言等，根本没有宗教和古典学科的地位，博瑞派尔所选定的第一批研究人员主要是法国人。

与此同时，法国的教育理念也渗透到了国王学院的战后重建过程中。

---

① Guild R A. Life, Times, and Correspondence of James Banning, and the History of Brown University[M]. Boston: Gould and Lincoln, 1864: 302.

② Adams H B. Thomas Jefferson and the University of Virginia[M]. Washington: Government Printing Office, 1888: 21.

③ Gaines R H. Richmond's First Academy, Projected by M. Quesnay de Beaurepaire[C]. Proceedings of the Virginia Historical Society at the Annual Meeting Held December 21 - 22, 1891. Richmond, 1892: 171.

从1784年至1787年的过渡时期,纽约州大学评议会并不仅仅是一个普通的大学董事会,国王学院的恢复也与其他学院明显不同,纽约州是要建立一个以该学院为首的州立教育系统,大学评议会有着统辖州内各级教育事务的权力。殖民地时期以来的北美土地上都不曾有过这样的教育理念与实践,这完全是法国式的。英式的传统教育模式是分散的而非集中的,而在法国,建立一种系统的国家教育体系的努力却由来已久。自中世纪以来,法国的高等教育就有一种集中化的趋势。早在1579年,布鲁瓦市就颁布法令呼吁把全国的大学纳入一个体系中来。1762年,议会就把宗教势力驱逐出教育领域,并在1768年明确制定了一个国家教育体系规划,把包括高等教育在内的所有教育都纳入国家的统一管理。① 1777年的纽约州宪法充分体现了法国式的自由和自治哲学,世俗事务将完全排斥宗教的干预,这就为高等教育的发展确立了基本的原则。纽约州1784年的法令中所体现的就是高等教育应由人民控制并为公共生活服务的民主观念和州立教育理念,而不再延续过去的国王学院模式。② 24名大学评议会成员中只有两人来自纽约市,其他人都来自州内的其他郡,以便更好地代表民意、体现民主。当时正在里士满筹划一所学术机构的博瑞派尔也多次造访纽约,为纽约州立大学的组织建设工作提出建议。1784年,刚刚从法国归来的著名联邦主义者约翰·杰伊更是直接带回了这种法式的高等教育理念,并对法案的通过起了非常重要的作用。

可惜的是,法国大革命的爆发使得这两个计划都失去了来自法国的资金和支持,大革命造成的动荡也使得美国人对法国的理念多了一份警惕,最终里士满的学会计划化为泡影,作为高等教育集中化试验的纽约州立大学也重新回到了原来国王学院的发展道路,并更名为"纽约市哥伦比亚学院"(Columbia College in the City of New York)。可以说,这两种试验都是将新国家对知识尤其是科学知识的渴望、高等教育的提升与扩展、国

① Sherwood S. The University of the State of New York: History of Higher Education in the State of New York[M]. Washington: Government Printing Office, 1900: 92-93.

② Alexander C B. The University of the State of New York and Its French Inspiration[M]. Albany: The University of the State of New York, 1919: 6; Paulson R G. French Influence in American Institution of Higher Learning, 1784-1825[J]. History of Education Quarterly, 1968, 8(2): 236.

家性的教育以及杜绝留学海外这四重目标相结合的宏伟计划，想要建立国家的或者州的高等教育机构和体系。百年之后仍有研究者认为，“如果博瑞派尔的计划成功了，很可能就不会建立弗吉尼亚大学了。因为没有这个必要了，里士满的学院不仅将成为弗吉尼亚的高等教育中心，而且还会成为整个南方以及一大部分北方的中心”，即可能成为一所全国性的大学。“如果法国的理念渗透到了弗吉尼亚社会，那么就会像现在西北部的州立大学和学校系统中的德国理念一样在整个南方占据统治地位。”①然而，法国的理念虽然没有在美国实现，但是在法国大革命期间，国家主义被发展到了极致，要把国家的一切都收归政府，教育事业也毫不例外，在美国失败了的理念反过来作用于法国的高等教育。“如果说法国给予了纽约州一种关于州立教育制度的系统理念，那么纽约州就以其无所不包的大学董事会把理念变成了可操作的形式回馈给了法国。”②“很难评价那些年美国和法国在理念上惺惺相惜的程度。法国人在美国找到了一片广大的可以移植法国科学、艺术和文化的空间。”③美国人最终还是没有接受法国人关于教育国家化和集中化的思想，放弃了建立国立高等教育系统的计划，只是在高等教育中保留了法国启蒙运动中自由思想的传统。

此时，德国大学的发展虽然还未达到一种新的高度，对美国高等教育的影响也还没有全面展开，但是在这个充满变革与争论的时代，德国的影响也悄悄地登上了美国高等教育发展的历史舞台。1783 年，美英在巴黎的谈判已经接近尾声，来自德国哈勒大学的教授约翰·莱茵霍尔德·福斯特(Johann Reinhold Forster)完成了一份为美国的年轻人建立一所国立大学的详细方案，他把方案交给了他以前的学生、富兰克林的好友本杰明·沃恩(Benjamin Vaughan)，让他转交给富兰克林。此前福斯特曾游历过北美并在英国的沃灵顿学院(Warrington Academy)执教过，对刚刚独立的美国的情形比较了解，他对美国当时所面临的地区间充满偏见以及

① Adams H B. Thomas Jefferson and the University of Virginia[M]. Washington: Government Printing Office, 1888: 27 – 28.

② Paulson R G. French Influence in American Institution of Higher Learning, 1784 – 1825[J]. History of Education Quarterly, 1968, 8(2): 238.

③ Commissioner of Education. Report of the Commissioner of Education for the Year 1897 – 1898, Volume I[C]. Washington: Government Printing Office, 1899: 597.

对中央政府不信任的情况非常清楚,因此他把这所设想中的国立大学设计在宾夕法尼亚州费城的外围,让它正好处于十三个州的中心地带,这所大学将拥有 40 名成员——27 名教授和 13 名教师来教授“全人类的知识”。为保证该大学不被各州反对,所有教员都应从各州挑选,但国会具有最后的决定权,还要在各州建立一所学院以构成一个学院系统作为国立大学的基础。① 与法国人的计划不同的是,福斯特虽然是德国教授,但他的计划却是充分立足于美国国情之上的,他还考虑到了美国各州和民众对教育集权的可能的担忧。福斯特的目标既是政治的,也是学术的,更是文化的,他要教授最广泛的知识,他的培养目标不仅仅是政治家、公民,还有各种拥有专门知识的专业人士。可以说,福斯特的计划比后来其他人的国立大学计划都更加具体、细致,也更具操作性。福斯特的设想可以算作建立美国国立大学的最早计划,后来拉什的计划中也可以看到福斯特的影子,只是拉什的计划失去了福斯特的广博和韧性。很可惜的是,不知出于什么原因,沃恩只把这份计划书带回了美国,但没有转交给富兰克林或者其他任何人,也不曾公开发表过,使得美国人与这份来自德国的计划擦肩而过。当时的人们不知道有一位德国教授为他们详细地规划了包括国立大学在内的全国性高等教育系统,更不曾想到这只是德国因素进入美国高等教育的开始。

借鉴法国和德国高等教育的计划最终都失败了,但是美国人并没有放弃借鉴欧洲的经验。在建国初期,美国人学习欧洲高等教育最冲动的设想要数 18 世纪 90 年代初的整体迁移日内瓦大学的计划了。1781 年,瑞士爆发了革命,封建王朝被推翻,但是革命很快就失败了,封建王朝复辟,革命者弗朗索瓦·迪昂维诺瓦(François D'Ivernois)被迫流亡伦敦。流亡期间,迪昂维诺瓦跟当时的美国驻英大使约翰·亚当斯和驻法大使杰斐逊表达了移民美国的意愿,但一直未能成行。1794 年,法国大革命波及瑞士,封建王朝再次被推翻,日内瓦大学(University of Geneva)也陷入一片混乱。为了拯救自己的母校,迪昂维诺瓦于当年 8 月 22 日发表了《法国大革命在日内瓦》(*La Révolution Francaise à Gèneve*),控诉日内瓦革

---

① Robson D W. Pennsylvania's "Lost" National University: Johann Forster's Plan[J]. The Pennsylvania's Magazine of History and Biography, 1978, 102(3): 364-374.

命的暴行。他不断与约翰·亚当斯通信表达对暴力革命的斥责，这些信于1795年汇集成一本小书《对日内瓦革命后期的简短叙述》(*A Short Account of the Late Revolution in Geneva*)在伦敦出版。正是在这些信中，迪昂维诺瓦表达了搬迁日内瓦大学的计划。他看到革命者"已经把科学和艺术当成了贵族制度的一部分来反对"，并"囚禁了很多教授以及几乎所有的职员"，使得日内瓦大学陷于停滞。① 他在给亚当斯的信中表达了自己的痛苦和担忧，并表示很多日内瓦人准备前往美国寻找自由与安全，进而提出了把日内瓦大学整体迁往美国的计划。他准备组织一个公司出资30万美元从美国联邦政府或者某一个州政府购买一片土地进行出售和经营，所得收入中的5万美元用于建设校园，其余全部存入联邦政府，所产生的利息用于支付教授们的薪水。② 亚当斯和当时正好在伦敦的约翰·杰伊对此都非常感兴趣，亚当斯迅速写信告诉了华盛顿总统，而迪昂维诺瓦也随即把他的设想告知了杰斐逊。

华盛顿知晓这个计划后大为赞赏，在回信中认为这样一项计划是很重要的，也许会以另一种方式实现他的国立大学理想，他还要进一步与亚当斯讨论这个话题。③ 1795年初，杰斐逊也写信给华盛顿，充分认可了日内瓦大学的实力，并详细讨论了迪昂维诺瓦的计划，还提出总统可以捐赠波托马克河航运公司股份对以后迁往美国的日内瓦大学进行资助。④ 而就在十多天前，杰斐逊致信迪昂维诺瓦，表示如果能把日内瓦大学迁到弗吉尼亚来，"我会非常乐于在自己的国家建立一个科学的殿堂，甚至希望能够亲手建立并住在它的旁边"。他还表示，他虽然已经退出公共事务，但是仍然愿意将这一计划递交给州议会进行讨论。⑤

---

① D'Ivernois F. A Short Account of the Late Revolution in Geneva, and of the Conduct of France towards That Republic from October 1792 to October 1794[M]. London: T. Spilsbury and Son, 1795: 25, 58.

② Hutson J H. The Sister Republics: Switzerland and the United States from 1776 to the Present [M]. Washington: Library of Congress, 1991: 71.

③ Washington G. The Writings of George Washington, from the Original Manuscript Sources, 1745 – 1799, Vol. 34[M]. Washington: Government Printing Office, 1940: 22 – 23.

④ Jefferson T. The Papers of Thomas Jefferson, Vol. 28, 1 January 1794 – 29 February 1796 [M]. Princeton: Princeton University Press, 2000: 275 – 278.

⑤ Jefferson T. The Writings of Thomas Jefferson, Vol. IX[M]. Washington: The Thomas Jefferson Memorial Association, 1907: 297 – 231.

但同时,华盛顿总统也表示了他对此计划的担忧:“第一,我不知道建立一所大学的计划在何种程度上以及在什么时候算是成熟了,从而能够保证迪昂维诺瓦的计划可以顺利实施。第二,整体迁移一所大学里的所有教授的合理性可能会在几个方面被质疑,因为并不是所有教授都是优秀的,也不是所有人都熟悉我们的语言……这一举措也可能会被认为是一种贵族化的运动……第三,这可能会妨碍其他国家的一流教授加入我们的大学。”①当美国的国父们正在担忧这种带有“贵族化”性质的大学迁移计划会遭到国内民众反对的时候,流亡伦敦的迪昂维诺瓦被揭发从英国王室那里得到资助,这与美国国内的反英情绪是不相合的,同时日内瓦的社会政治形势也逐渐趋于稳定,很多教授也不再愿意迁往遥远的美国。1797 年约翰·亚当斯就任总统之后,虽然迪昂维诺瓦还一直与亚当斯就这一话题保持通信,但是迁移日内瓦大学的计划实际上已经停止了。

在建国之初的高等教育发展中,美国人一方面排斥留学,坚持文化教育独立;另一方面也不放弃学习和追求欧洲的先进经验,这两种看似相互矛盾的态度被他们的爱国主义以及对追求知识的强烈渴望合在一起,为高等教育的发展提供建议和策略。尽管事实上这些努力并没有直接为美国建立一所高等教育机构,但是其本身就是一个探索的过程,在这个过程中,美国人进一步接受了欧洲高等教育的理念和经验,并对其进行更深入的思考与讨论。美国国内对留学的反对以及来自国外的建议和计划都一致地指向一种国立高等教育甚至国家高等教育系统,希望独立后的政府——不论是州政府还是联邦政府——都应该在高等教育领域扮演更加积极的角色,发挥更加重要的作用,政府对学院和大学的发展必须采取一种更加明确的态度。也正是在这一过程中,美国的高等教育政策开始酝酿,联邦政府和州政府的高等教育实践也在逐渐展开。

---

① Washington G. The Writings of George Washington, from the Original Manuscript Sources, 1745 - 1799, Vol. 34[M]. Washington: Government Printing Office, 1940: 146 - 149.

第三节 《1787 年西北土地法令》的颁布与国家高等教育政策的制定

一、高等教育被法律遗忘的时代

自独立战争以来,很多国家的创建者、政界人士以及社会上关心政治的人都在自己的演说、私人信件或者公开发表的文章中或多或少地谈及高等教育的重要性,杰斐逊、拉什等人更是在高等教育的实践中作出了重要的贡献,他们对留学问题的担忧体现了一种对本国高等教育发展的忧虑。英属北美殖民地上的高等教育有着悠久的历史,在这个过程中,各殖民地政府对学院的资助和干预大多是比较积极的,虽然高等教育是由教会控制的,但是殖民地议会也会以通过法案的方式介入学院事务。然而,新生的美利坚合众国——无论是大陆会议、邦联议会还是各州议会——从一开始却在高等教育乃至教育问题上表现出了相当程度的冷淡。

1777 年,第二届大陆会议起草了《邦联条例》(*Articles of Confederation*),虽然它一直到 1781 年才被全部十三个州批准通过,却是美利坚走向独立的第一部具有宪法性质的成文法,为十三个州的联合奠定了基础。当然,其意义与价值主要在政治、经济、军事、外交等方面,未提及教育或文化事业。条例确立了州权至上的原则,第二条即申明"未经本条例明确授给合众国之各项权力、司法权和权利,均由各州保留"①。这也成为后来第十条宪法修正案的先声,成为教育事业地方化的宪法基础。

与此同时,各州都陆续开始制定自己的宪法,其中特拉华州、马里兰州、新罕布什尔州、新泽西州、北卡罗来纳州、南卡罗来纳州、宾夕法尼亚州和弗吉尼亚州都在 1776 年制定并通过了自己的宪法,纽约州、佐治亚

① Thorpe F N. ed. The Federal and State Constitutions, Colonial Charpters and Other Organic Laws of the States, Territories and Colonies, Now or Hitherto Forming the United States of America, Vol. 1[M]. Washington: Government Printing Office, 1906: 10.

州和佛蒙特共和国①也在1777年完成了自己的制宪工作。然而,大多数州的宪法都对教育事业不甚关心。佐治亚州1776年的宪法表示了对教育的关注,虽然只是非常简短的表述:“应该在每一个郡建立学校,并由州政府出资支持。”②然而,就连如此简洁的条款,在1789年宪法重新修订的时候也消失了。特拉华州在其1776年的第一份宪法中没有谈及教育,直到1792年重新制定的宪法才确定了州议会有责任尽快制定法律以传播知识、建立学校和推进科学与艺术的发展。③ 宾夕法尼亚州、佛蒙特共和国和北卡罗来纳州的宪法中对教育着墨稍多,且明确提及了“大学”(university)。佛蒙特1777年的宪法认为:“为了便于教导青年,议会应该在每一镇区建立学校,由市镇支付教师的薪水,每一镇区应该适当地使用学校土地以便向年轻人收取低廉的学费。在议会的直接指导下,在每一郡建一所语法学校,在本国内建一所大学。”④宾夕法尼亚州1776年的宪法几乎做了同样的表述。然而,这些宪法中的教育条款都只是昙花一现。佛蒙特1786年修订的宪法中删去了关于大学的表述,1793年修宪时甚至直接删除了所有与教育相关的内容;宾夕法尼亚州1790年的宪法也只是希望州政府维持一个慈善学校系统为穷人免费提供教育,并发展一些中等学校;北卡罗来纳州1776年的宪法对教育的表述与佛蒙特几乎一致,并希望在大学中推进“有用知识”的学习,此条款直接促成了北卡罗来纳大学的建立。

在各州中,唯有新罕布什尔州和马萨诸塞州的宪法在教育问题上有

---

① 佛蒙特共和国(Vermont Republic)是指1777年至1791年间管理佛蒙特地区的政府。1779年,佛蒙特决定从英属的新罕布什尔和纽约殖民地独立,加入北美革命。佛蒙特人认为自己是合众国的公民,但因为纽约州代表的激烈反对,大陆会议一开始并没有承认佛蒙特的地位。1791年3月4日,佛蒙特正式成为联邦第十四个州。

② Thorpe F N. ed. The Federal and State Constitutions, Colonial Charters and Other Organic Laws of the States, Territories and Colonies, Now or Hitherto Forming the United States of America, Vol. Ⅱ[M]. Washington: Government Printing Office, 1909: 784.

③ Thorpe F N. ed. The Federal and State Constitutions, Colonial Charters and Other Organic Laws of the States, Territories and Colonies, Now or Hitherto Forming the United States of America, Vol. Ⅰ[M]. Washington: Government Printing Office, 1906: 580.

④ Thorpe F N. ed. The Federal and State Constitutions, Colonial Chapters and Other Organic Laws of the States, Territories and Colonies, Now or Hitherto Forming the United States of America, Vol. Ⅵ[M]. Washington: Government Printing Office, 1909: 3748.

着比较鲜明的态度。新罕布什尔州1776年的宪法并未涉及教育,但是在1784年修订的宪法中单列一节指明了知识的广泛传播对于一个民主政府的重要性,并明确了鼓励科学和文学的进步,促进各级各类教育的发展是州政府以及地方各级政府的职责,①只是未单独为高等教育做出相应的规定。马萨诸塞州的第一部宪法虽然到1780年才制定,但是它却给予了教育和高等教育事业最大的关注。这部宪法阐明了智慧、知识和美德是权利与自由的保障,而智慧、知识和美德需要通过普及教育来实现,因此州政府和各级地方政府有责任促进教育的发展,还强调了对哈佛学院的资助。马萨诸塞州宪法用不短的篇幅强调了哈佛学院自殖民地时期以来的法律权利继续有效,州议会不会干涉学院的管理事务,同时继续保持对学院的资助。② 这为哈佛学院在动荡的过渡时期的稳定发展提供了法律上的保障。在殖民地时期九大学院中,唯有哈佛学院有此"殊荣",耶鲁学院的法律地位虽然也获得了康涅狄格州宪法的确认,但那已经是1818年的事情了。1776—1800年,合众国的十六个州制定或者修订各自的宪法一共有25次,其中只有七个州提及教育12次,③高等教育更是备受冷落。

除了宪法以外,关于专门的学校和教育法律,这一时期也只有马萨诸塞州和新罕布什尔州在1789年制定了自己的公立学校法律,而且只涉及初中等学校,无关高等教育。④ 在1787年费城的制宪会议上,詹姆斯·麦迪逊和查尔斯·平克尼曾三次努力将国立大学写进宪法中未果,除此以外,制宪会议也没有讨论过任何高等教育或者教育话题,1791年通过的《权利法案》重申了《邦联条例》第二条的内容,包括高等教育在内的教

① Thorpe F N. ed. The Federal and State Constitutions, Colonial Charters and Other Organic Laws of the States, Territories and Colonies, Now or Hitherto Forming the United States of America, Vol. Ⅳ[M]. Washington: Government Printing Office, 1909: 2467 – 2468.

② Thorpe F N. ed. The Federal and State Constitutions, Colonial Charters and Other Organic Laws of the States, Territories and Colonies, Now or Hitherto Forming the United States of America, Vol. Ⅲ[M]. Washington: Government Printing Office, 1909: 1906 – 1907.

③ Eastman J C. When Did Education Become a Civil Right? An Assessment of State Constitutional Provisions for Education, 1776 – 1900[J]. The American Journal of Legal History, 1998, 42(1): 1.

④ Cubberley E P. Public Education in the United States: A Study and Interpretation of American Educational History[M]. Boston: Houghton Mifflin Company, 1947: 98.

育权从此在法律上被排除在联邦权力之外。由此看来，尽管自独立战争以来，政治精英和文化精英们在进行新国家的政治建设的同时不忘强调高等教育事业的重要性，然而，相对于理念领域的百花齐放，政府在实践领域中的实际操作却乏善可陈，甚至没有制定过一部对高等教育事业有实际促进作用的法律。即使在宪法中提及教育和高等教育事业的州，政府对于教育事业的重视也还只是停留在纸上，并未采取积极的实际行动。虽然当时的客观条件或许比较艰难，政治经济问题仍然是各级政府的主要议题，但同时也要看到，不管是中央政府还是州政府，在资助或者创办高等教育方面都还没有成熟的方案。教育史学家埃尔伍德·P. 卡伯莱也认为，建国初期合众国各级政府都缺乏真正的"教育意识"。①

二、西部土地问题的由来

西部土地问题的产生是与英国人的殖民活动同步的。1583 年，英国女王伊丽莎白一世（Elizabeth I）授权沃尔特·罗利（Walter Raleigh）前往北美开发殖民地。次年，罗利带领的探险队抵达了北美东岸，为了歌颂伊丽莎白女王，就将登陆的地方命名为"弗吉尼亚"（Virginia）。② 1606 年，刚刚被授予特许状的弗吉尼亚公司被授权对弗吉尼亚行使管辖权。次年 5 月，弗吉尼亚公司的首批 105 名殖民者来到这片新土地，建立了第一个殖民地据点詹姆斯敦，开始了英国在北美的殖民时代。在随后一百多年的时间里，英国殖民者陆续在阿巴拉契亚山脉以东的大西洋沿岸建立了十三块殖民地。这是一个南北走向的狭长地带，不过，殖民者从未满足于南北向的扩展，纵然西部有高大绵延的阿巴拉契亚山脉的阻隔，从在弗吉尼亚建起第一块殖民地的时候起，他们就开始把眼光投向广阔而未知的西部。

1626 年，弗吉尼亚殖民地总督乔治·亚德利就向他的私人顾问委员

① Cubberley E P. Public Education in the United States: A Study and Interpretation of American Educational History[M]. Boston: Houghton Mifflin Company, 1947: 110.

② Virginia 意为 virgin，即处女，一方面意味着这片新土地为处女地，另一方面是为了赞美伊丽莎白一世的圣洁。伊丽莎白一世终身未嫁，被称为"圣洁女王"（The Virgin Queen）。

会写道:“新土地的发现给……找到通往南部海洋的可能性带来了希望。”①1642 年,弗吉尼亚殖民地议会通过法案鼓励西部探险,十年后又通过法案赋予探险者以土地优先选择权。从 17 世纪 40 年代开始,探险队不断向西进发,他们希望山脉的另一边是海洋,这样就可以找到一条通向印度甚至中国的航线,但经过半个多世纪的探险,殖民者发现的不是海洋,也没有半点关于印度的消息,有的只是无尽的可被开发的处女地。这片广袤的土地给殖民者带来新的资源、市场和活动空间。进入 18 世纪后,越来越多的移民进入这片新土地寻求新的发展机会,英国政府也渐渐将其视为新的财富来源。18 世纪 40 年代,英国商人开始进入俄亥俄河流域与印第安人进行皮毛贸易,并选定俄亥俄作为新的殖民据点。1747 年,弗吉尼亚总督顾问委员会主席托马斯·李(Thomas Lee)组织建立了俄亥俄公司(The Ohio Company),专门负责与印第安人的交易以及土地投机生意,并得到了英国政府和殖民地政府的支持。但是英法两国殖民者在北美西部的扩张和贸易逐渐引发了双方的武装对峙和军事冲突,此时两国在整个欧洲和世界范围内的矛盾也不断激化。1754 年,在北美爆发了法国和印第安人战争(French and Indian War)。1756 年,战争扩展到更大范围,即英法七年战争(Seven Years' War)。1763 年,战争结束,双方签订和约,英国成了最大的赢家,确立了它对整个北美东半部的控制权,原先的西部边疆大大扩展。然而,对于广阔的西部,英帝国的政策却总是飘忽不定。

英帝国控制整个北美东半部之后,法国和西班牙人的威胁不再,而印第安人的起义和反抗却造成了大量边疆移民的死亡,原先的土地政策失去了原有的作用。英帝国为了减少这些损失以及更好地管控西部,决定减少西部的皮毛贸易,收回土地的统一租售权,以从租售土地中获取利益,殖民地总督无权再向个人和公司赠送土地。1763 年 10 月 7 日,同法国签订和约不久,英国就颁布了《1763 年皇家宣言》(*Royal Proclamation of 1763*),几乎完全禁止了北美的英国殖民者在阿巴拉契亚山脉以西的地方购买土地或定居,以此来监控西部边疆,稳定与原住民的关系,以及更

① Abernethy T P. Western Lands and the American Revolution[M]. New York: Russell & Russell Inc., 1959: 1.

有效地管治庞大的美洲领土。[①] 对英帝国来说,这是一条方便快捷的敛财和管治之道,而这却大大地侵犯了北美人民的利益,尤其是一些希望去西部寻找机会的移民和大的土地投机商。1774 年,英国又颁布了《魁北克法案》(*Quebec Act of 1774*),主要是加强对加拿大魁北克省的统治,几乎把之前法国在西部占领的土地全部划入魁北克省,进一步断绝了北美殖民者向西的扩展之路。由此,1763 年以后的西部土地政策逐渐成为北美殖民地人民对宗主国不满的主要原因之一。

独立战争爆发后,争取独立的北美人民并没有忘记这片象征着财富和机会的土地。革命者们希望"各州尽可能地对西部土地宣布拥有法律权力,以使独立以后的新国家可以拥有更广袤的领土"[②]。对此付出实际行动的有七个州:马萨诸塞州、康涅狄格州、弗吉尼亚州、北卡罗来纳州、南卡罗来纳州、佐治亚州和纽约州,这些州在殖民地时期就获得英国政府的许可,在西部开发和占有土地。与此同时,开国者也开始对西部土地感兴趣。以乔治·华盛顿为例,他在 1767—1781 年间同陆军军官兼土地测量员威廉·克劳福德(William Crawford)不断就西部土地问题互通信件。1767 年 9 月,华盛顿委托克劳福德秘密地调查俄亥俄河和康纳华河流域的土地情况。[③] 1784 年,在给杰斐逊的一封长信中,华盛顿说自己十多年前就已经认识到西部土地的重要性,当时就有意组织公司开发俄亥俄河与波托马克河之间的土地。他还批评了地方利益与政治短见阻碍了西部的开发,希望弗吉尼亚州能制定政策开发西部。[④] 同年,他还致信弗吉尼亚州州长本杰明·哈里森(Benjamin Harrison),表达了同样的愿望。

在《邦联条例》批准的过程中,西部土地的政治价值开始显现。一些领土界线明确的小州,如罗得岛、新泽西、马里兰等,开始反对那些大州对

---

① Abernethy T P. Western Lands and the American Revolution[M]. New York: Russell & Russell Inc., 1959: 20 - 21.

② Treat P J. The National Land System, 1785 - 1820[M]. New York: E. B. Company, 1910: 1.

③ Butterfield C W. ed. The Washington-Crawford Letters, Being the Correspondence between George Washington and William Crawford, from 1767 to 1781, Concerning Western Lands[M]. Cincinnati: Robert Clarke Co., 1877: 1 - 4.

④ Washington G. The Writings of George Washington, Vol. Ⅸ[M]. New York: Harper & Brothers, 1847: 30 - 34.

西部土地的占有权,因为这可以使它们今后拥有更多的土地、人口和资源,从而获得更多的经济和政治利益。马里兰等州担心自己在与这些大州结成的邦联中不能享受同等的法律地位,因而拒绝批准《邦联条例》。1780 年 2 月 19 日和 10 月 10 日,纽约州和康涅狄格州分别通过法案,宣布放弃对西部土地的权利。1781 年 1 月 2 日,弗吉尼亚州议会也同意放弃对西部土地的权利。正是在这种妥协之下,1781 年 3 月 1 日,马里兰州终于成为最后一个批准《邦联条例》的州。此后,原先对西部土地宣布拥有占有权的七个州陆续通过法案放弃这些土地,并交由邦联国会管理,在阿巴拉契亚山脉和密西西比河之间由此形成了一片广阔的属于国会的"公共土地"(public domain)。在此情况之下,国会便要制定相应的政策和法律来开发和管理这片土地。"州与州之间的争论结束了,中央政府获得了对西部土地的政治和财政权力,为控制和管理这片土地所需要的统一体系的出现提供了可能。"①

三、《1787 年西北土地法令》的颁布

(一) 初期的计划

妥协的各州将西部土地交给了国会,国会将这片土地视为一个可靠的财源以缓解战后的经济负担,"这些西部土地被当时所有的财政专家视为一份立即可以兑现的资产以支付当前的政府支出和偿还国债"②。但是《邦联条例》并未明确规定国会如何管理和开发这片土地,各州也未就此达成任何统一意见,也没有任何法律条文做出相关的规定,于是,关于如何处理西部土地的问题,出现了很多讨论。1780 年 10 月,康涅狄格州议会宣布放弃西部土地权利的时候就向国会提出建议——在它所放弃的土地上发展镇区体系:"根据一个共和政府的精神和原则,为了适应一定数量的移民,应对这片土地进行勘测,并将其划分成不同的镇区,这有助

---

① Treat P J. The National Land System,1785 – 1820[M]. New York: E. B. Company, 1910: 8.

② Public Land Commission. The Public Domain, Its History with Statistics[M]. Washington: Government Printing Office, 1880: 196.

于促进移民的开发和种植。”①但是国会对此呼吁并未做出任何回应和行动。

1783年初，巴黎传来消息，美国与英国的和约草案已经拟定，英国将承认美国领土的边界一直延伸到密西西比河，即原来英国与西班牙划定的北美殖民地分界线，这一消息更加鼓舞了美国人向西部进发的信心。当国会还在对此问题犹豫不决的时候，新英格兰地区的原大陆军的军官和士兵们就开始蠢蠢欲动了。1783年4月初，西奥多里克·布兰德（Theodoric Bland）和鲁弗斯·帕特南（Rufus Putnam）就跟其他军官商议到西部去建立一个新州，并由独立战争中的退伍士兵和他们的家庭去开垦新土地。最后在帕特南构想的基础上，蒂莫西·皮克林（Timothy Pickering）起草了一份《军队计划》（*The Army Plan*），由众多军官签名并提交到国会。这份提案的名称为《由联邦军队的军官们建立一个新州的建议》（*Propositions for Settling a New State by Such Officers of the Federal Army as Shall Associate for That Purpose*），其内容主要包括两点：一是由独立战争中的退伍军人在西部新土地上建立一个新州；二是按照军官等级赠地，以土地代替金钱来奖励或者遣散士兵，同时规定要在新土地上“追求公共利益，比如修建道路、桥梁，建设公共建筑、学校、学院，支付政府和公共支出等”②。4月4日，华盛顿在咨询了很多人的意见之后，给布兰德写了一封长信，对军人们的请求以及西部开发问题做了详细的阐述，希望布兰德进一步调查军人们的意见并与亚历山大·汉密尔顿交换意见。在汉密尔顿的支持下，布兰德于6月5日重新起草了《金融家计划》（*The Financier's Plan*）。新计划与之前皮克林的《军队计划》并无本质上的区别，只是更侧重于国家财政的需要。这份计划提出，要在新土地上建州，不过每10万英亩土地中要有1万英亩保留作为合众国国会的财产，“这片土地上获得的租金、股份、利润、产品——任何可能出现的收益，应当用

---

① Treat P J. The National Land System, 1785 – 1820[M]. New York: E. B. Company, 1910: 18.

② Pickering O. The Life of Timothy Pickering, Vol. 1 [M]. Boston: Little, Brown and Company, 1867: 548.

于美利坚合众国的公共支出,如建立边疆据点、建设学院……”[①]6月16日,帕特南致信华盛顿,建议在西部土地上规划6英里见方的镇区,每一个镇区保留3400英亩(约5平方英里,占整个镇区的三十六分之五)的土地用于发展宗教、教育、河流、公路等公共事业。[②] 华盛顿将此信同《金融家计划》一并交到国会,并称这是一份“最明智可行的方案”[③]。

遗憾的是,前后两份计划都未获得国会的通过,合众国政府对于如何处理这些土地还没有清晰的考虑。[④] 当时中央政府财政窘迫,根本无法支付之前向独立战争中的退伍士兵承诺的相关费用,因此这些军官大胆地提出了自己的计划,虽然其出发点主要是考虑自己的生计与利益,但是客观上为美利坚合众国开启了制定国家土地政策的历程。值得注意的是,这两份最早的关于处理西部土地问题的计划都明确提及了教育事业和学院建设的问题,第一次将教育事业非常明确地写进国家政策当中,这成为后来西部土地政策中教育条款的先声。它们所引起的讨论大大推进了土地法令的颁布,同时也把普通学校和高等院校写进了处理西部土地的日程之中。

(二)从1784年到1785年:教育事业写进法令

最初的两份计划虽然都没有成功,但是关于处理西部土地问题的讨论却没有停止。1784年初,一个以杰斐逊为首的委员会起草了一份关于西部土地的报告,报告内容吸收了前两份计划的部分内容,规定一个地区的人口达到两万人即可申请成立一个新州,与其他州在邦联中享受同等的法律地位。与前两份计划不同的是,杰斐逊报告的政治性更强,主要是对西部的建州事宜做出规定,还涉及敏感的奴隶制问题,并且不提前两份计划中关于将西部土地用于公共教育事业发展的内容。随后,国会指定了一个土地委员会,在这一法令基础上专门讨论西部土地的管理问题,这

---

① Bancroft G. History of the Formation of the Constitution of the United States of America, Vol. 1[M]. New York: D. Appleton and Company, 1883: 313.

② Walker C M. History of Athens County, Ohio[M]. Cincinnati: Robert Clarke Co., 1869: 34.

③ Washington G. The Writings of George Washington, from the Original Manuscript Sources, 1745－1799, Vol. 27[M]. Washington: Government Printing Office, 1938: 18.

④ Barrett J A. Evolution of the Ordinance of 1787[M]. New York: The Knickerbocker Press, 1891: 11.

个委员会仍然由杰斐逊担任主席。经过委员会修改后的土地法令终于在4月23日被国会通过,即《1784年土地法令》(*Ordinance of 1784*)。这是合众国关于西部土地的第一部法律,可惜的是,在这部法律中,教育问题乃至公共事业问题完全被忽视了。

1784年5月7日,杰斐逊又向国会提交报告,希望确定西部土地的分配方式并建议在售卖土地之前先对土地进行勘测,卖地所获得的资金应该先用来偿还国家债务而不是用于公共事业。国会对于杰斐逊的提议并未形成最终意见,而是投票决定推迟表决。① 结果竟推迟了将近一年,直到1785年3月4日,国会开始重新讨论这份报告。杰斐逊领导的委员会对之前的报告进行修改和增补后,于4月14日提交了最终汇报。在这份最终意见中,委员会认为"支持宗教和教育事业的镇区能够同时吸引购地和定居的目的"②。经过一个多月的讨论和争辩后,国会终于达成妥协,并于5月20日正式通过了《1785年土地法令》(*The Land Ordinance of 1785*),规定以6英里见方的镇区对西部土地进行勘测和售卖,每一个镇区又被平均分为36片,即每片1平方英里(640英亩),每英亩以不低于1美元的价格出售。同时还规定,"每个镇区的36片土地中的第8、11、26和29这4片土地应该保留给美利坚合众国。……每个镇区的第16片土地应用于该镇区的公共学校的发展"③。这与两年前帕特南给华盛顿的建议几乎是一样的。美利坚合众国第一次明确地将教育写进它的国家政策之中,以法律的形式确立了邦联政府在西部发展公共教育的职责和义务,这是合众国政府第一次明确自己在教育事业中的角色和权力,西部公立大学的建立自然成为这一法令的题中之意。而就在这一年的年初,在华盛顿的推动下,詹姆斯河航运公司(The James River Company)和波托马克河航运公司相继成立,华盛顿个人被赠予100股詹姆斯河航运公司

---

① United States Congress. Journals of the American Congress from 1774 to 1788, Vol. 4[Z]. Washington: Way and Gideon, 1823: 416 - 420. 杰斐逊报告的全称为:*An Ordinance for Ascertaining the Mode of Locating and Disposing of Lands in the Western Territory*。

② Treat P J. The National Land System,1785 - 1820[M]. New York: E. B. Company, 1910: 31.

③ Greene J P. ed. Colonies to Nation, 1763 - 1789: A Documentary History of the American Revolution[M]. New York: W. W. Norton Company, 1975: 469.

股票和50股波托马克河航运公司股票，总价值约32000美元，这些股份正是后来华盛顿为计划中的国立大学提供捐赠的资金来源。

（三）1787年：奠定西部教育和大学事业的基石

1785年的土地法令通过以后，国会随即组织地理学者和测量员对西部土地进行勘测。与此同时，原来的军官们并没有放弃他们向西部进军的愿望，既然让国会立法不成，他们就另辟蹊径。1786年3月1日，鲁弗斯·帕特南、本杰明·塔珀（Benjamin Tupper）、塞缪尔·霍尔顿·帕森斯（Samuel Holden Parsons）和玛拿西·卡特勒（Manasseh Cutler）一起在波士顿讨论西部土地的开发和殖民问题，并共同成立了俄亥俄公司（The Ohio Company），以集资购买和开发合众国的西部土地。① 公司的集资工作进展得很顺利，1787年3月8日，帕特南、帕森斯和卡特勒被选为公司董事，他们三人作为公司代表被派往纽约与邦联国会磋商，希望购买和经营西部土地。而此时，国会正在讨论西部土地委员会分别于1786年9月19日和1787年4月26日提出的两份报告，第一份报告希望给西部土地上的政府增加一份权利法案和尊重地产的法律，以保护个体的权益；第二份报告则是对西部土地上的政府的组织形式提出建议。1787年5月9日，帕森斯代表俄亥俄公司向国会提交了一份购地的备忘录。从5月份开始，一些国会议员作为各州代表前往费城讨论修改宪法一事，国会达不到法定人数而无法做出决议，直至7月6日，国会才达到法定人数重新开始讨论土地委员会的报告。7月10日，讨论俄亥俄公司购地备忘录的委员会首先向国会提交了一份报告，重申了《1785年土地法令》对教育事业的规定：每一镇区的第16片土地用于公共学校事业，第29片土地用于宗教事业，另有3片土地的使用权保留给国会。更重要的是，报告中规定在俄亥俄公司购买的土地中，将会有四个完整的镇区被用于建立一所大

① 鲁弗斯·帕特南是独立战争期间大陆军的将军，战争结束后在马萨诸塞州担任土地测量员，他坚持呼吁邦联以土地代替金钱赠予独立战争中的退役士兵；本杰明·塔珀也是独立战争期间的军官，战后被选为马萨诸塞州议员；塞缪尔·霍尔顿·帕森斯是哈佛学院1756年的毕业生，独立战争中在大陆军任职，先后从事过律师、法官等职业；玛拿西·卡特勒1765年毕业于耶鲁学院，做过教师、商人、律师和牧师，后在联邦众议院中担任议员，他跟帕特南都是俄亥俄大学的主要创建者。此处的俄亥俄公司与之前提及的俄亥俄公司并无任何关系，前文提及的俄亥俄公司已于1776年停止运营。

学。[①] 这是俄亥俄公司提交给国会的第一份购地案，也是《1787 年西北土地法令》制定过程中第一次明确主张要将部分土地用于高等教育的发展，而且这并不是来自政治精英或文化精英的努力，而是那些独立战争中的退伍军官和俄亥俄公司的远见。

1787 年 7 月 13 日，国会终于通过了《针对俄亥俄河西北部的美利坚合众国土地管理法令》(*An Ordinance for the Government of the Territory of the United States, Northwest of the River Ohio*)，简称《1787 年西北土地法令》。法令申明了对西部土地上的个体的政治和经济权益予以保护，并明确规定："宗教、道德和知识对一个好政府和人类的幸福是必要的，学校和各种教育途径永远都应受鼓励。"[②]虽然整个法律文件中只有这么短短的一句话提到了教育，也没有像 1785 年的土地法令那样对教育的土地使用做出详细的规定，更没有提及高等教育事业，但是，"这句话成了为免费公立学校系统奠基的基石，后来这一免费公立学校系统取代了私立的和半公立的学校和学院，并使得在一个快速成长和扩展的民主社会中培养有教养和有用的公民成为可能。它开了一个鼓舞人心的先例，成为强有力的宣扬公立教育的声音"[③]。较之 1785 年的法令，1787 年的法令更为重要的意义在于为在西部发展包括高等教育在内的整个教育事业确定了一个法律原则。

1787 年 7 月 23 日，在卡特勒的努力和斡旋之下，国会终于同意了俄亥俄公司于 7 月 10 日提交的购地案。10 月 27 日，卡特勒和公司秘书温斯洛普・萨金特(Winthrop Sargent)同国会签了购地合同，俄亥俄公司以每英亩不足 10 美分的价格先购得 150 万英亩土地，以后再购买 500 万英亩。其中关于发展教育事业的条款完全保留了下来，只是将原来规定的以四个镇区资助一所大学改为两个镇区，这两个镇区必须是优质的土地，

① United States Congress. Journals of the Continental Congress, 1774 - 1789, Vol. XXXII[Z]. Washington: Government Printing Office, 1936:312.

② Greene J P. ed. Colonies to Nation, 1763 - 1789: A Documentary History of the American Revolution[M]. New York: W. W. Norton Company, 1975: 473.

③ Taylor H C. The Educational Significance of the Early Federal Land Ordinances[M]. New York: Teachers College Press, 1922: 53.

大学的建设也要通过今后新建州的议会来进行。① 在高等教育方面,这份购地合同比之前的备忘录更加明确地将创办高等教育的责任落实到州政府,为后来西部州立大学的发展吹响了号角。

四、《1787 年西北土地法令》的教育意义及其对高等教育的影响

当纽约的国会通过《1787 年西北土地法令》的时候,各州的代表们正在召开制宪会议,几乎全国的目光都注视着费城,公共报纸甚至没有对这一法令的通过作相应的报道。一百多年以后有人评论道,这部法令"像一棵树一样深深地扎根于自由的土壤中,它的枝叶从制定宪法的氛围中汲取营养",它"立刻使得这一新颖而广泛传播的公立教育系统得到许可和资助,从基础学校开始,逐渐扩展到大学和专业学校。这一系统在新西部迅速创造了一批教育机构以代替东部受到资助的学校和学院。……整体来看这部法令,就好像是这个国家已经厌倦了通过自己的斗争从过去的法律和习俗中获取自由,现在它决定,它的孩子们从一出生,应该就来到了一个自由的世界"②。

确实,当国会将教育条款作为法令的一部分予以通过的时候,就认可了教育是西部建立共和制政府不可或缺的途径,并将美国立国的价值观传播到了西部,国会在担负在西部建立新州的职责的同时,也有义务让新土地上的人们成为整个国家的公民。著名律师丹尼尔·韦伯斯特(Daniel Webster)在半个世纪之后依然赞叹道:"我不知道还有哪一部由古代或者现代的立法者制定的法律能够产生比《1787 年西北土地法令》更加显著而持续的影响……它阐明并宣布了支持学校和促进教育是政府不可推卸的一项崇高职责。"③虽然新制定的宪法中没有提及教育事业,但是这并不意味着政府的领导者们忽视教育,《1787 年西北土地法令》的通过就是一个明证。1848 年,国会通过联邦教育专员的建议,将教育赠

① United States Congress. Journals of the American Congress from 1774 to 1788, Vol. 4[Z]. Washington: Way and Gideon, 1823: 17.

② Moore C. The Northwest under Three Flags, 1635 – 1796[M]. New York: Harper & Brothers, 1900: 329.

③ Webster D. The Works of Daniel Webster, Vol. III[M]. Boston: Little, Brown and Company, 1858: 263, 282.

地由每个镇区 1 片土地增加至 2 片。1850 年,又规定对于土地比较贫瘠的俄克拉荷马、犹他、亚利桑那和新墨西哥四块还未建州的领地,增加至每个镇区 4 片教育赠地。

《1787 年西北土地法令》自始至终都可以说是政治妥协的产物,它是美国邦联政府将政治考量、经济发展、财政措施和教育政策结合的一次成功尝试。也正是借助这部法令,自殖民地时期以来一直在教育领域徘徊的政府正式将教育视为自己的法定责任,“公共学校系统要对州内的所有孩子开放,并免于教会的控制”①。这可以看作教育权由教会过渡到政府的一个转折点,联邦和州都要明确地开始行使其教育职权。正如著名教育史学家戴维·B. 泰亚克(David B. Tyack)所说,从此以后,教育开始成为三权分立政府的第四分支,虽然它依赖于其他分支,但是与政府和国家保持着一种特殊的关系。②

西部高等教育的起步乃至整个美国高等教育的发展也都受到这一法令的影响。不过,需要澄清的是,国会通过的法令中并没有明确提及高等教育,法令只是在最广泛的意义上为教育事业的发展奠定了基本的原则和法律基础。在西部以土地资助高等教育的发展是俄亥俄公司在与国会购买土地的时候争取的,正如乔治·W. 奈特所指出的,关于发展高等教育的条款“是从国会那双不情愿的手中挤出来的”③。一开始国会仅仅同意《1785 年土地法令》中对教育事业的资助条款,即只资助初中等教育的发展,最后经过俄亥俄公司的全权代表卡特勒的游说和斡旋——他甚至以放弃向国会购地转而向其他州购地作为威胁④——国会在财政的压力下才不得不接受了俄亥俄公司关于建立大学的提议,在此过程中卡特勒个人的功劳不可忽视,甚至可以说正是他为西部高等教育事业的发展带

① Thorpe F N. ed. The Federal and State Constitutions, Colonial Charters, and Other Organic Laws of the States, Territories and Colonies, Now or Hitherto Forming the United States of America, Vol. Ⅳ[M]. Washington: Government Printing Office, 1909: 2291.

② Mattingly P H & Stevens E W. ed. A History of Education in the Old Northwest, 1787 – 1880 [M]. Athens: Ohio University Press, 1987: 18.

③ Knight G W. History and Management of Land Grants for Education in the Northwest Territory [M]. New York: G. P. Putnam's Sons, 1885: 17.

④ Cutler W P & Cutler J P. ed. Life, Journals and Correspondence of Rev. Manasseh Cutler, LL. D. [M]. Cincinnati: Robert Clarke Co., 1888: 295.

来了契机。与此相对应的是，制宪会议中詹姆斯·麦迪逊和查尔斯·平克尼曾先后三次要求将建立一所国立大学写进宪法，但未果。虽然会议代表没有明确表示反对建立这样一所国立大学，但是为这样一所大学确立其宪法地位的努力却失败了，以后关于建立国立大学的努力就缺少了最基本的合宪依据，而俄亥俄公司的购地案却正是在奠定法律基础方面为西部公立大学的发展播下了种子。

土地法令已颁布，俄亥俄公司的合同也已签署，但是用西部土地发展教育，尤其是高等教育的想法并没有马上落实，国会也没有制定更加具体的政策来资助教育事业。1790 年，联邦财政部长亚历山大·汉密尔顿试图在年度报告中建议为学校储备资金，但未成功，当年弗吉尼亚州转让给国会的土地也没有被用于学校建设事业，也许"为学校拨地并不是一种真诚的处理公共土地的方法"①。一直到 19 世纪初，当这些法案真正落实的时候才显示出其价值。1802 年 4 月 30 日，国会通过了《俄亥俄授权法》(*The Ohio Enabling Act*)，次年又通过了一份修正案，同意俄亥俄州加入美利坚合众国，并与其他州享有同等的法律地位，同时重申了联邦土地体系中教育用地的法律地位。正是在这份法案通过之后，拨地用于教育的法律条款才终于开始付诸实践。两年以后，又是在卡特勒的努力下，西部的第一所高等院校俄亥俄大学(Ohio University)建立，这是第一所得益于《1787 年西北土地法令》的公立大学，是西部高等教育发展的开端。而 1787 年 8 月的约翰·克里夫斯·西姆斯(John Cleves Symmes)购地案也为 1809 年迈阿密大学(Miami University)的建立奠定了基础。19 世纪初，在俄亥俄州建立的这两所公立大学为美国高等教育的发展开辟了一种新的模式，此后整整一个世纪中，加入联邦的新州(除缅因州、得克萨斯州和西弗吉尼亚州外)都获得了联邦的大学赠地。至 1837 年，联邦政府通过赠地的方式向当时全国二十六个州的包括高等教育在内的教育事业共拨款 2800 多万美元。在南北战争前，联邦政府先后通过 25 次法案为十六个州划拨了约 89 万英亩的大学用地。毫无疑问，《1787 年西北土地法

① Treat P J. The National Land System, 1785 – 1820[M]. New York: E. B. Company, 1910: 267.

令》“为美国很多最重要大学的创建提供了路径”①,联邦政府对高等教育的态度也逐渐明朗。

不仅如此,受益于联邦赠地的西部大学也开始从更本质的意义上与东北部古老的学院区别开来,从而逐渐改变了美国高等教育的文化精英性质。科林·伯克(Colin Burke)在对学生入学背景和职业去向进行了详细分析之后认为,这些新大学的学生大多没有精英家庭的背景,他们的职业去向表明“这些大学所招收的学生是积极进取的,流动性很强,并积极加入美国社会经济发展的洪流。如果这些学生成为一类精英的话,也是产业精英”②。这些毕业生在各个专业领域深刻地影响了美国政治经济的发展,同时也使得东北部古老学院的培养目标与社会责任悄悄地发生了变化。

从此以后,政府——包括联邦政府和州政府——在资助高等教育方面所面临的问题不再是“是否资助”,而是“如何资助”和“在什么程度上进行资助”。1862 年通过的《莫里尔法案》(*Morrill Act*)可以说在美国开启了政府资助高等教育的新时代,其力度也非《1787 年西北土地法令》可比,但是《1787 年西北土地法令》是通往《莫里尔法案》的桥梁。著名美国教育史学家于尔根·赫布斯特认为,这两个法案是“联邦政府影响美国高等教育的历史上最为重要的两份文件”③。在美国建国百年之际,《莫里尔法案》已实行十余年并一直被视为美国联邦政府资助高等教育的一个里程碑,但人们依然如此评价道:“该法令(即《1787 年西北土地法令》)在其构想、细节和结果方面或许是过去由美国人民的代表们颁布的最著名的法律了。它永久地将移民的性质以及将要在这片土地上定居的人们的社会、政治、教育机构的性质融为一体。”④

---

① Blackmar F W. The History of Federal and State Aid to Higher Education in the United States [M]. Washington: Government Printing Office, 1890: 46, 338.

② Burke C B. American Collegiate Populations: A Test of the Traditional View[M]. New York: New York University Press, 1982: 7.

③ Williams F D. ed. The Northwest Ordinance: Essays on Its Formulation, Provisions and Legacy[M]. East Lansing: Michigan State University Press, 1989: 97.

④ Poole W F. Dr. Cutler and the Ordinance of 1787[J]. North American Review, 1876, 122(4): 259.

第三章 政府办学的初步尝试与国家教育体系的设想

对已有学院进行公立化改革的失败使政府认识到，如果要在高等教育领域顺利地发挥自己的作用，就必须另辟蹊径，创办自己的学校。于是，在国家高等教育政策形成的同时，政府也开始了自己办学的尝试。一个前所未有的国立大学的设想开始引起广泛的关注并在费城的制宪会议和国会上被讨论，虽然包括华盛顿在内的合众国前几任总统都曾努力促成这一计划，但由于国立大学有潜在的集权危险而与国家的政治原则不符等多方面的原因，最终还是没能实现。与之相反，早期州立大学的建设取得了一定的成果。佐治亚州和北卡罗来纳州在州宪法中规定了政府的教育职责，它们在创办公立大学方面走在了前列；俄亥俄大学得益于《1787 年西北土地法令》的教育政策，也开辟了西部州立大学的路径，州政府的办学获得了初步的成功。与此同时，文化工作者、政治家和公众都对一个包括公立高等教育体系在内的国家教育体系提出了自己的建议，尽管没有付诸实践，但还是表达了当时人们对政府干预高等教育的一种期望。

第一节　国立大学计划的努力与失败

一、制宪会议前后对国立大学的期待

当费城正在紧张地召开制宪会议的时候，邦联国会颁布了《1787 年西北土地法令》，为美国国家的教育和高等教育政策开了先河，也是年轻

的美利坚合众国为后来的高等教育发展留下的一份重要保障。不过,这份法令还只是一份高等教育的资助政策,即政府在开发西部的过程中通过土地赞助的方式促进高等教育事业的发展,然而邦联时期公众的愿望不仅限于此,他们开始期待一所由国会建立并资助的国立大学。对于已经有了一个半世纪的私立高等教育历史的北美人民来说,国立大学还是一件新鲜事物,甚至对于当时的欧洲大陆也是如此。早在 1775 年 10 月,独立战争刚刚开始半年,战事还在紧张地进行,在华盛顿将军的营帐中,纳撒尼尔·格林(Nathanel Greene)将军和威廉·布洛杰特(William Blodget)上校抱怨很多学院在战争中损毁严重,并为此感到惋惜。在一旁聆听的年仅 19 岁的塞缪尔·布洛杰特(Samuel Blodget)——后来成为第一个研究政治经济学的美国人——凭着年轻人的理想和热情脱口而出:"战争结束后,我们要建立一所著名的国立大学,让全世界所有的年轻人都以在那里接受教育为荣!"华盛顿将军立刻表示赞赏:"年轻人,你真是一个预言家! 我相信我们总有一天会实现这个目标的。"①

然而,战争结束后,新国家的立国精神就是要防止强大的国家权力对个人自由的粗暴干预,一所国家性质的大学显然不符合这种政治环境。但随着国内形势的发展,尤其是多地发生骚乱甚至叛乱,以及邦联在不断恶化的形势面前的无力,使得国父们以及各州的很多领导者逐渐对松散的邦联体制感到不满和担忧。在他们看来,导致这一系列混乱的主要原因有两个:一是体制的问题,主要是邦联的权力相对于各州来说过于软弱;二是美国民众自身的管理能力和国民素质还未达到作为国家公民的要求。华盛顿对民众的混乱、无知、偏见、嫉妒感到茫然无解,更是对大多数民众的蒙昧无知和目光短浅感到羞愧,②他甚至感慨道:"我担心,在很大程度上美德已经离开了我们的土地。"③

《独立宣言》的签署人之一、费城学院的本杰明·拉什,对《邦联条

① Blodget S. Economica: A Statistical Manual for the United States[M]. Washington, 1806: 22-23.

② 约翰·罗德哈梅尔. 华盛顿文集[M]. 吴承义,等,译. 沈阳:辽宁教育出版社,2005:524.

③ 约翰·罗德哈梅尔. 华盛顿文集[M]. 吴承义,等,译. 沈阳:辽宁教育出版社,2005:517.

例》下的合众国同样深感忧虑。在制宪会议召开之前,他就认为独立战争不是美国革命的结束,而只是美国革命的第一幕,战争虽然结束了,但革命远未成功,"尚有待于建立和完善新的政府体制,还要为之培育公民的行为规范、道德品质和文明举止",因此,战争结束后的两项重要任务就是完善政府和塑造公民。① 正是基于此种考虑,1787 年 1 月,拉什在《美国博物馆》杂志上以醒目的标题发表《告合众国人民书》,认为美利坚人民并非生来就是合格公民,因而为了塑造合格的公民,使公民的品性与国家保持一致,必须将知识和政府原则传播至合众国的每一个角落。为达此目的,拉什主张让国会拨款建立一所"联邦大学"(federal university)辐射全国,其中尤为重要的是,在该大学中,凡事都要以共和政府为旨归。② 这是美国历史上首次正式公开论及建立一所国立大学的理念,虽然并不完整也不系统,但在这个时候提出这个理念已有着不可忽视的政治意义。一年多以后,拉什更加系统地论述了他的国立大学计划。

我们还应当注意到拉什在几个月之前发表的一篇演说。1786 年 9 月,拉什在《绅士杂志》(*Gentlemen's Magazine*)上发表了一篇针对宾夕法尼亚州议会的演说——《在宾夕法尼亚州建立公立学校和传播知识的计划,兼论适合共和国的教育模式》(*A Plan for the Establishment of Public School and the Diffusion of Knowledge in Pennsylvania. To Which Are Added, Thoughts upon the Mode of Education Proper in a Republic*)。在这项"计划"中,拉什为宾夕法尼亚州设计了一个完整的教育体系:第一,在州首府设立一所大学(university),由州财政提供资金支持,支付教师的工资;第二,在大学之下,州境内另设四所学院(college),其教学应与当时美国已有的学院一致,学生完成学院学业之后可以进入大学深造;第三,每郡设一所专科学校(academy),作为学院的预备机构;第四,每一镇区或者某一地区只要满百户即可设一所公共学校(free-school),孩子在学校中接受基本的

① Good H G. Benjamin Rush and His Services to American Education[M]. Berne: Witness Press, 1918: 198.

② Good H G. Benjamin Rush and His Services to American Education[M]. Berne: Witness Press, 1918: 202.

语言和读写训练。①

虽然拉什没有直接谈及整个联邦的教育设计，但是他的思考无不是为一种"适合共和国的教育模式"而准备的，大学设立在州的首府而且全州只有一所，由公共财政支持，这与他之后提出的国立大学设计是完全一致的。他的州教育体系也为他后来思考整个国家的教育体系提供了基础。值得注意的是，拉什在这篇演说的开篇即简短地讨论了"学识对人类的影响和益处"：知识有助于消除愚昧和偏见；自由只存在于知识社会中，对知识的无知会导致对权利的无知；知识的普及有助于增进法律和政府的权威；知识可促进作为共和国基础的农工商业的发展以及文明的进步。从中可以看出，他关于"知识"的观点无一不是指向"共和国"和"公民"，这是他论述教育的基本理论前提和出发点，也正是在此基础上，他系统地论述了国立大学计划。

在这两篇文章的基础上，拉什于 1788 年 11 月在《美国博物馆》杂志上撰文，系统论述了他的《联邦大学计划》(*Plan for a Federal University*)，其主要内容包括：第一，国立大学的目的是塑造符合新政府体制的公民，让年轻人做好公共生活的准备，这是合众国宪法和人民幸福的永恒基础。第二，塑造的方式是将国家的年轻人聚集到国立大学中，传以知识或令其相互沟通和交流，以消除愚昧和偏见，并塑造公民的习惯。第三，国立大学的主要授课内容包括合众国政府的原则和体制，农工商业的理论和实践，以及有助于农工商业发展的自然哲学、自然史、数学和化学知识等，并学习现代语言而非古典语言，除此以外还要学习体育运动，以保持身体健康。第四，要经常选送年轻人去欧洲学习先进的知识和技术。第五，给校长优厚待遇，而且薪资由国会支付，以鼓励校长更好地管理和教导学生；给教授相对微薄的工资，让教授们通过向学生收取课程费用来弥补收入之不足，以此鼓励教师以更好的教学吸引更多的学生。第六，学位要特别，以同其他学院的学位相区别，要体现出毕业生已经为公民和公共生活

---

① Rush B. A Plan for the Establishment of Public School and the Diffusion of Knowledge in Pennsylvania. To Which Are Added, Thoughts upon the Mode of Education Proper in a Republic, Addressed to the Legislature and Citizens of the State[J]. Gentlemen's Magazine, 1786, 56(9): 775.

做好了准备。[1]

拉什作为坚定的联邦主义者,提出这一计划有一定的政治背景。当时制宪会议结束已一年有余,新宪法在各州的批准过程并非一帆风顺,对新联邦体制的批评和质疑声不断,拉什开篇就用"教育"来回应新宪法反对者们对新体制的质疑:"只要人民能够通过一种符合国家新的特殊国情的教育来为新的政府体制做好准备,这些言论自会烟消云散。"[2]因此该文一方面是其国立大学理念的表达,另一方面也是对新宪法反对者们的回应,更是拉什本人政治观点的表达。从根本上说,这也是拉什为构建完善的共和国而做出的努力。拉什还主张:"在这所大学里,只应该教授那些能够为年轻人的公民和公共生活做准备的学科。……在这所大学建立三十年以后,让国会通过一个法案并规定,没有在该大学获得学位的人不能被委以政府权力。"[3]不过,在他的这份计划中,国立大学几乎就是国家公务人员的培养机构;从整个教育体系来看,国立大学是凌驾于已有学院之上的机构。如此看来,"作为一种教育机构,国立大学的目的和范围过于狭隘,并且带着强烈的国家主义和精英主义的色彩"[4]。这似乎也预示了国立大学计划最终的结局。尽管如此,拉什的建议仍然得到华盛顿、麦迪逊以及几位参议员的支持,至于如何真正起作用,就要靠这些在政治上有实际影响力的人物了。

从塞缪尔·布洛杰特的记述中可知,华盛顿早就对国立大学的想法持肯定态度,但一直到 1790 年 1 月 8 日对国会的第一份国情咨文,华盛顿才正式谈及国立大学。或许此时他早已忘记十多年前曾对一个年轻人憧憬建立一所国立大学大为赞赏,不过作为合众国的第一任总统,在第一份国情咨文中用不短的篇幅谈及国立大学足以表明他对国立大学的重视是经过长期慎重考虑的结果。他说:"参众两院应该大力促进科学和文化

---

① Rush B. Plan for a Federal University[J]. American Museum or Repository, 1788, 4(11): 442 - 443.

② Rush B. Plan for a Federal University[J]. American Museum or Repository, 1788, 4(11): 442.

③ Rush B. Plan for a Federal University[J]. American Museum or Repository, 1788, 4(11): 443 - 444.

④ Robson D W. Educating Republicans: The College in the Era of the American Revolution, 1750 - 1800[M]. Westport: Greenwood Press, 1985: 231.

的发展。在任何国家,掌握文化知识都是社会福祉最可靠的基础。在我们这样的国家中,政府措施可以很快得到公众意见的反馈。因此,让民众掌握相应的文化知识非常重要,它以多种方式保障自由和宪法。……资助现有的学院并筹建新的国立大学,或是其他办法,是否能很好地促使这一理想目标的实现,须由立法机关慎重考虑。"①

华盛顿的出发点与拉什并无二致,都希望为新宪法和社会福祉奠定坚实基础,同时他有另一层考虑,即怀疑当时的大学或学院无法完成这两项任务。独立战争期间,将军们就开始心痛战争对学校尤其是学院的摧残。战争结束后,殖民地时期建立的学院逐渐恢复了教学,但是华盛顿在给宾夕法尼亚州国会代表小约翰·阿姆斯特朗(John Armstrong, Jr.)的回信中仍然对大学的前景表示担忧:"我很遗憾地听说,您那里的大学已经陷入了如您所描述的那种衰败状态,而且还有可能由于失去尼斯贝博士而遭受进一步的破坏。"他把这种"衰败"的根本原因归结为"缺乏总体规范力量"。② 华盛顿认为缺乏总体规划的高等教育是不可能承担起塑造国家公民的任务的,而他的国立大学就是要将一所高等教育机构置于国会的规划和监督之下,实现总体规划,以培养他所希望的公民以及公职人员。

1790 年 1 月 11 日,华盛顿发表第一份国情咨文后的第三天,参议院对总统关于促进科学和文学发展以及资助和筹建国立大学的建议做了有所保留的肯定性回复:"文化和科学对于保障自由宪法而言是必不可少的,因此政府应该采取措施增强对这一重要事实的信念。"③之后,众议院也做出间接回复:"我们同意您……促进科学和文化发展有助于保障民主政府的观点。在我们审议的过程中,我们不会忽视如此有意义的事情。"④由此可以看出,国会在知识对于宪法、政府、国家的重要意义上还

---

① 约翰·罗德哈梅尔. 华盛顿文集[M]. 吴承义,等,译. 沈阳:辽宁教育出版社,2005:638-639.

② 约翰·罗德哈梅尔. 华盛顿文集[M]. 吴承义,等,译. 沈阳:辽宁教育出版社,2005:577-578.

③ United States Congress. Annals of Congress, Senate, 1st Congress, 2nd Session [Z]. Washington: Gales and Seaton, 1834: 972.

④ United States Congress. Annals of Congress, House, 1st Congress, 2nd Session [Z]. Washington: Gales and Seaton, 1834: 1089.

是持肯定态度的,但是对于华盛顿所提出的国立大学却刻意回避,甚至也只字不提资助现有的学院。当时国会对于干预高等教育仍然非常审慎,更何况是自己建立一所国立大学。这对于华盛顿的希望来说并不是一个很好的信号,在接下来的五年总统任期内,他不再提及国立大学,直到任期的最后两年,他才做了最后一次努力。

除拉什和华盛顿之外,还有其他人呼吁国立大学。就在制宪会议刚刚落幕的1787年9月,即有一篇文章建议国会建立一所国立大学,只是作者将其定义为一所纯学术的机构,而不是一所像拉什和华盛顿所主张的那样政治性很强的机构,但它必须设在首都,并由联邦来资助和扶持。① 该大学旨在塑造具有高尚学问的人,因为高尚的学问对政府管理和社会文明有着重要的作用,并且可以净化人的心灵以戒除对财产的贪恋,这所大学的学生应该阅读伟大的文学和历史作品,以及伟大的政治家、军事家的著作。这种主张比拉什更加崇尚古典学科,但这种机构几乎不可以称为"大学",因为它完全以品德为标准而不顾其他。1788年的另一篇文章则以联合各州的目的谈及国立大学事宜,从而淡化了道德色彩。作者认为现有的州立学院并不能很好地消除偏见和培养公民的爱国情感,只有国立大学才能完成此项任务。著名出版人约翰·芬诺(John Fenno)于1789年10月在《美国博物馆》上撰文表达自己对国立大学的憧憬,他几乎重复了一年之前拉什的国立大学计划:建立在联邦首府,由胜任者负责管理事务,学生来自各州学院的毕业生,主要培养学生的政治兴趣等。他也淡化了道德的色彩,更重视"消除地方偏见和习性以及产生共同的信念"②。

因此,人们设想建立一所国立大学与期待一个新的政府体制是同步的,甚至可以说,正是新的政府体制使得建立国立大学显得更为必要。因为在新的政府体制已经建立的情况下,塑造符合这种制度设计的公民便成了所有主张者的共识。这些主张的不足在于其中的空想色彩很浓,缺乏实际的调查研究,没有具体的规划和设计,大多不具备实际的可操作

① Blodget S. Economica: A Statistical Manual for the United States[M]. Washington, 1806: vi.

② Fenno J. Importance of a Proper System of Education, Establishment of a Federal University Recommended[J]. American Museum, 1789, 6(10): 290-291.

性，且不同的提倡者有着不同的出发点，更没有付出切实的行动，这也注定了它不会走得太远。

二、制宪会议的遗留问题

为解决邦联所面临的困难，除罗得岛以外十二个州的代表们于 1787 年 5 月到 9 月在费城召开制宪会议，重新设计了合众国的联邦体制。在漫长的讨论过程中，是否应该将设立国立大学作为国会的一项权力写入宪法也曾被与会代表三次提出，并最终提交大会予以表决。其中来自弗吉尼亚州的詹姆斯·麦迪逊和来自南卡罗来纳州的查尔斯·平克尼的主张最有力，且得到大会主席华盛顿的支持。他们的努力也是美国历史上第一次试图为国立大学确立宪法基础的尝试。

1787 年 5 月 29 日，会议的组织工作刚刚结束，弗吉尼亚州代表团团长埃德蒙·伦道夫(Edmond Randolph)州长提出了一份会议讨论大纲，被称为“伦道夫决议案”或“弗吉尼亚方案”，后来的美国宪法就是在此方案基础上形成的。与此同时，查尔斯·平克尼也提出了一份联邦宪法方案草稿，他认为国会应当拥有在联邦政府所在地建立一所国立大学并为之提供资助的权力。① 这份草案是第一次在制宪会议上努力将国立大学写进新宪法的尝试。第二次是在 8 月 18 日，詹姆斯·麦迪逊向大会提交了意见稿，在他所主张的国会应当具有的权力中包含有建立国立大学。② 然而，这两次的提议也仅仅是提议而已，建立国立大学作为国会所具有的权力之一的提议被淹没在大量的提议当中。查尔斯和麦迪逊没有做出更多的努力，该项提议也就没有引起与会代表们的重视，更没有发生针对此提议的辩论和表决。

第三次则是在大会结束前的第三天，1787 年 9 月 14 日，麦迪逊和平克尼坚持要在宪法的最终稿中“国会的权力”一项中加入建立一所无宗教色彩的国立大学之权力。该提议和之前所有的宪法条款一样最终交由各州代表团来表决：宾夕法尼亚州、弗吉尼亚州、北卡罗来纳州和南卡罗

① Madison J. The Papers of James Madison, Vol. II[M]. Mobile: Allston Mygatt, 1842: 735.

② Madison J. The Papers of James Madison, Vol. III[M]. Mobile: Allston Mygatt, 1842: 1354.

来纳州四票赞成，新罕布什尔州、马萨诸塞州、新泽西州、特拉华州、马里兰州和佐治亚州六票否决，而康涅狄格州代表团的内部意见不统一。①虽然宾夕法尼亚州代表团投了赞成票，但是其代表团成员之一古维纳·莫里斯(Gouverneur Morris)仍保留自己的意见，认为在建设政府所在地的过程中，国立大学应该是题中之意，无须专门列出，其实这也是反对者持有的主要观点。虽然在表决的时候，大会上没有人出言坚决反对建立国立大学②，但后来的《权利法案》第十条让宪法没有明确规定的内容都无法获得合宪性保障了，这也成为日后争取建立国立大学的过程中一个不可逾越的合宪性障碍。

制宪会议没有忽略国立大学，平克尼和麦迪逊确实想为建立国立大学奠定一个坚实的法律基础，但是大会并不重视这一议题，也没有就此发生激烈的争论。其原因可能是因为当时联邦政府面临的问题主要是政治问题，与会者考虑的多是如何防止国家分裂和加强各州之间的团结，教育包括大学并不是受关注的焦点。最后的表决只是意味着国会有权设立国立大学乃是情理之中的事情，无须写入宪法，但是对这一权力当如何行使并无进一步规定。制宪会议并没有否定国立大学计划，但是也没有对其做出任何清晰的表述，没有明确政府——尤其是联邦政府——在高等教育中所应该扮演的角色和发挥的作用，国立大学的法律地位仍是一个悬而未决的问题。

三、华盛顿最后的努力和众议院的辩论

（一）华盛顿最后的努力

华盛顿总统在第一次国情咨文中就呼吁国会要资助现有学院并筹建新的国立大学，但是参众两院的冷淡回应让华盛顿无奈，在此后的五年中他都不曾在公开场合或私人信件中再提国立大学之事，直到他任期的最后两年里，才再次为国立大学而努力。1795 年初，华盛顿重新系统地阐

---

① Madison J. The Papers of James Madison, Vol. III[M]. Mobile: Allston Mygatt, 1842: 1577; Bancroft G. History of the Formation of the Constitution of the United States of America, Vol. 2[M]. New York: D. Appleton and Company, 1883: 212.

② Hoyt J W. Memorial in Regard to a National University[M]. Washington: Government Printing Office, 1892: 28.

述了他的国立大学理念,第一次完整地说明了他之所以如此坚持在联邦首都建立国立大学的理由:联邦首都地处联邦中部且交通便利;他个人的捐资对保障办学有一定的作用;这样一所大学可以更好地接受联邦法律和享受联邦的优惠政策,这是其他地方院校无法比拟的;最重要的是,地处首都,可以让学生更好地观察国家的政治生活,更深刻地了解国家政治体制的原则和精髓。[①] 此外,他还有着同杰斐逊一样的担心,那就是美国的青年在国内无法接受最好的高等教育而需要去欧洲学习,这对于塑造公民是十分不利的,因此国立大学的目的之一就是提高美国的高等教育水准,使美国青年无须再去国外学习。但也要看到,华盛顿也不得不承认,"究竟以何种方式创办这所重要学府,应有多大规模,用什么方法实现计划,经费如何解决,目前取得了哪些进展,我对这一系列问题完全茫然。……这所大学的设置形式我并不了解,由哪些人或安排哪些人去实施此项计划,我也是一无所知"[②]。他只是提出建议和想法,其实没有采取任何实际的行动来支持这项计划的实施,他所做的只是将 50 股波托马克河航运公司股票捐赠给该大学。其实不仅是华盛顿,包括拉什在内的其他国立大学的主张者都有这种"茫然",对华盛顿所提出的问题几乎都是"一无所知",在他们的建议中看不到实际操作方面的问题,因此在面对众议员们的诘问和质疑的时候,连麦迪逊也变得理屈词穷。

1796 年,华盛顿已经决定辞去总统职务,但他仍不忘国立大学计划一事,甚至比以往任何时候都更加重视。1796 年 9 月 1 日,华盛顿致函汉密尔顿,再次表明了他建立国立大学的理念和决心,并希望在自己的告别演说中再次重申此项计划,并就此向汉密尔顿征求意见。之后,华盛顿和汉密尔顿又多次互通书信,其中主要内容就是国立大学一事。汉密尔顿建议华盛顿不要在告别演说中细谈此事,或者用简短的话提及即可,但可以在最后一次国情咨文中详细介绍此项计划。汉密尔顿的这种安排是有其深刻用意的,因为国情咨文是对国会的演说,有着更大的政治影响力,

---

① 约翰·罗德哈梅尔. 华盛顿文集[M]. 吴承义,等,译. 沈阳:辽宁教育出版社,2005:756.

② 约翰·罗德哈梅尔. 华盛顿文集[M]. 吴承义,等,译. 沈阳:辽宁教育出版社,2005:753 - 754.

他还答应华盛顿为其起草演说中的国立大学部分。① 他们二人就此问题反复磋商,足见对此事的重视,华盛顿的确想在总统任期的末期对国立大学做最大的努力。

华盛顿听从了汉密尔顿的意见,希望汉密尔顿的政治策略可以带来更好的结果。在1796年9月19日的告别演说中,他没有提及国立大学一事,对教育问题也只是一笔带过。1796年12月7日,华盛顿以总统身份最后一次向参众两院发表国情咨文,演讲中他再次表明建立国立大学的根本目的是"向年轻人教授政治科学","通过对年轻人中的一部分进行普遍的教育,将我国国民中不同的原则、观点和习惯加以同化"。他向议员们呼吁道:"对于国会来说,有什么职责比资助这样一所大学以将这些内容传授给这个国家的未来主人们更为紧迫的呢?"② 在华盛顿看来,国立大学是国家政治繁荣的基础,更是自由民主制度的保障。不过这是华盛顿作为总统对国立大学所能做的最后努力了,最后的结果则只能交由国会来决定。

(二) 众议院的辩论

参议院对华盛顿的呼吁不置可否,一方面承认传播知识与发展高等学识有助于维护公共利益和使合众国繁荣昌盛,另一方面又刻意回避国立大学是否应该建立的问题,只是说国立大学"可能"有用。而众议院则是迟迟未对此事做出回应。这就像六年多以前华盛顿的第一次国情咨文所得到的答复一样,又是一个不利的信号。大约一个半月之前,他还给哥伦比亚特区行政长官写信,信中他希望特区能为将来的国立大学选一个好的地址,还要为该大学建立一个植物园,如果空间不够,还可以把计划

---

① Lodge H C. ed. The Works of Alexander Hamilton, Vol. X[M]. New York: The Knickerbocker Press, 1903: 190 – 191; Washington G. The Writings of George Washington, from the Original Manuscript Sources, 1745 – 1799, Vol. 35[M]. Washington: Government Printing Office, 1940: 198 – 201, 204 – 205; Hamilton J C. History of the Republic of the United States of America, as Traced in the Writings of Alexander Hamilton and His Contemporaries[M]. Philadelphia: J. B. Lippincott Co., 1864: 527 – 531.

② 约翰·罗德哈梅尔. 华盛顿文集[M]. 吴承义,等,译. 沈阳:辽宁教育出版社,2005:810.

中的海军医院的广场用地拨给该大学或者植物园。① 三位哥伦比亚特区行政长官古斯塔夫·斯科特(Gustavus Scott)、威廉·桑顿(William Thornton)、亚历山大·怀特(Alexander White)给华盛顿回信的同时还提交了一份重要的备忘录,以支持总统的国立大学提议。1796 年 12 月 12 日,麦迪逊将备忘录递交给了国会,该备忘录详细讨论了在合众国的首都建设一所国立大学的可能性与必要性,重申了一所国立大学对于保障新国家,培养年轻人的道德和政治品质,以及消除地方偏见的重要性,并指出总统愿意捐资且已经在特区为国立大学确定了选址。既然如此,国会就应该采取实际的行动支持此项计划,即便不马上建立国立大学,也要为以后建立国立大学做好准备。②

在备忘录宣读完毕之后,麦迪逊又简短地重复了备忘录的主要观点。来自南卡罗来纳州的众议员威廉·史密斯(William Smith)当即表示不会反对总统和哥伦比亚特区行政长官的提议,并希望将此提议交由众议院讨论,随后组成了一个以麦迪逊为主席的三人委员会详细讨论该备忘录。十天以后,麦迪逊提交了审议结果,认为目前应该先挑选合适的人来接受和管理已经捐赠给哥伦比亚特区国立大学的资金。③ 麦迪逊刻意回避了是否要建立国立大学的问题,而直接指出如何处置总统已经捐赠的波托马克河航运公司股票,这些股票是用于建设国立大学的,接受了其实就默认了今后要建立国立大学。不过,这并不能造成既成事实,因为还必须经受其他众议员的质疑和辩论。

1796 年 12 月 26 日至 27 日,美利坚合众国国会第一次就是否应该在今后的联邦政府所在地哥伦比亚特区建立一所国立大学之事展开了为期两天的辩论,这距离拉什第一次呼吁建立国立大学已差不多十年了。在辩论中支持这一计划的除了麦迪逊外,主要还有:南卡罗来纳州的罗伯特·哈珀(Robert Happer)议员,佐治亚州的亚伯拉罕·鲍德温(Abraham

---

① Washington G. ed. The Writings of George Washington, from the Original Manuscript Sources, 1745 - 1799, Vol. 35[M]. Washington: Government Printing Office, 1940: 248.

② Hoyt J W. Memorial in Regard to a National University[M]. Washington: Government Printing Office, 1892: 39 - 40.

③ United States Congress. Annals of Congress, Senate, 4th Congress, 2nd Session[Z]. Washington: Gales and Seaton, 1849: 1695.

Baldwin)议员,马里兰州的威廉·克雷克(William Craik)议员、理查德·斯普里格(Richard Sprigg)议员和威廉·默里(William Murray)议员。他们的理由主要有:第一,建立国立大学是联邦的职责所在,更何况已有一定资金保障,而且如果不执行此项计划,就是拒绝个人捐赠之善行;第二,知识的进步与自由的发展是密不可分的,既然国立大学有助于知识的传播,支持它就是支持自由民主制度;第三,总统的捐赠使得资金上有了保障,因此这项计划不会给联邦增加额外的经济负担;第四,与特区临近的马里兰州不会因地理之便而独享其利,因为该州已有两所优秀的大学,足以满足自身的需求,因此国立大学建成之后必会造福整个联邦;第五,即使目前还不是建立国立大学的时候,也可以先接受总统的捐赠,为以后做好准备。①

国立大学计划最坚决的反对者是来自弗吉尼亚州的约翰·尼古拉斯(John Nicholas)议员,此外还有弗吉尼亚州的理查德·布伦特(Richard Brent)议员、马萨诸塞州的威廉·莱曼(William Lyman)议员、新泽西州的威廉·戴顿(William Dayton)议长、纽约州的爱德华·利文斯顿(Edward Livingston)议员、宾夕法尼亚州的约翰·斯旺尼克(John Swanwick)议员等。他们认为:首先,国立大学地处哥伦比亚特区,只能影响周边地区,对于遥远的州或者偏僻地区的年轻人来说没有吸引力,因此它无法达到普及知识的效果,甚至会造成相反效果,进一步加剧地区间的不平衡和偏见;其次,若建立这样一所大学,那么联邦以及公众都会专注于支持它,而忽略其他大学或学院,从而不利于全国高等教育的整体发展,同时一个真正的民主政府应该鼓励和支持所有机构而不是仅限于某一所大学,否则就违背了合众国的宪法,布伦特甚至认为国立大学的计划本身是违宪的,是愚民的而不是开民智的;②再次,在赞成者们看来,国立大学的一个关键作用就在于可以将知识传播于联邦各处,从而将新国家的道德品质散播于各地人民心中,尼古拉斯认为不是唯独国立大学才能完成此项任务,地区的大学也能完成此项任务,甚至完成得更好,因为各地可以根据具体

① United States Congress. Annals of Congress, Senate, 4th Congress, 2nd Session [Z]. Washington: Gales and Seaton, 1849: 1697 - 1705.

② United States Congress. Annals of Congress, Senate, 4th Congress, 2nd Session [Z]. Washington: Gales and Seaton, 1849: 1710.

情况自己设立大学并为之提供保障，而国立大学这方面并没有优势，在知识层面上没有所谓的“联邦质量”（federal quality），联邦资助对于知识的传播并无决定性的影响；最后，国立大学计划以及联邦地区行政长官的备忘录被质疑并不能充分代表民意，因为国会并没有看到任何民众的意见，现有的捐资只有华盛顿个人的而没有任何公共资金，而且没有民意支持，这本身就是一种不合理行为。此外，利文斯顿还有一个非常重要的意见，即如果同意了国立大学计划，一方面就像开了一道权力的口子，以后联邦政府所在地就可以循此计划获取更多的权力，这种权力过于集中的现象不能不让人担心；另一方面，该计划就像一根楔子嵌入国会的财政，今后国会一直要为之提供资金保障，这将是一个沉重的负担。①

从国会的整个辩论记录来看，双方在人数上几乎没有太大差别，但是反对者的意见明显占了上风，他们有力地回击了国立大学计划的主张者，而主张者对反对者的意见却没有做出有力的回应。麦迪逊也只能玩起文字游戏，他回应各位议员说，三人委员会的审议结果中的用词是“一所位于哥伦比亚特区的大学”，而各位议员所反对的是“国立大学”，两所大学并不是一回事，所以对这所“位于哥伦比亚特区的大学”的担忧是多余的。②

经过第一天的辩论，赞成计划的一方在反对方的质疑下感到力不从心，他们似乎也能预见到，如此下去，让国立大学计划在众议院通过几乎是无望的。于是，第二天辩论一开始，威廉·默里、威廉·克雷克、罗伯特·哈珀就改变了策略，将原先支持建立国立大学的意见转变为主张推迟这一计划的讨论和表决。他们再次重申了建立国立大学的种种理由，希望议员们着眼于未来，不要这么快就否决它，他们也希望将此计划进一步完善，争取更多人的支持，暂时搁置争议，延期表决对双方来说或许是一种折中的方式。于是，经过两天的辩论之后，众议院最终以 37 票对 36

---

① United States Congress. Annals of Congress, Senate, 4th Congress, 2nd Session [Z]. Washington: Gales and Seaton, 1849: 1699 - 1701, 1709 - 1710.

② United States Congress. Annals of Congress, Senate, 4th Congress, 2nd Session [Z]. Washington: Gales and Seaton, 1849: 1702.

票同意推迟表决国立大学计划。[①] 谁也没有想到，原本只想推迟几个星期，竟成了永久的搁置。这是美利坚合众国第一次就国立大学计划展开的辩论，也是最后一次，纵然以后还有类似的提案，但再也没有类似的国会辩论了。十多年不懈的努力就这样无果而终，国立大学最终与年轻的美利坚合众国失之交臂。

四、19 世纪初期的努力

尽管国会暂时放弃了国立大学计划，但是这个新生的国家对此并未完全失去兴趣。1806 年 3 月 4 日，刚从法国归来的外交官乔尔·巴洛(Joel Barlow)就通过参议员乔治·洛根(George Logan)向联邦参议院提交了一份呼吁在首都华盛顿建立一所大学的提案。提案呼吁道："国会应该支持和推动能够启迪人类心智，同时对国家的和平、幸福和繁荣至关重要的科学的发展。……在一个统治者由人民选举的国家里，不让人民生活在无知的深渊里是多么重要！"[②]参议院先后指定了一个三人委员会和一个五人委员会讨论该提案，但是两个委员会未对此提案做出任何进一步的考虑，参议院于 3 月 26 日拒绝了这份提案。国会仍旧不同意以国立大学的方式来推动科学文化的发展。同年 8 月 1 日以及 11 月 25、26 日，巴洛连续在《国家通讯者》(*The National Intelligencer*)上发表文章，将他的那份提案公之于众，后又推出了《国立大学计划书》(*Prospectus of a National University*)。在这份计划中，巴洛希望这所大学可以同时实现两种功能：增进科学知识(研究)和教育年轻人(教学)。其实早在 1800 年，巴洛还在法国的时候，他读到了华盛顿总统的遗嘱，从而逐渐对国立大学产生了兴趣。他写信给杰斐逊说美国人应该去实现华盛顿总统的愿望，即"建立一所具有比目前的任何机构都更加广泛和多样的实用性的大学"[③]。他在写给美国一位国会议员的信中表示，如果让他来领导这所大

---

① United States Congress. Annals of Congress, Senate, 4th Congress, 2nd Session [Z]. Washington: Gales and Seaton, 1849: 1711.

② Tolles F B. George Logan of Philadelphia[M]. New York: Oxford University Press, 1953: 271 - 272.

③ Woodress J. A Yankee's Odyssey: The Life of Joel Barlow[M]. Philadelphia: Lippincott, 1958: 240 - 241.

学,如有国会的适当支持的话,这所大学一定可以把美国转变成一座科学和文化之园。①

巴洛虽然跟华盛顿一样希望在联邦政府所在地,由国会资助建立一所国立大学,但是他们的不同在于,巴洛侧重于促进科学的实用知识,而华盛顿同时还强调该大学的政治功能,即培养国家公民,国立大学的政治功能在巴洛这里大大减弱了。尽管巴洛仍然认为道德和政治的研究也是该大学的重要内容之一,但他更加重视物理、化学、天文学、矿物学、植物学、农学、机械等学科,他还主张这些学科的教师应该主要是美国人,即便从国外聘请教授,他们的人数也不应该超过本国教授的人数,而且学校的校长和董事会均由美利坚合众国总统来任命。② 此外,巴洛还充分利用他在欧洲获得的经验,非常详细地介绍了当时的英国和法国是如何通过国家力量来支持科学研究和教育事业的。然而,不论是向国会呼吁还是向公众呼吁,都没有产生他所期待的效果,他精心思考与写就的《国立大学计划书》无人问津,他将此归咎于"绝大多数议员对这个国家的物质发展以外的事情冷漠"③。

1806 年 12 月 2 日,杰斐逊总统向国会发表国情咨文时也对国立大学之事做了呼吁。杰斐逊长期以来一直热衷于发展教育事业,但是在他的第一届总统任期内并未对教育投入很多精力,因为此时的美国仍处于战后恢复期,杰斐逊希望先清偿各种债务,繁荣国家的经济,再来考虑需要消耗财力的事。进入第二个任期的时候,国家经济形势已大为好转,他呼吁国会应该拨款用于"公共教育、河流、运河等可以促进公共福利的事业……通过这些事业,我们可以开启更多的连接各州之间的渠道,分裂的界线将会消失,各州的利益也会趋同并通过新的不可割裂的纽带紧密地联合在一起。而教育正是这些公共事务之一。当然,并不是说要把教育权从私人力量的手中夺过来……而是说,可以让一个公立的机构去发展

---

① Todd C B. Life and Letters of Joel Barlow[M]. New York and London: G. P. Putnam's Sons, 1886: 208 – 209.

② Barlow J. Prospectus of a National University, to Be Established in the United States[M]. Washington: Printed by Samuel H. Smith, 1806: 33 – 34.

③ Todd C B. Life and Letters of Joel Barlow[M]. New York and London: G. P. Putnam's Sons, 1886: 209.

那些有待完善并能为这个国家发展贡献力量的科学事业”。他认为,“现在是时候去考虑建立国立机构了,尤其是对于教育而言。如果国会同意此项提议,那么就应该考虑为其划拨一块土地”①。作为《权利法案》的坚定支持者,杰斐逊非常清楚宪法第十条修正案——“宪法未授予合众国、同时也未禁止各州行使的权力,将由各州或人民保留”——将是他这项提议的最大的法律障碍,于是他同时提议:“我认为有必要在各州同意的基础上为宪法增加一条修正案,因为当前所建议的这些事情并未在宪法中列出。”②

此前华盛顿、拉什、麦迪逊等人在追求国立大学的过程中并未考虑到合宪性问题,而且除了制宪会议外也没有在实践中为国立大学计划寻求一定的法律基础,杰斐逊则从这根本处着手。1806 年 12 月 5 日,参议院指定了一个委员会来考虑修宪以及为国立机构划拨土地事宜,但之后此事不了了之。一年之后,1807 年 12 月 10 日,杰斐逊在给巴洛的信中写道:“四十年的议会经验告诉我,你必须给他们时间去考虑你要走的每一步,如果走得太快,他们就会拒绝。……与教育相比,人们一般还是对河流和道路更感兴趣。”③不过也有研究者指出:“虽然杰斐逊对国立大学的兴趣是自发的,但是他从未像华盛顿那样全心全意地支持它。”④至 1808 年,杰斐逊也越来越感到为此事修改宪法是件不太可能的事了,国家财政似乎仅仅应该用于政府的最低开销以及偿还债务。虽然没有证据表明他放弃了为国立大学修宪的主张,但他此后确实未再进行类似的呼吁了。

1809 年,麦迪逊继任美国总统,他一直支持并参与国立大学一事,在担任总统的八年中,他先后三次向国会提议建立国立大学。第一次是在 1810 年 12 月 5 日的国情咨文中,麦迪逊呼吁在哥伦比亚特区建立一所由国家财政支持的学院:“这样一所学院……会产生普遍的有益影响。可以

---

① United States Congress. Annals of Congress, Senate, 9th Congress, 2nd Session [Z]. Washington: Gales and Seaton, 1849: 14 - 15.

② United States Congress. Annals of Congress, Senate, 9th Congress, 2nd Session [Z]. Washington: Gales and Seaton, 1849: 15.

③ Jefferson T. The Writings of Thomas Jefferson, Vol. XI [M]. Washington: The Thomas Jefferson Memorial Association, 1907: 401 - 402.

④ Madsen D L. The National University: Enduring Dream of the USA [M]. Detroit: Wayne State University Press, 1966: 46.

启蒙人们的思想,培养爱国主义精神……嫉妒和偏见的根源将会消除,国家的性格特征将会形成,社会也会更加和谐。"①随后国会就此议题指定了专门的委员会进行研究。该委员会认为建立这样一所机构是合适的,且没有违宪的问题,只是哥伦比亚特区内的土地价值不足以支持这样一所大学,而如果要寻求其他的资金来源就涉及合宪性的问题了。委员会的这一意见给这次努力画上了句号。因此,从根本上说,国立大学的合宪性问题仍然是实施这一计划最大的障碍。

第二次呼吁是在 1815 年 12 月 5 日的国情咨文中,国会要求总统拿出一份关于这所国立大学的完整计划,麦迪逊并未回应这个要求。1816 年 4 月 2 日,该提议被众议院否决。

第三次是在 1816 年 12 月 3 日,麦迪逊总统在最后一次国情咨文中,提及了国立大学一事,参议院未对此做出任何回应,而众议院指定的委员会于 12 月 11 日做了一个关于国立大学计划的长篇报告。报告认为建立国立大学的主要原因有五个:第一,国家经济的发展和财政状况的改善使得联邦政府有足够的财力在首都支持发展这样一所大学;第二,就委员会所知,国内对此计划几乎没有太多的反对意见;第三,人们都认识到科学和文化所带来的荣誉和声望不下于军事,所有荣耀中最持久的乃是崇高的理智;第四,该大学将有助于美国的文化在世界文化之林中获得一定的地位和声望,年轻的合众国应尽全力实现这一目标;第五,该大学有助于国家和国家性格的和谐发展,对于整个社会和人民都是非常有意义的。并且,委员会还为这所大学做了一个 20 万美元的基本财政预算。② 尽管委员会做了非常详细的准备工作,但是众议院仍然否决了这一提案。

随后的两位总统詹姆斯·门罗(James Monroe)和约翰·昆西·亚当斯也都在各自的第一次国情咨文中重提关于建立国立大学的主张,但是

---

① United States Congress. Annals of Congress, Senate, 11th Congress, 3rd Session [Z]. Washington: Gales and Seaton, 1849: 13 - 14.

② United States Congress. Annals of Congress, House, 14th Congress, 2nd Session [Z]. Washington: Gales and Seaton, 1849: 258 - 260. 预算的前提是,委员会假设这所大学的初步规模是1 位校长、6 位教授和160 名学生,具体来说:两栋校长和教授们的住所,共6 万美元;学生们所需的宿舍、餐厅、地窖等,共 7.5 万美元;教室与学校管理人员的公寓,共 4.5 万美元;其他硬件设施,2 万美元。

都未引起参众两院的注意。当门罗总统于 1819 年再次提请国会考虑国立大学的时候，一方面，杰斐逊的弗吉尼亚大学已经正式获得了州议会颁布的章程；另一方面，联邦最高法院阻止了新罕布什尔州对达特茅斯学院的干预，此时国会对国立大学的态度依然是消极的。也难怪亚当斯总统在 1825 年 12 月 6 日的国情咨文中提醒国会："如果华盛顿总统能够活到今天的话……他将会看到这片他寄予厚望并做出捐赠以有利于他的国家的土地上依然是空旷和贫瘠的。"①自本杰明·拉什 1786 年发表文章表达国立大学的理念以来，国立大学最终还是未能在美国实现，联邦政府始终与高等教育保持了必要的距离，它的自我定位仍然停留在赠地层面。

五、国立大学失败的原因及其历史意义

革命者们通过战争从英国统治者那里取得了独立和自由，创建了自己的国家，并精心设计了政治体制，过程虽然曲折艰辛，但都获得了成功。可是当他们尝试制订一个高等教育计划，为这个国家和政体塑造合格的国民的时候却失败了。历史学家戴维·W. 罗布森指出其主要原因包括：

第一，建国后各州政府先于联邦政府意欲建立州立大学，与高等教育建立密切的关系，但结果几乎都失败了，没有一个州建立起对一所大学的直接控制权。"州立大学是新国家里关心高等教育的人所采取的最激进、最鲁莽的措施"②，利益的多样性以及社会、政治、文化的差异使得州立大学无法建成，州立大学已然成为"激进"、"鲁莽"的政策，在这样的背景下建设国立大学又如何能成功？而且议员中担任大学董事会成员的不在少数，他们十分清楚州政府干预大学之困难，更何况是要联邦政府直接建立一所公立大学！因此，国立大学计划失败的原因首先还是在于中央政府对自身在高等教育中的定位并不明晰，也没有现成的经验可循。对于新建立的美利坚合众国来说，建立一所中央政府控制的国立大学在当时无疑是一项过于激进的措施。

---

① Richardson J D. ed. A Compilation of the Messages and Papers of the Presidents, 1789 - 1908, Vol. 2[C]. Washington: Bureau of National Literature and Art, 1909: 312.

② Robson D W. Educating Republicans: The College in the Era of the American Revolution, 1750 - 1800[M]. Westport: Greenwood Press, 1985: 240.

第二,"审慎授权"是美利坚合众国创建过程中一贯的精神。尤其是制宪会议以后,联邦政府和国会的权力大大增加,这引起了很多人的警觉。建立国立大学触碰到了"审慎授权"这根敏感的弦,制宪会议虽然没有反对国立大学一事,但也未给出明确的赞成意见,使得这一计划的法律地位一直处于模糊状态,就连国立大学的支持者、《权利法案》的起草者麦迪逊恐怕也未能意识到这一点。爱德华·利文斯顿议员在辩论中就担心国立大学将会成为一根嵌进权力缝隙的楔子,这种担心在当时的政治环境中不无道理。"授权给政府之时,应怀吝啬之心,对于拟议中的政府更应抠之又抠"①,这种政治精神导致不可能对一项尚不明确的国立大学计划打开权力之门。

第三,与警惕联邦权力扩张相对应的乃是当时"州权哲学"(state-rights philosophy)的流行,"一所国立大学太'联邦化'了,无法适合当时流行的地方主义者的观点"②。在 1787 年宪法制定以后,联邦依然是相对虚弱的,各州的权力仍然很强大,各州之间、各州的高等教育之间也存在着相互的竞争与冲突,在此背景下建立一所国立大学以整合全国的高等教育无疑是一件很困难的事,这也是为什么国立大学的主张者们出于一片好意却换来地方议员们的批评和指责的原因。

第四,从殖民地时期以来,北美高等教育形成的传统之一就是由教会创办、管理和控制,高等教育的目标也是宗教性的,要创办一所无宗教色彩的、服务于政府的、强调高等教育的政治性目标的国立大学,这对于传统的高等教育无疑是一个重大的冲击。"没有一个教派能指望控制这样一所国立大学,因而所有教派都会反对一所非宗教化的高等教育机构"③,各宗教教派成了反对国立大学计划的主要力量。就连著名的联邦主义者、耶鲁学院校长蒂莫西·德怀特都深切地感受到了这种危机,他告诫他的学生们,如果现在聘请一些欧洲人到美国一所国立大学中担任教

---

① 赫伯特·J. 斯托林. 反联邦党人赞成什么——宪法反对者的政治思想[M]. 汪庆华,译. 北京:北京大学出版社,2006:54.

② Brubacher J S & Rudy W. Higher Education in Transition: An American History, 1636 - 1956[M]. New York: Harper & Brothers, 1958: 218.

③ Jencks C & Riesman D. The Academic Revolution[M]. Chicago: The University of Chicago Press, 1977: 157.

学和管理职位的话,“他们肯定不会是基督徒……他们已经准备好过来了,他们将作为教师来到我们中间,我们会看到他们不仅以直接的方式,还以间接的手段冲击我们的宗教。……如果这些情绪在我们的首都蔓延,将是一件非常危险的事,因为这是非宗教的。一旦一所非宗教的国立大学建立,我们的安全如何保障？散播这些坏观点一定会影响我们整个国家”①。因此,这所无宗教色彩的国立大学是不会得到宗教力量和当时已有学院的支持的。不过,克里斯托弗·詹克斯(Christopher Jencks)和戴维·里斯曼(David Riesman)也看到了这种宗教力量的有限性,“这种宗教态度并没有阻止从宾夕法尼亚大学到革命后的南部和中西部地方性非宗教化学院的建立”,因此这表明阻止国立大学建立的决定性力量不是教派利益,而是地方利益,他们更偏爱地方性的高等教育机构,而这又是“州权哲学”的体现。②

第五,正如当时的众议院议长威廉·戴顿所指出的,当时的三人委员会、联邦政府所在地行政长官,乃至华盛顿总统,都是只说不做,缺乏实际的调查研究和细致的准备,因此对于这样一份细节尚不明确的计划不适宜做出任何决定。从拉什《告合众国人民书》到国会辩论的十年时间里,尽管对国立大学呼声不断,但没有谁真正为之做些实际工作,这也是反对者们认为这一计划无法真正代表民意的一个重要原因。

第六,国立大学的法律地位尤其是其合宪性问题一直未得到解决,这一计划一直存在法律上的障碍。拉什、华盛顿、巴洛等人根本没有注意到国立大学的法律地位问题,而麦迪逊在制宪会议上的努力也未能在宪法层面上明晰国立大学的地位,反而留下了一个模糊的表述。亚当斯总统在 1825 年的国情咨文中提醒国会不要忘记华盛顿总统关于国立大学的期望的时候,也只是采取了一种非常委婉的表述方式。这或许跟之前所召开的一次内阁会议有关,在那次会议上,亚当斯总统被告知由于有违宪

---

① Dwight T. ed. President Dwight's Decisions of Questions Discussed by the Senior Class in Yale College, in 1813 and 1814[M]. New York: Jonathan Leavitt, 1833: 228 - 229.

② Jencks C & Riesman D. The Academic Revolution[M]. Chicago: The University of Chicago Press, 1977: 157.

性的嫌疑,这所国立大学的设立几乎是无望的。[①] 关于国立大学合宪性的问题一直要到1899年才由一位芝加哥大学的政治学教授做出系统的阐述。[②]

此外,财政上的困难也是国立大学计划面临的一个不可忽视的现实障碍。独立战争之后,合众国百废待兴,但同时国库极度空虚、货币紊乱,还有大量的战争贷款需要偿还。1789年汉密尔顿任财政部长时,国家的金融和信用几近崩溃的边缘,此时让联邦政府出资资助现有学院乃至建立一所新的国立大学确实有欠考虑。计划中的国立大学唯一的资金基础就是华盛顿总统所捐赠的波托马克河航运公司的50股股票,包括麦迪逊在内的支持者面对反对者的质疑也找不到更多的资金支持,只寄希望于吸引更多的捐赠,这明显不是稳定的保证。当1828年波托马克河航运公司破产以后,这些股份变得一文不值,国立大学计划从此也失去了唯一的经济保障。

当然,关于国立大学的努力也不是白费的。

首先,从拉什、华盛顿等人的论述来看,计划中的国立大学的教学理念、课程安排都是重科学的,而非古典化、宗教化的,实用色彩浓厚,而且从拉什、巴洛等人的理念来看,这所所谓的国立大学更加注重科学研究的功能而不是传统的教学功能。这些设想与殖民地时期的学院模式有着很大的不同,之后的美国高等教育也的确是朝这一方向发展的,这一理念对于当时高等教育的变革有着间接的推动作用。19世纪初,美国很多学院和大学已经开始按照国立大学主张者的意见来改革学校,包括加强科学课程的学习,充实各种教学设备。正如拉瑟福德·德尔梅奇(Rutherford Delmage)所说:"美国文明的实用精神和对物质发展的强调不可认为仅是历史的偶然,它们更像是我们的职责使然。"[③]国立大学计划也像是建国一代试图完成的历史使命。尤其是到了19世纪后期,研究型大学逐渐崛

---

① Adams C F. ed. Memoirs of John Quincy Adams, Comprising Portions of His Diary from 1795 to 1848, Vol. 7[M]. Philadelphia: J. B. Lippincott Co., 1875: 62.

② 王慧敏. 建立一所"真正的大学"——美国研究型大学路径选择的国立大学运动(1869—1899)[J]. 高等教育研究,2013(11):90-100.

③ Delmage R E. The American Idea of Progress, 1750-1800[J]. Proceedings of the American Philosophical Society, 1947(4): 307-314.

起，国立大学的理念“已经通过约翰·霍普金斯大学在美国实现，技术教育也通过一整代人的努力获得了发展”①。

其次，在国立大学的主张中充斥着国家主义的元素。诺亚·韦伯斯特1788年在《美国杂志》(*The American Magazine*)上发表《美国年轻人的教育》一文。他在文末呼吁道：“同胞们，解放你们的思想，做独立的人吧。你们已经做了太久的孩童，屈从于傲慢的父母的控制和利益。你们现在需要扩大和保护自己的利益——通过自己的努力建设一个新的国家，通过自己的智慧和美德塑造同胞们的性格。为达到这些目的，有必要构建一个自由的政策框架，并将其建立在广泛的教育系统之上。”②因此，国立大学计划一方面是塑造国民的需要，另一方面也体现了美国在思想文化上独立于欧洲、摆脱欧洲束缚的追求。国立大学计划是美国人赢得政治独立以后进一步追求文化独立的表现，这种国家主义是美国建国之初高等教育发展和变革的重要动力之一。③

再次，计划的主张者和支持者的出发点及最终目的都是合众国及其人民的完美和幸福。这是基于对人类进步和完善的信念，也是当时整个社会的共识，国立大学计划只不过是其中一个不成功的方案而已。在社会变革时期，正是各种成功和不成功的方案共同促进了社会的进步，推动国立大学的建设也构成高等教育发展的动力之一。

不管如何，美国建国初期建立一所国立大学的努力终究没有成功，它证明了将高等教育与公民教育做一个简单的合并是不可行的，二者之间的调和还有待更多的摸索。④ 但论述美国高等教育史时无法回避这个未成功的计划，因为失败了的国立大学计划从根本上阻止了国家高等教育

---

① Howard L. The Connecticut Wits[M]. Chicago: University of Chicago Press, 1943: 329.

② Webster N. A Collection of Essays and Fugitive Writings on Moral, Historical, Political and Literary Subjects[M]. Boston: I. Thomas and E. T. Andrews, 1790: 36. 韦伯斯特在这里用“孩童”和“傲慢的父母”来比喻美国和欧洲在思想文化上的关系，他呼吁通过教育系统的努力来摆脱这种屈从关系。

③ 关于美国建国初期的国家主义与高等教育变革的关系可参见：亚当·R. 尼尔逊. 留学的可知风险(1780—1880)：国家主义、国际主义与美国大学的起源[J]. 北京大学教育评论，2010(3)：111－132.

④ Robson D W. Higher Education in the Emerging of American Republic, 1750－1800[D]. New Haven: Yale University, 1974: 293.

体系在美国的建立,最终“美国走向了一种巴尔干模式(Balkanized Pattern)的高等教育,这种分散的、多中心的德国模式看起来同样有序和统一”[①]。美国逐渐形成了一种以州为主导的教育体制而不是单一的国家教育体制。[②] 此后,联邦政府与高等教育最密切的关系不过是依循《1787 年西北土地法令》和《莫里尔法案》通过赠地和拨款的方式资助各州的学院与大学,高等教育中的政府角色更多的是由地方政府而不是联邦政府来代表。

美国建国初期的前六位总统都为建立国立大学向国会提交了提案,虽然结果未获通过,但要看到他们对高等教育、文化独立的不懈追求。虽然这些努力没有结成果实,但国立大学计划中的很多内容尤其是关于科学知识的教学与研究已经逐步在美国的学院和大学中得以实现。然而,此后很长一段时间内,国会中再没有出现过关于国立大学的提案,一直到南北战争以后,关于国立大学的话题才再次被提起,并在 19 世纪末兴起了一次讨论热潮。美国首任总统华盛顿一直到临终前依然保持着对国立大学的关注:“我对建立国立大学的关心与日俱增,但是国会在这方面并没有统一的意见,我希望在将来更加悠闲的时候再考虑这项长远的计划,看我是否能够采取一些实际的行动来促进这项计划的实施。”[③] 在遗嘱中,他再次强调这项计划(提及该大学的时候还以大写字母来强调:UNIVERSITY)以及他个人的股份捐赠。后来的国立大学主张者虽然都强调要尊重华盛顿总统的遗愿,但这个遗愿却只能成为一份永远不会实现的计划了。

---

① Jencks C & Riesman D. The Academic Revolution[M]. Chicago: The University of Chicago Press, 1977: 157.

② Rainsford G N. Congress and Higher Education in the Nineteenth Century[M]. Knoxville: The University of Tennessee Press, 1972: 27.

③ Washington G. The Writings of George Washington, from the Original Manuscript Sources, 1745 - 1799, Vol. 35[M]. Washington: Government Printing Office, 1940: 458.

第二节 早期州立大学的实践

一、西部第一所公立赠地大学：俄亥俄大学

当国立大学计划受到国会冷遇而逐渐走向失败的时候，邦联国会制定的《1787 年西北土地法令》却在高等教育领域结出了果实，1804 年正式从州政府获得办学许可的俄亥俄大学是第一所直接受益于该法案的大学。这样一所大学的酝酿是与西部土地政策形成的过程同步的，推动西部土地政策形成的主要人物鲁弗斯·帕特南和玛拿西·卡特勒也成为这所大学最主要的创办者。早在 1783 年，由纽伯格军官们提交的关于处理西部土地的计划中，帕特南就呼吁要在这片土地上建立公立的学校和学院，由此把教育与高等教育列入西部土地政策的议事日程当中，只是在次年的《1784 年土地法令》中这一建议被忽略了。直至 1785 年，教育才被明确写进土地法令中，此后帕特南也作为政府的土地测量员被派往西部进行土地勘测。而后他与卡特勒共同推动了俄亥俄公司的组建、《1787 年西北土地法令》的通过以及俄亥俄公司购地案。《1787 年西北土地法令》中关于教育的条款正是卡特勒写就添加进去的。两人的身份、政治上的影响力、在西部土地上的作为以及对公共教育事业的关心，为日后的俄亥俄大学奠定了坚实的基础。

尽管有了法律基础，“在俄亥俄大学变成现实之前仍然还有很多事情要做，哪怕不管土地测量、建筑房屋、与印第安人作战、耕种新土地、建立城镇、供养政府这些前期问题，俄亥俄公司的领导者们也要有时间和精力来计划这所大学才行”①。1789 年 5 月 16 日，帕特南和卡特勒向国会提议“聘请大学教师并为大学申请一份章程”，然而国会未予回应。1790 年 6 月 30 日，俄亥俄公司完成了一部分土地测量之后，希望兑现与国会的合同中创办大学的条款。1790 年 11 月 9 日，公司指定了一个委员会来负责此事。不料，当年年底就发生了与印第安人的战争。对于联邦来说，这

① Hoover T N. The History of Ohio University[M]. Athens: Ohio University Press, 1954: 12.

场战争进行得很不顺利,直至1794年才完全解除印第安人的威胁,而之前的委员会也因此没有对兴建大学一事采取任何进一步的行动。

1795年1月19日,俄亥俄公司再次指定一个委员会为大学选址。公司为委员会提供了充足的物资,还派了一队士兵保护他们的安全。当年秋天,委员会顺利完成了调查。12月16日,委员会召开会议并向公司汇报:"第14片土地上的八、九镇区是俄亥俄公司所购买的土地的最中心位置,而且可以确定那里的土地很肥沃。"于是全体一致通过决议:"按照与合众国财政委员会签订的合同,前面所提及的第14片土地上的八、九镇区应留作创办大学之用。"①俄亥俄公司随即向国会呼吁,希望国会能够提供法律支持,但国会仍然像六年前一样未予理睬。这是因为此时西部土地还是受国会直接管辖的,属于联邦土地,国会一旦满足了俄亥俄公司的要求,那么提议中的大学很可能会变成一所由国会授权建立的国立性质的大学。于是,帕特南决定不再等待国会的回应,直接着手大学所在镇区的移民和开发工作。

经过三年多的开拓,1799年2月3日,帕特南在给卡特勒的信中写道:"这两个大学镇区共占地46880英亩,幸运的是,我认为这两个镇区是我们购买的土地中最好的两块地了。……我认为,平均来看,这些土地上的固定租金每年最少可以为大学提供5529.6美元的收入。"帕特南认为,是时候采取实际措施来建立这所大学了。② 7月5日,卡特勒回信道:"我已经查阅了很多欧洲和美国的公立学院的章程,一般来说我们自己国家的公立学院的章程是最现代的,也最适合于当前的计划。但是,没有一个可以提供一份像我认为的那种能够成为这所大学章程的基础的自由而广泛的计划。大学章程应该仅是由一些基本原则构成,这些原则应尽可能简洁明了。"③8月7日,帕特南回信道:"我知道你对此(即大学章程)已经考虑了很久,因此我希望你不仅要了解章程的形式,还要准备其实质内

① Board of Trustees. ed. A Legal History of Ohio University[M]. Columbus: Cott & Hann, 1881: 28.

② Cutler W P & Cutler J P. ed. Life, Journals and Correspondence Rev. Manasseh Cutler, LL. D., Vol. 2[C]. Cincinnati: Robert Clarke, 1888: 18-20.

③ Cutler W P & Cutler J P. ed. Life, Journals and Correspondence of Rev. Manasseh Cutler, LL. D., Vol. 2[M]. Cincinnati: Robert Clarkelo, 1888: 21.

容。我希望你制定一份详细的章程，准备好了请尽快寄给我。”[①]此时整个俄亥俄地区拥有投票权的自由男性已超过5000人，随即建立了地方议会，帕特南就开始在地方议会中为两个镇区的大学用地以及筹建这所大学寻求政治支持，他的努力方向从国会转向了当地议会。1799年12月18日，地方议会终于以法律的形式肯定了1795年委员会的报告，并要求帕特南等四人对大学的建设进行进一步的考察，如学院的广场、公寓、花园等该如何规划和建设等。[②] 俄亥俄大学的创建终于迈出了最为关键的一步。

1800年6月30日，卡特勒把拟定的大学章程写信告诉了帕特南，他在章程开篇就阐明了自己的教育信念：“对年轻人进行自由教育对于科学和艺术的进步来说是本质要求，对于道德、宗教、和平、秩序以及社会的繁荣都非常重要，对于赞助它的政府来说也是一件非常荣耀的事。”[③]卡特勒甚至将这所大学命名为“美利坚大学”（American University）。卡特勒建议由包括正副校长在内的13名董事组成的董事会全权负责教育教学以及行政管理事务，董事会还有权租售和管理拨给该大学的两个镇区的土地并从中获取收益。他还希望地方议会在通过建立该大学的法案的时候就立即指定第一届董事会的成员，并要求其尽快召开会议。8月2日，帕特南回信表示完全赞同卡特勒的计划，虽然他坦承自己还没有制订任何建设学校的计划，但是他充满信心：“届时这些土地的租金足以建起大学的所有建筑，并担负起校长和导师的薪水，我想我们也不会缺少学生的。”[④]12月6日，俄亥俄地方议会通过了《批准在华盛顿郡建立雅典镇的法案》（*An Act of Confirming and Establishing the Town of Athens in the County of Washington*），正式批准了帕特南等人的建议，在大学所在地建

---

① Cutler W P & Cutler J P. ed. Life, Journals and Correspondence of Rev. Manasseh Cutler, LL. D., Vol. 2[M]. Cincinnati: Robert Clarke Co., 1888: 22.

② Board of Trustees. ed. A Legal History of Ohio University[M]. Columbus: Cott & Hann, 1881: 29.

③ Cutler W P & Cutler J P. ed. Life, Journals and Correspondence of Rev. Manasseh Cutler, LL. D., Vol. 2[C]. Cincinnati: Robert Clarke Co., 1888: 22.

④ Cutler W P & Cutler J P. ed. Life, Journals and Correspondence of Rev. Manasseh Cutler, LL. D., Vol. 2[C]. Cincinnati: Robert Clarke Co., 1888: 32.

立雅典镇,同意设立大学董事会并授予其对土地的规划和使用权。① 1802 年 1 月 9 日,俄亥俄加入联邦之前的最后一届地方议会通过了在卡特勒拟定的大学章程基础上形成的《在雅典镇建立一所大学的法案》(*Territorial Act Establishment a University in the Town of Athens*)。法案把大学的名称改为"美国西部大学"(American Western University),其目标是"教授年轻人有用的技艺和科学分支,以推进好的教育、美德、宗教和道义,并颁发类似机构所授予的学位和荣誉证书"②。法案把卡特勒关于董事会的组织、权力与职责全部以法律形式加以确定,并指定了帕特南等 11 人组成临时董事会,授权帕特南召集各成员举行第一次董事会议。1802 年 5 月 21 日,帕特南召集了第一次董事会议,不过当时各董事会成员以及地方政府正忙于另一件更重要的事务——为即将加入联邦的俄亥俄州起草一部宪法。1803 年 3 月 1 日,俄亥俄州正式加入联邦并成立了新的政府,这所新的大学需要在新的政府下继续完成自己的破茧之旅。

1804 年 2 月 18 日,俄亥俄州议会通过了《州议会在雅典镇建立一所大学的法案》(*An Act of the State Legislature Establishing a University in the Town of Athens*)作为该大学的章程。该法案几乎完全重复了 1802 年法案的内容,其中主要修改了三处:一是大学更名为"俄亥俄大学"(Ohio University);二是规定董事会成员数应在 12 至 17 之间,其中包括校长与俄亥俄州州长,并确定了第一届董事会名单;三是对拨给大学的两个镇区的土地的租售做了更明确的规定。③ 至此,俄亥俄大学正式成立,《1787 年西北土地法令》中关于高等教育的条款也终于第一次得到了落实,俄亥俄州政府自成立开始就明确了自己在高等教育中的角色。1804 年 6 月 5 日,包括州长在内的 7 名董事会成员召开了第一次董事会议,州长爱德华·蒂芬(Edward Tiffin)被选为董事会主席,达德利·伍德布里奇(Dudley Woodbridge)被选为秘书,会议主要内容是制订计划对两个镇区

---

① Board of Trustees. ed. A Legal History of Ohio University[M]. Columbus: Cott & Hann, 1881: 30.

② Board of Trustees. ed. A Legal History of Ohio University[M]. Columbus: Cott & Hann, 1881: 31.

③ Board of Trustees. ed. A Legal History of Ohio University[M]. Columbus: Cott & Hann, 1881: 39-46.

的土地进行测量和评估。1806 年 4 月 5 日，董事会做出决议："雅各布·林德利(Jacob Lindly)、鲁弗斯·帕特南、威廉·斯金纳(William Skinner)组成一个委员会，以日后的土地租金为信用保证，在雅典镇为学院建造一栋建筑。"当年 12 月，林德利的建设计划获得董事会批准，1807 年动工。1808 年，俄亥俄大学的第一座建筑，也是学院第一座大楼格林学院(College Green)终于落成。这是一栋双层两间的砖结构房屋，长约 10 米，宽约 7 米，共花费了 500 美元。这栋建筑完工之际，董事会命林德利、帕特南等制订一份开学计划。1808 年 10 月，大学正式开学，林德利是唯一的教师，学生也只有 3 名：约翰·珀金斯(John Perkins)、布鲁斯特·希格利(Brewster Higley)和约珥·阿博特(Joel Abbott)。①

俄亥俄大学刚开学时所教授的还只是大学预科课程，学生无须缴纳学费，只需每个季度交 2 美元的杂费。1810 年 5 月，在林德利的建议下，董事会将新泽西学院 1802 年的规章作为俄亥俄大学的规章。1820 年，全校也只有 14 名学生，一些学生甚至不满 12 岁，虽然董事会希望尽快开始正式的大学课程，但此时仍然无法实现。1814 年，俄亥俄大学唯一的教师兼校长林德利迎来了一位哈佛毕业生阿蒂马斯·索耶(Artemas Sawyer)作为他的助教。1815 年 5 月 3 日，董事会对两名学生托马斯·尤因(Thomas Ewing)和约翰·亨特(John Hunter)进行考试，最终第一次授予学生高等教育文凭证书。1817 年 5 月 13 日，约瑟夫·达纳(Joseph Dana)来到学校担任语言学教授，年薪 250 美元，俄亥俄大学逐步向一所真正的大学迈进。1819 年，俄亥俄大学正式开始全面教授高等教育课程，并确定了四个年级的大学课程学习计划，四年的大学学习全部以古典课程为主，并加入自然哲学、道德哲学、天文学、地理学、逻辑学、国家与自然法等，但没有宗教课程。

尽管 19 世纪 20 年代初的俄亥俄大学在资金、设备、生源、教员等方面仍然面临着很多亟待解决的问题，但它毕竟实现了建设一所真正的大学的理想，这不仅仅是帕特南、卡特勒等人的伟大成功，也是学校董事会和俄亥俄州政府的伟大成功。这所大学直接受益于合众国的西部土地政策，它也有力地推进了美国西部的开发，同时还开辟了美国高等教育发展

---

① Hoover T N. The History of Ohio University[M]. Athens: Ohio University Press, 1954: 25.

的一条崭新路径,成为美国公立大学发展史上重要的里程碑。它为整个西部乃至整个美国服务,它寄托了美国人对西部广阔空间的新期望。

二、东部州立大学的起步

殖民地时期的高等教育主要集中在东北部地区,且都是宗教色彩非常浓厚的教会学院。西部州立大学的发展可以说是联邦政府开发西部政策的一部分,完全得益于《1787 年西北土地法令》的相关规定。需要注意的是,当法令在国会通过的时候,西部还未建州,因此大学公立性质的确立先于地方政府的建立,这是由西部的特殊情形所决定的。但对于东部来说,地方政府自殖民地时期就一直存在,独立战争之后高等教育才逐渐成为政府的法定职责。

(一) 佐治亚大学

一直到 1733 年,佐治亚才成为英国在北美的最后一块殖民地,地处最南方,相对偏远,经济和文化相对其他殖民地也比较落后,殖民地时期并没有发展出自己的高等教育。1777 年,独立后的佐治亚州在它的州宪法中也未提及高等教育一事,更没有让政府来支持一个包括高等教育在内的公立教育体系的计划,政府似乎还没有意识到教育应该成为政治事务之一。独立战争结束后,佐治亚州破坏严重,仅有的几个市镇几乎完全毁于战火,很多人背井离乡逃往其他州,他们还带走了大量的奴隶,全州的人口锐减。直到战后的第八年,整个佐治亚州只有 8.2 万人,其最大的市镇到 1800 年也只有 1.3 万人。尽管如此,独立战争结束以后,佐治亚的很多乡绅开始觉得应该在本州内建立一所高等教育机构,其中主张最力者是来自康涅狄格州的亚伯拉罕·鲍德温(Abraham Baldwin)。

鲍德温生于 1754 年,1772 年毕业于耶鲁学院,随后又在耶鲁学习了三年,1775 年获得牧师资格并成为耶鲁的一名导师,但很快他就辞去了耶鲁的教职成为独立战争中大陆军的随军牧师,并开始潜心学习法律,还对政治产生了兴趣。1783 年,鲍德温来到佐治亚州,向他的耶鲁校友、州长莱曼·霍尔(Lyman Hall)建议,希望他能够劝说州议会承担起在本州内发展教育的职责。1784 年 2 月,在霍尔州长的推动下,州议会承认有责任推动本州内高等教育的发展,同时将佐治亚州东北部两个郡的 4 万英亩土地作为办学的资金来源,并为这片土地的使用指定了一个董事会,鲍德温位列其中。随后,鲍德温向母校耶鲁学院校长斯泰尔斯咨询办学的经验并收到一份耶鲁学院章程的副本,于是他开始为这所新的大学起草章程。

在章程中,鲍德温表明了办学的目的:"民主政府的幸福……依赖于适当地塑造其公民的心智与道德。……只有在公众的原则和观点得到适当的引导,公众的行为方式得到适当的管理的地方才能获得幸福。这是一种超越法律和惩罚的力量,只有通过宗教和教育才可以实现。……我们当下的幸福和美好的前景应该让我们感到有强烈的义务去塑造我们的年轻人——我们这片土地上冉冉上升的希望,使其服务于我们的国家并为此感到光荣。"①因此,创办这所大学是为了保证公众的幸福和新政府的延续,从本质上来说,这种表述与后来拉什呼吁的国立大学在目标的表述上并无二致。1785 年 1 月 27 日,佐治亚州议会顺利地通过了一份《关于在本州内更完满地建立一所公共文化机构的法案》(*An Act for the More Full and Complete Establishment of a Public Seat of Learning in This State*),正式赋予鲍德温所起草的大学章程以法律地位。章程对大学与政府之间的关系做了非常明确的规定:对本州内的文化事业的监督权属于州政府,由州长及其顾问委员会、议长和州高等法院首席大法官组成一个监事会负责,大学董事会要与监事会一起行使大学的最高权力;大学校长必须在州长面前宣誓忠诚,所有教职员都应该在校长面前宣誓忠诚;大学的所有师生和管理人员都免除兵役,大学所有的土地和财产都免除公共税收。②然而,开头是简单而迅速的,在政治上并没有遇到太多的障碍,随后的发展却是缓慢而艰难的。

州议会在通过佐治亚大学章程的同时也指定了一个董事会来筹办这所大学的具体事宜。1786 年 2 月 13 日,该董事会召开了第一次会议,鲍德温担任会议主席,会议的主要目的是规划政府划拨的土地并决定先出售 1000 英亩的土地。但是在此后的十二年里,董事会再也没有召开过会

---

① Hofstadter R & Smith W. ed. American Higher Education: A Documentary History, Vol. I[M]. Chicago: The University of Chicago Press, 1961:150 - 151.

② Watkins R G. ed. A Digest of the Laws of the State of Georgia from Its First Establishment as a British Province down to the Year 1798, Inclusive, and the Principal Acts of 1799[Z]. Philadelphia: R. Aitken, 1800: 299 - 302.

议讨论大学事宜,直至1798年7月5日,董事会才再次召开会议且原来的董事会成员中只有3人出席,会议的第二天又增加了3名新成员。这次会议上,财务主管向董事会汇报了当前学校的所有资金共约7500美元。1799年1月8日,董事会再次召开会议,只有3人出席,直到第十天,出席人数增加到7人才符合法定人数,此次会议并未讨论任何重要事项,也未达成任何重要的决议。半年以后,州长呼吁董事会再次召开会议,会议于11月正式举行,主要讨论大学选址问题和校长人选问题。一年以后,约西亚·梅格斯(Josiah Meigs)被任命为校长。梅格斯是耶鲁毕业生,先后担任过耶鲁学院的导师和数学教授,还从事过法律工作。跟当时大多数的美国学院的领导者不同,梅格斯不是一名牧师,而是一名科学家,对自然现象深感兴趣。① 他被任命为校长后在给友人的信中写道:"这里的人们非常忽视学术教育,甚至那些最明智、最有教养的人也如此。"②就这样,梅格斯开始了他筚路蓝缕的办学事业,其中最重要的是佐治亚大学的课程设计。

在梅格斯的课程安排中,一年级主要学习古典语言,包括古希腊、古罗马的经典作品,以及算术、簿记、演讲术等;二年级继续学习语言的同时,增加代数、地理、测量、几何等,注重这些学科的实践运用,还要学习现代语言尤其是英语;接下来的两年重点学习现代科学,注重实验和实用性;在结束学业之前,还要学习道德哲学、自然和国家法以及美利坚合众国与各州的宪法。③ 这个课程体系包括了很多科学和政治知识,学校各个学科的教材都要经过梅格斯的严格挑选,这在当时的美国高等教育中走在了前沿。梅格斯发现,很多一年级学生没有做好大学学习的准备,所以他又创办了一所与大学相衔接的文法学校。1801年正式开学后,佐治亚大学在梅格斯校长的领导下取得了较好的发展。1804年5月31日,佐治亚大学举行了第一次毕业典礼,为9名学生颁发了学位证书。至1806

① Dyer T G. The University of Georgia: A Bicentennial History, 1785 - 1985[M]. Athens: The University of Georgia Press, 1985: 12.

② Dyer T G. The University of Georgia: A Bicentennial History, 1785 - 1985[M]. Athens: The University of Georgia Press, 1985: 13.

③ Dyer T G. The University of Georgia: A Bicentennial History, 1785 - 1985[M]. Athens: The University of Georgia Press, 1985: 14 - 15.

年，佐治亚大学共有 70 名在校学生，文法学校也有 40 名学生。

但好景不长，从 1808 年开始，梅格斯校长开始因政治和宗教观点与董事会频繁发生冲突，紧接着，佐治亚大学经历了约十年的动荡期。由于管理层的冲突，文法学校和佐治亚大学的招生人数都大幅减少，董事会降低了校长和教员们的薪水，并加强对学生的纪律管理。梅格斯在 1810 年 8 月辞去校长职务，随后又在大学里担任了一年的数学教授，之后就彻底离开了这所他倾注了十年心血的大学。董事会并无办学的经验，在没有校长的情况下他们束手无策，1811 年甚至还短暂地关闭了大学，直至约翰・布朗（John Brown）校长的到来。不过新校长并没有改善大学的状况，糟糕的财政状况使得董事会不得不再次降低校长和教员们的薪水。1816 年，布朗校长和 3 位教员辞职。1817 年 1 月，董事会确定了新的校长——来自新泽西州的罗伯特・芬利（Robert Finley）。芬利在当年 6 月来到佐治亚大学，他如此描述他所接管的学校："这所大学只剩最后一口气了，它已经被公众遗忘、忽视或抛弃了，或者被认为只剩下失望了，所谓的建筑完全是一片废墟，董事会甚至怀疑它是否还能恢复过来。"①芬利校长到任后仅几个月就因病去世，董事会不得不开始寻找新的校长，可是在一年多的时间里董事会接连否定了三位校长人选，直到 1818 年 11 月才任命了新校长摩西・瓦德尔（Moses Waddel）。瓦德尔于 1819 年 6 月 15 日正式上任，在之前将近两年没有校长的时间里，佐治亚大学基本停止了教学活动，学生也仅剩下 7 名。

在瓦德尔校长的努力下，1821、1822 年州议会分别通过法案对佐治亚大学进行资助，1823 年佐治亚大学建起了一栋新的主楼。此外，大学还获得了 1815 年成立的佐治亚州立银行的 1000 股股票，加上继续租售土地，它的财政状况大为好转，1823 年的财政收入达 12764.78 美元，而支出仅 9950 美元。1824 年，佐治亚大学已经有 100 名学生。瓦德尔一直到 1829 年才辞去校长职务，这一年董事会再次要求州议会增加拨款，用途是：两个新的教授席位，包括现代语言和自然史；建造教授公寓、一座图书

① Hull A L. A Historical Sketch of the University of Georgia[M]. Atlanta: Foote & Davies Co., 1894: 30－31.

馆、一座教堂、一座矿物储藏间。[1] 瓦德尔为佐治亚大学从州政府那里争取了更多的公共资助，使学校走上了正常发展的道路。

（二）北卡罗来纳大学

与佐治亚大学相比，北卡罗来纳大学的创办更为顺利，整个创办过程中也更多地受到政府和社会的重视与支持。在殖民地时期，北美各殖民地并没有运用政府的力量通过法律来干预高等教育事业的传统，独立战争爆发后，大多数州的宪法并未提及教育一事，或者只是用一句简单的话提及而已，北卡罗来纳州则是少数例外之一。1776 年 12 月 18 日的北卡罗来纳州宪法明确规定，州政府应当承担起发展和资助本州内包括高等教育在内的公共教育事业的责任。北卡罗来纳州宪法第四十一条明确规定："为了更方便地教导年轻人，州议会应当建立一所或多所学校，教师的工资应由公共财政支付，这样可以使他们以低廉的收费进行教学；所有有用的知识也都应该适当地在一所或几所大学中得到鼓励和推进。"[2]

独立战争结束以后，北卡罗来纳州就开始努力将宪法的规定付诸实践。第一次努力来自罗恩郡（Rowan County）的威廉·夏普（William Sharpe）。1784 年 11 月 8 日，夏普向州议会众议院提交了一份要求建立一所"北卡罗来纳大学"（North Carolina University）的提案。夏普在提案中认为州政府有责任实践州宪法中的规定，应该立法对一所新的大学进行资助，并每年要抽取一部分公共税收用于该大学的建设和发展；大学校长和教授对学校的教学和管理负有全责，但同时要接受州政府的监督，所有教职员和管理人员在上任前都必须宣誓对政府忠诚。[3] 三天以后，该提案在众议院获得通过，随后提交到参议院。但是参议院只是宣读了这份提案，而未对此做出任何决议，并将其搁置到下一届会议。第一次的努力就这样不了了之。后来北卡罗来纳大学的主要推动者及其章程的起草

---

① Brooks R P. The University of Georgia: Under Sixteen Administrations, 1785 – 1955[M]. Athens: The University of Georgia Press, 1956: 21 – 23.

② Wilson L R & Lefler H T. ed. A Documentary History of the University of North Carolina, 1776 – 1799, Vol. I, 1776 – 1795[M]. Chapel Hill: The University of Carolina Press, 1953: 14.

③ Wilson L R & Lefler H T. ed. A Documentary History of the University of North Carolina, 1776 – 1799, Vol. I, 1776 – 1795[M]. Chapel Hill: The University of Carolina Press, 1953: 15 – 19.

者威廉·理查森·戴维(William Richardson Davie)认为这次失败主要是由于当时“苦恼的议员们面临着一大堆的提案而州财政却空空如也”①,这其实也是建国初期联邦政府和州政府在干预教育事务时面临的一个主要困难。

时隔整整五年之后,1789 年 11 月 12 日,威廉·理查森·戴维正式向众议院提交了建立北卡罗来纳大学(University of North Carolina)的提案,这次的提案立即就获得了通过,并于当天提交到了参议院。此后一个月的时间里,众议院又对提案进行了两次修改,直至 12 月 11 日,参议院第三次收到这份提案时终于予以通过,戴维的提案正式成为法律文件,北卡罗来纳大学也由此获得了州政府的办学章程。该章程开篇就肯定了政府在教育上的职责与义务,并规定了几个关于董事会和学校管理权方面的问题:第一,章程指定了大学的第一届董事会,并规定董事会的权力和职责,董事会可以在法律规定的范围内全权处理建校事宜和校内所有事务;第二,董事会要尽快召开第一次会议选举校长、秘书、财务主管,并安排下次会议的时间,董事会会议记录至少每六个月在州政府公报上刊登一次,且董事会有权在州法律规定的范围内聘任和解聘校长、教授和导师;第三,大学收到的捐赠要交由州司库保管,州司库每年要支付百分之六的利息;第四,图书馆和四栋学院大楼应该以四年内向大学捐赠最多的人的名字命名。② 总的来说,州议会对这所大学拥有最高的权威。12 月 18 日,学校 17 名董事会成员召开了第一次非正式会议,接受了来自本杰明·史密斯(Benjamin Smith)的 2 万英亩土地捐赠。12 月 21 日,州议会经过一周的讨论,通过了一份资助北卡罗来纳大学的法案,该法案再次明确了州政府对大学的资助方案,并明确规定免除大学的土地和其他财产的公共

① Wilson L R & Lefler H T. ed. A Documentary History of the University of North Carolina, 1776 - 1799, Vol. I, 1776 - 1795[M]. Chapel Hill: The University of Carolina Press, 1953: 21.

② Wilson L R & Lefler H T. ed. A Documentary History of the University of North Carolina, 1776 - 1799, Vol. I, 1776 - 1795[M]. Chapel Hill: The University of Carolina Press, 1953: 34 - 39.

税收。①

在州政府的关心、资助以及个人的慷慨捐赠下,北卡罗来纳大学开始了初步的建设。1790 年 11 月 15 日,董事会召开第一次正式会议,任命威廉·勒努瓦(William Lenoir)为临时校长。1792 年 11 月,在经过将近一年的考察之后,董事会决定把大学建在奥伦奇郡的查布尔希尔,当地的居民不仅向大学捐赠了 1290 英亩的土地,还捐赠了 768 英镑的现金。1793 年 10 月 12 日,北卡罗来纳大学的第一栋建筑奠基。同年 12 月 12 日,董事会指定了一个委员会负责大学的开学以及课程安排事宜。1794 年 1 月 10 日,州议会同意了委员会关于课程安排的汇报。在这份报告中,委员会预计 1795 年 1 月 15 日可以正式开学,但是董事会和州政府对此都未抱乐观态度,这份报告也未向公众公布。果然,大学在预定的开学日并未迎来一个学生。18 岁的辛顿·詹姆斯(Hinton James)在经过 150 英里的长途跋涉之后,终于在 1795 年 2 月 12 日抵达北卡罗来纳大学,成为这所新大学的第一名学生。

1795 年 7 月 15 日,第一个学期结束,此时的北卡罗来纳大学已经有 41 名学生,不过教员还只有人文教授戴维·克尔(Davie Ker)和数学导师查尔斯·威尔森·哈里斯(Charles Wilson Harris)两个人。建校之初的北卡罗来纳大学不设校长,克尔担任学校的首席教授(presiding professor)并代行管理之责,每年的工资是 300 美元加上三分之二的学费;哈里斯的工资则是 200 美元加上三分之一的学费。当年 12 月,威廉·理查森·戴维又给北卡罗来纳大学制订了一份教育计划,计划分两部分:第一,在预备学校中,学生先学习英语的语法、阅读和书写,然后学习古典语言;第二,北卡罗来纳大学设五个教授席位:道德和政治哲学及历史学,自然哲学、天文学和地理学,数学,化学和医学哲学、农业和机械技术,语言学。戴维还对每门学科要学习的主要内容做了更进一步的说明。②

---

① Wilson L R & Lefler H T. ed. A Documentary History of the University of North Carolina, 1776 – 1799, Vol. I, 1776 – 1795[M]. Chapel Hill: The University of Carolina Press, 1953: 45 – 46.

② Battle K P. History of the University of Carolina, from Its Beginning to the Death of President Swain, 1789 – 1868, Vol. I[M]. Raleigh: Edwards & Broughton Printing Company, 1907: 94 – 95.

1798 年 7 月 4 日，学校举行了第一次毕业典礼，学生们在经历了六天的考试之后终于获得了毕业证书。在毕业典礼上，师生们希望能有一场戏剧表演，但是威廉·理查森·戴维表示坚决反对："戏剧并不能像个人演讲那样有利于提高演讲技术。如果教员们坚持这种表演的话，董事会必须予以干涉。我们的目标是把学生们培养成为真正的人，而不是演员。"①不过，接下来的两年里，董事会由于不合理的管理与学生频发冲突，甚至开除了 3 名学生，因此有很多学生选择退学或离开北卡罗来纳大学，以至于 1799 年只有 9 名学生毕业，1800 年更是只有 3 名毕业生。这种情况持续了好几年，直到 1804 年约瑟夫·考德威尔（Joseph Caldwell）被选为北卡罗来纳大学首任校长之后才逐渐得以改观。考德威尔任校长的第二年，全校学生数就增加到了 70 名，1808 年的毕业生也达到了 13 名。

威廉·理查森·戴维所列的教育计划基本得到贯彻执行，在 1818 年由学校校长确定的课程体系中，头两年主要学习古典语言，即希腊语和拉丁语，还有英语和数学，后两年主要学习高等数学、英语文学、自然哲学、道德哲学、形而上学、现代科学等。在学校 1825 年的一份课程目录中可以看到，学生在第一年主要学习古希腊、古罗马作品以及英语语法；第二年继续学习古典作品，但比重降低，另加入了几何学、修辞学、现代地理等；第三年主要学习高等数学，还有少量的古典学和哲学；第四年主要学习化学、矿物学、地质学、道德哲学、逻辑学、政治经济学等。② 这个课程体系已经完全排除了宗教内容，把重点放在科学学科，这与当年开学的弗吉尼亚大学的课程设置几乎是相同的，也正是在这个意义上，它们都成为早期州立大学的代表。公立大学的建立和发展使得州政府的高等教育意识逐渐觉醒，州政府对于这些新大学都采取了积极的态度，并在实际上保留了对高等教育的最高权威。而大学的课程设置也体现了当时高等教育发展的总趋势——大学教育必须契合时代发展的需要，在培养优秀的专

① Battle K P. History of the University of Carolina, from Its Beginning to the Death of President Swain, 1789 – 1868, Vol. I[M]. Raleigh: Edwards & Broughton Printing Company, 1907: 154.

② MacKinney L C, Adams N B & Russell H K. A State University Surveys the Humanities[M]. Chapel Hill: The University of North Carolina Press, 1945: 15 – 16.

业人才的同时也要造就合格的公民。在这个过程中,政府探索出了一些干预高等教育的经验,可以说这在一定程度上弥补了国立大学计划失败的遗憾。

第三节 国家教育体系设计中的高等教育

一、政府控制与科学原则:国家教育体系的必要性

正当联邦政府和州政府都相继采取切实的行动谋求建立公立高等教育的时候,关于建立国家教育体系的理论探索和系统思考也在进行中,其中既有专业的文化工作者和教育者的思考,也有议员、法官、州长这些政界人士的讨论,还有报刊专栏作家的呼吁。他们所探讨的不仅仅是高等教育,而是从整个宏观的层面构建一个完整的国家教育体系,从理论方面为“国家的”教育提供借鉴。

(一) 教育对于新国家之重要性

诺亚·韦伯斯特在坚决反对海外留学的同时,还着力探讨了教育与国民性(nationality)形成的必然联系。韦伯斯特和拉什一样,很敏锐地意识到了独立战争的结束并不意味着美国革命的结束,国家的真正形成与教育是密不可分的,他认为国家主义和国民性并不是一成不变的,是可塑造的。独立后的国家崇尚一种松散的自由放任主义和个人主义,杰斐逊认为共和国的精神就在于此,因而坚决主张在联邦宪法中加入《权利法案》,而韦伯斯特对此却持不同的态度。1787 年 12 月,他在对宾夕法尼亚州议会异议人士的讲话中就明确表示反对《权利法案》中完全禁止国会干涉个人自由的条款。[①] 他认为,“在一个民主政府下,每一个人都应该使其自身服从于公共声音或者多数意见,同时整个社会要保护每个个体。在这样一个政府下,每一个人才是自由和安全的”;在一个公民社会

① Webster N. A Collection of Essays and Fugitive Writings on Moral, Historical, Political and Literary Subjects[M]. Boston: I. Thomas and E. T. Andrews, 1790: 149.

中,“政治自由在于满足社会中的大多数”①。在韦伯斯特的政治哲学中,个人的自由和幸福有赖于整个国家和社会所提供的保护,而不是在国家和个体之间画上不可逾越的鸿沟,国家应该对每个个体负责,而个体“作为一个公民隶属于美利坚合众国,应该将国家利益置于第一位”②。因此,国家就应该在宏观上为所有民众塑造一种国民性格以达到这一目标。然而,美国虽然已经是一个独立的国家,但是“公民政府的体制还未稳固地建立,我们的国家性格还未形成”,必须建立一个国家教育系统,在传播科学知识的同时向年轻人灌输美德和自由的原则。③ 在韦伯斯特看来,国家教育体系乃是共和国的黏合剂,是美利坚合众国之所以可以存续的根本所在。这个教育体系的任务不仅仅是传授知识,还要塑造国民性,即形成属于新国家的特定的生活方式。拉什也认为,这种全国性的教育体系要培养一种消除偏见的爱国主义,“通过形成一个普遍和更加严格的教育体系,使我们的民众更加和谐相处”④。他甚至直截了当地将这种教育体系称为“共和国的机器”。《特拉华公报》(*Delaware Gazette*)的专栏作者罗伯特·克拉姆(Robert Coram)干脆把普遍设立学校的计划确定为《政治质询》(*Political Inquiries*),一方面是探索更合适的教育模式,另一方面也是对政府失职的不满。他认为从初等教育到高等教育都应该是政府的职责范围,“孩子的教育应该在每个州的宪法中得到规定……政府应该保证本州内每个孩子、每个阶层的公民都能接受教育……在一个走向文明的社会中,只有一部分人进入学院和大学学习真是一件令人羞耻的事情”⑤。政府必须控制和管理教育事业以保证受教育权的平等,这有助于实现整个社会的幸福。在新国家建立之前,北美人民所生活的地方只

---

① Webster N. An Examination into the Leading Principles of the Federal Constitution Proposed by the Late Convention Held at Philadelphia[M]. Philadelphia: Richard and Hall, 1787: 40 – 41.

② Webster N. Sketches of American Policy[C]. Hartford: Hudson and Goodwin, 1785: 48.

③ Webster N. A Collection of Essays and Fugitive Writings on Moral, Historical, Political and Literary Subjects[M]. Boston: I. Thomas and E. T. Andrews, 1790: 3.

④ Rush B. Essays: Literary, Moral and Philosophical[M]. Philadelphia: Thomas and William Bradford, 1806: 7 – 8.

⑤ Coram R. Political Inquiries, to Which Is Added, a Plan for the General Establishment of Schools throughout the United States[M]. Wilmington: Andrews and Brynberg, 1791: 56 – 57.

是殖民地而非一个国家，他们没有一种国家的归属感，也没有这种必要性。独立之后，这种必要性成为时代的急切需要，统一的国家教育体系成为促进爱国主义和养成国家认同感的唯一重要手段，因为“它可以导向最宽泛的公民理念”①。

（二）教育与民主政府

这个新国家与当时欧洲任何一个国家都不同，因为这是一个民主国家。邦联体制的脆弱性促使国父们重新思考新的国家体制，于是有了新宪法的诞生。与此同时，也有一些人在考虑更加根本的阻止分裂的力量——教育。马萨诸塞州司法部长詹姆斯·苏利文（James Sullivan）对美国当时所面临的内外情势表示非常担忧②，并认为所有混乱和危机的根源在于公民不了解他们在一个民主政府下的职责与义务。

首先，生活于新国家之内的人民必须接受必要的民主启蒙，进而了解这个新国家的原则。正如佛蒙特州最高联邦法官纳撒尼尔·奇普曼（Nathaniel Chipman）所指出的那样，“在一个民主国家中，需要使公众的情绪更加理性，并对政府进行更加有力的监督。……没有什么知识比那些能够使他们以适当的方式管理——至少是判断——他们自身利益和公众利益的知识更加重要的了”，而独立之后社会中弥漫的过分的个人主义已经威胁到了公民的自由与幸福，这是教育事业的失败，同时也只能通过教育来扭转局面。奇普曼接着指出：“为达此目的，普通学校和公立学院都应该是值得立法部门注意的一个重要问题。”③公民对国家的热爱和忠诚应该是以对国家政治原则的理解为基础的，而这种理解在私立学校和教会学校中都无法达成，相对来说它们所教授的都是一些狭隘的观念，唯有公立的教育体系才是可靠的选择。国家教育体系将为公民自由地思考和行动以及追求未来的幸福奠定基石，并使公民在自由的原则下明白秩序和服从的重要性。“教育是必要的，它可以使民众了解对于政府的义务

① Hansen A O. Liberalism and American Education in the Eighteenth Century[M]. New York: The Macmillan Company, 1926: 104.

② Sullivan J. Observations upon the Government of the United States of America[M]. Boston: Samuel Hall, 1791: 29.

③ Chipman N. Sketches of the Principles of Government[M]. Rutland: The Press of J. Lyon, 1793: 152.

所在”①。

其次,平等乃是民主政府的题中之意,独立战争爆发的导火索就是对平等代表权的追求,而教育权的平等正是建立在民主政府的这种平等原则之上的。就当时的美国而言,学校的分布以及学校的教学条件和水平都严重不平衡,国家性的教育体系可以纠正这种不平等的教育机会,为所有人提供相同水平的教育。罗伯特·克拉姆认为:“美国应该提供最平等的机会,为人们提供最激励人心的成功前景……只有一种方式可以达到这一重要的目标,那就是由政府来办教育。这是拯救我们政治事业的基石!”②教育平等权,一个重要的方面就是女性的教育权,而且她们所接受的教育水平还将直接影响子女的成长。在新政府下,女性同样拥有国家公民的身份。而过去的私立教育体制几乎完全忽视了女性的教育,这必须通过公立的教育体系来纠正。本杰明·拉什较早地注意到了这个问题,他认为,在民主国家的教育体系中必须为女性保留一定的位置,“她们必须接受跟男性一样的教育……她们不仅应该接受普通的女性课程教育,同时还要被教导自由和政府的原则以及爱国主义的职责”③。

再次,必须也只有通过政府才能为这样一个宏伟的教育体系提供强大的公共税收支持。教育事务是政府的职能,政府应该为此设立普遍的资助,这是建立一个国家教育体系的必要前提,也是日后争取建立公立高等教育机构过程中的一个核心内容,尤其是对于财政状况欠佳的建国初期来说。

(三) 教育与国家发展

建立国家教育体系的必要性不仅在于抽象的民主原则,也是为了国家发展的实际需要。“我们建立了一个新的国家,我们的首要事务就是要开发和运用它的资源”④,这就必须鼓励人们学习实用科学知识。詹姆

---

① Coram R. Political Inquiries, to Which Is Added, a Plan for the General Establishment of Schools throughout the United States[M]. Wilmington: Andrews and Brynberg, 1791: 56 – 57.

② Coram R. Political Inquiries, to Which Is Added, a Plan for the General Establishment of Schools throughout the United States[M]. Wilmington: Andrews and Brynberg, 1791: 79.

③ Rush B. Essays: Literary, Moral and Philosophical[M]. Philadelphia: Thomas and William Bradford, 1806: 19.

④ Rush B. Essays: Literary, Moral and Philosophical[M]. Philadelphia: Thomas and William Bradford, 1806: 39.

斯·苏利文就明确地指出,国家繁荣和人民幸福包括很多因素,政治原则只是其中之一,国家要获得真正的进步,“所有的人类事业都要发展到完美之境”,而在目前这个非常落后的国家中又很少有人能以科学知识为公众服务。① 在一个国家性的教育体系中,科学知识必须占主导地位,只有这样,教育才能切实促进个人和社会的发展。拉什所设想的课程体系就具有功利特征(utilitarian character),如自然史、地理学、现代语言、道德哲学、各种现代科学等,甚至要加入历史课以陶冶学生的爱国情操。这种科学课程在教授实用的科学知识的同时,还有助于年轻人养成一种科学的态度,能教会人独立思考,让人更加理性,使每个人都能用科学的方法处理各种事务,而不是盲目行事。从根本上说,这也是个人在民主制度下的一种义务。

在传统教育体系中,古典和宗教知识占有绝对的优势地位,这一方面使得教育界对实用的科学知识抱有一种偏见,另一方面也使得这种教育永远是少数人的权利而无法惠及大众。因此,公立教育的呼吁者们几乎都强烈反对在新国家的教育体系中教授古典和宗教知识。拉什更是直截了当地指出:“古希腊语和拉丁语的学习与美利坚合众国社会和政府的现状是不符的。”②他们提出,只有重新建立一个符合现状、推进实用知识的国家教育体系,才能实现教育的真正变革,为国家发展奠定永续的基础。

(四) 高等教育之设想

在这些关于国家教育体系的计划中,很少有人为高等教育留下专门的篇幅,但是这个体系不可能缺少高等教育,甚至可以说,国立高等教育乃是国家教育体系的顶点。政府控制和资助教育以及科学实用的原则在从学前教育到高等教育的整个过程中应该是一以贯之的,公立高等教育最基本的应该是由州立大学和国立大学构成,其中州立大学在此时已经有了一些实践,本杰明·拉什也专门提出过国立大学的构想并为之奔走呼号。州立大学实践和国立大学计划几乎都遵照了国家教育体系的基本

---

① Sullivan J. Thoughts upon the Political Situation of the United States of America [M]. Worcester: Isaiah Thomas, 1788: 155.

② Rush B. Essays: Literary, Moral and Philosophical [M]. Philadelphia: Thomas and William Bradford, 1806: 25.

原则:服务政治,科学实用,入学平等,世俗免费。

此外还需注意的是,公立高等教育的建立在推动国家发展的同时,也推动了整个高等教育领域的变革,加强了实用知识的学习。在过去,学院的宗教性和古典特质使得高等教育只能为少数的社会上层人士服务,普通民众因此对学院有种偏见,而公立高等教育将会改变这种偏见,因为“它将增加学院的入学人数,从而拓展教育带来的收益”。“卓越的知识对每个人的意义都是显而易见的,因为它可以不断地被用于生活,特别是明智而公正的政府的安全与秩序。”①

二、适合合众国的教育体系:美国哲学协会教育征文

美国哲学协会(The American Philosophical Society)是由本杰明·富兰克林于1743年在费城建立的学术组织,旨在通过学术研究和交流促进科学和人文领域中“有用知识”的增长,它的会员包括北美及欧洲的很多知识精英。它是美国现存最早的学术团体,并且在很长一段时间内代表了美国学术研究的最高水平。该协会经常面向社会设立一些奖项以鼓励更多的人在知识领域做出勇敢的探索和更大的贡献,如1786年设立的“麦哲伦奖”(Magellanic Premium)是奖励在航海、天文和自然哲学方面的突出贡献,还有文化史方面的“雅克·巴尔赞奖”(Jacques Barzun Prize)等。1795年,协会再次发出有奖征文活动,这次的主题是“适合美利坚合众国政府精神的最佳自由教育教学体系,同时还包括以最广泛的实用原则在本国建立和管理公立学校”,奖金为100美元。协会于两年后评选出了两位获奖者:塞缪尔·诺克斯(Samuel Knox)和塞缪尔·哈里森·史密斯(Samuel Harrison Smith)。

(一)政治性与人文性并列:塞缪尔·诺克斯的计划

诺克斯于1756年生于爱尔兰,1786年携妻子儿女来到美国的马里兰州,三年后又返回苏格兰的格拉斯哥大学(University of Glasgow)学习并获得硕士学位,后来一直在马里兰州的弗里德里克中等学校担任校长。他的获奖论文是《论最适合美利坚合众国政府精神的自由教育体系》(*An*

① Rush B. Essays: Literary, Moral and Philosophical[M]. Philadelphia: Thomas and William Bradford, 1806: 43-44.

Essay on the Best System of Liberal Education, Adapted to the Genius of the Government of the United States)。由题目可以看出他主要从两个方面来设计国家教育体系,一是人文性的自由教育,二是政治性的国家教育,他认为美国最需要的国家教育体系应该包含这两个最基本的因素。

诺克斯在论文获奖之后,就论文的主题向马里兰州议会发表了一篇演说。

首先,他强调教育是政府的一项基本职能,政府乃是传播知识和促进科学进步最有效的力量,教育应该成为一个民主政府最主要和最关心的话题。"由于我们的政府在其性质、宪法、理论和实践上都要优于那些奴役肉体和思想的政府体制,因此在联邦的每一处都应该采取和支持最有利于传播和发展知识的措施。"①这种由政府推动的教育应该有两个方面的目标,即人类心智的改进和社会幸福的达成。在诺克斯看来,所谓的教育就是"通过科学知识教育训练人类的心智进而扩展和促进知识本身的发展"②,教育的目的是实用的,是为实际生活做准备的。社会的幸福基于每一个人生活的改善,所以不能根据阶级的差别建立不同的教育体系。

其次,诺克斯批评了私立教育的弊端,倡导公立教育的必要性。私立教育的力量有限、目的狭隘,只为少数人服务,无法在全国范围内提供平等的教育机会,不平等的教育机会进一步造成了社会和国家的分裂。同时,私立教育中弥漫着不良风气,浸染于其中的学生有着腐化堕落的危险。而公共教育在政府的严格管理和监督下能够避免这些问题,它通过平等的机会发掘每一个人的天赋和优点,并使个人满足社会的多种需求。对于公众来说,"他们的利益、性格、自由和幸福都依赖于他们孩子所接受的教育状况……我们会发现没有什么比一个公共教育系统更能激发人们的爱国热情和更值得受到资助的了"③。

---

① Knox S. An Essay on the Best System of Liberal Education, Adapted to the Genius of the Government of the United States[M]. Baltimore: Warner & Hanna, 1799: 6 - 8.

② Knox S. An Essay on the Best System of Liberal Education, Adapted to the Genius of the Government of the United States[M]. Baltimore: Warner & Hanna, 1799: 49.

③ Knox S. An Essay on the Best System of Liberal Education, Adapted to the Genius of the Government of the United States[M]. Baltimore: Warner & Hanna, 1799: 60.

再次，对于初中等学校来说，一方面要为现实生活做准备，另一方面要为升入高等学校做准备。在高等教育阶段，诺克斯设计了州立学院和国立大学。州立学院是各州最高的教育机构，也是在美国实现高等教育机会平等的关键环节，它们必须受州政府文化委员会(Literary Board)的直接控制。学生的基本入学条件有三个：接受完整的初中等教育，通过统一的公共考试，年龄须在 15 至 18 岁之间。① 确切地说，州立学院对入学资格的要求并不严格，重要的是，通过学院的统一入学考试，州政府为私立的初中等学校设立了某种标准，进而实现了对私立学校的管理。国立大学将成为整个国家教育体系的最高点，由联邦政府设立一个教育委员会对其行使管理权，每一个州在委员会中都有 1 至 2 名代表。② 这种类似于联邦参议院的管理机构使得国立大学将具有政府部门的色彩，它必须反映国家的利益和公众的意见。

此外，从初等教育到高等教育的每一级学校使用的教材应该是统一的，教师的聘用应该有统一的标准并接受统一的监督，政府对于相同级别学校的资助也应该是相同的。“从初等学校到大学，尽管有着不同的情况和不同的部门，但它们构成了同一个体系，对它们的资助和鼓励应该一视同仁。”③诺克斯对他所设想的国家教育体系抱有很大的希望，“一旦这样一个国家教育体系成功建立，所有不完美的现状都会得到纠正，同时还会带来很多特殊的好处”④，国家的努力最终会为整个社会带来幸福。

（二）美德与智慧结合：塞缪尔·哈里森·史密斯的教育论

史密斯在论文获奖时年仅 25 岁，是所有应征者当中年纪最小的。他 15 岁就毕业于宾夕法尼亚大学，后来一直从事新闻出版行业。他在论文《教育论：关于美德与知识紧密关系的阐述》(*Remarks on Education: Illustrating the Close Connection between Virtue and Wisdom*)中指出，一种新

---

① Knox S. An Essay on the Best System of Liberal Education, Adapted to the Genius of the Government of the United States[M]. Baltimore: Warner & Hanna, 1799: 138 – 139.

② Knox S. An Essay on the Best System of Liberal Education, Adapted to the Genius of the Government of the United States[M]. Baltimore: Warner & Hanna, 1799: 85.

③ Knox S. An Essay on the Best System of Liberal Education, Adapted to the Genius of the Government of the United States[M]. Baltimore: Warner & Hanna, 1799: 82.

④ Knox S. An Essay on the Best System of Liberal Education, Adapted to the Genius of the Government of the United States[M]. Baltimore: Warner & Hanna, 1799: 70 – 72.

的社会生活方式需要一种新的社会控制模式，达到此目的的最佳途径就是建立一个全面而普遍的教育体系，而其关键点在于“美德”和“智慧”的重新塑造。① 史密斯首先认为，要为这种新教育赋予新的品质，即公正性与普遍性，借此打破国家之间、阶层之间以及人与人之间的隔阂、偏见与不信任，从而实现促进人类最大进步的理想。② 因此他的着眼点在于全人类而不仅仅是美利坚合众国，这也使得他的国家主义不显得那么狭隘，教育的目的也更加宽泛，与同时期其他人的表述有明显不同，他认为要养成一种看待现状的科学态度以及对人类发展的历史性认识。③

对于史密斯来说，什么是美德呢？他认为美德和智慧从来都没有确切的定义，不同的人所面临的情况不同，特定的定义是没有意义的。因此，他认为每个人的美德就是做他自己。从某种程度上来说，美德和本能(instinct)是同义的，但不管怎么定义，可以确定的是，美德是达到真正幸福的唯一路径。④ 他认为，要把人类的心智提升到超越个人感情和狂热的情绪之上。⑤ 这与拉什、韦伯斯特、诺克斯等人的观点很不同，史密斯追求的是更广泛的人道主义精神。对他来说，“爱国主义应该成为一种稳定的理性原则”，我们不应该陷入一种盲目的骄傲之中，“对国家的热爱激励我们把其他国家中的每一项进步都引入我们的体系中来”。⑥ 因此，史密斯认为教育应该是一种生长和进步的力量，“要以一种强烈的进步性激励人们的心智”⑦。在这一点上，史密斯与其他人取得了一致意见。所

① Hansen A O. Liberalism and American Education in the Eighteenth Century[M]. New York: The Macmillan Company, 1926: 139 – 140.

② Smith S H. Remarks on Education: Illustrating the Close Connection between Virtue and Wisdom[M]. Philadelphia: John Ormrod, 1798: 9.

③ Hansen A O. Liberalism and American Education in the Eighteenth Century[M]. New York: The Macmillan Company, 1926: 149 – 151.

④ Smith S H. Remarks on Education: Illustrating the Close Connection between Virtue and Wisdom[M]. Philadelphia: John Ormrod, 1798: 12, 19.

⑤ Smith S H. Remarks on Education: Illustrating the Close Connection between Virtue and Wisdom[M]. Philadelphia: John Ormrod, 1798: 19.

⑥ Smith S H. Remarks on Education: Illustrating the Close Connection between Virtue and Wisdom[M]. Philadelphia: John Ormrod, 1798: 25.

⑦ Smith S H. Remarks on Education: Illustrating the Close Connection between Virtue and Wisdom[M]. Philadelphia: John Ormrod, 1798: 47.

谓的“智慧”就是要拥有科学知识，通过教育获得推进国家发展和社会幸福的能力。[1] 史密斯正是通过这种方式，把美德和智慧联系了起来。

尽管史密斯的国家主义色彩没有那么浓厚，但是他依然认为公立教育是实现目标的最佳途径，而且公立教育要从孩子出生时就开始，而不是等到入学时。史密斯甚至在文章的附录中直截了当地指出：“应该提醒父母们，他们的孩子属于政府，在孩子的教育方面，他们应该遵从教育本身的规则。”[2]他虽然没有明确提出高等教育的设想，但是在文章最后所列举的二十二条关于建立国家教育体系的建议中，他认为这个体系应该由许多基础学校和学院以及一所大学组成，而且明确指出这里的“一所大学”就是“国立大学”，这是国家教育体系和科学知识的顶点。

可惜的是，美国哲学协会的这次教育征文活动收到的论文总共只有七篇，留存至今的只有这两篇获奖论文，以及对“神秘的第三篇”文章的评论，我们今天已经无法知晓其他文章中的观点是怎样的。对于这“神秘的第三篇”文章的题目和全部内容也无从考证，有的研究者推测很可能就是《马拉尼亚学院的一般理念》的作者、费城学院和华盛顿学院的首任校长威廉·史密斯的作品。[3] 从仅存的对这篇文章的评论可以看出，威廉·史密斯坚持了一直以来对公立教育和公立大学的主张，他甚至在文章中明确地提出要在首都建立一所由联邦国会资助的国立大学。[4] 尽管如此，包括两篇获奖论文在内的七篇文章都没有让美国哲学协会满意，作者们都没有提出一个完美的方案。[5] 然而，该事件本身及其所发生的背景要比是否获奖以及美国哲学协会是否满意征文结果更加重要，其意义正如伯纳德·贝林所指出的那样：“教育已经从它在社会秩序中的古老地

---

① Hansen A O. Liberalism and American Education in the Eighteenth Century[M]. New York: The Macmillan Company, 1926: 155.

② Smith S H. Remarks on Education: Illustrating the Close Connection between Virtue and Wisdom[M]. Philadelphia: John Ormrod, 1798: 88.

③ Justice B. ed. The Founding Fathers, Education, and "The Great Contest": The American Philosophical Society Prize of 1797 [M]. New York: Palgrave Macmillan, 2013: 34–37.

④ Justice B. ed. The Founding Fathers, Education, and "The Great Contest": The American Philosophical Society Prize of 1797 [M]. New York: Palgrave Macmillan, 2013: 235–236.

⑤ Justice B. ed. The Founding Fathers, Education, and "The Great Contest": The American Philosophical Society Prize of 1797 [M]. New York: Palgrave Macmillan, 2013: 46.

虽然政府对殖民地学院的公立化努力失败了，但是这些旧学院也认识到不能将自己与政府完全割裂开来，在新国家里，“没有哪种教育活动是完全‘私立的’，因为脱离政府就不合法。政府的力量在中高等教育领域更加明显，因为只有政府有权授予机构教学资格并赋予法人机构以法律豁免权”①。传统的学院由此开始了相应的改革，增加学院的实用课程并在全国范围内扩大自己的影响力，使自己由原来的地区性学院变成全国性学院，而这也正是政府对高等教育的期待。美国公立高等教育在19世纪初取得了重大的进展，西点军校以特殊的形式实现了建国一代国立高等教育的梦想，杰斐逊对公立大学多年的不懈努力也终于迎来了弗吉尼亚大学的诞生。尽管如此，政府与高等教育的关系并不是一帆风顺的，达特茅斯学院案就是政府与学院冲突的一次集中体现，在这场冲突中，政府在高等教育中的角色再次面临调整。

第一节　“国家的”学院

一、道德、知识与政治：耶鲁学院的德怀特改革

埃兹拉·斯泰尔斯校长在独立战争期间带领耶鲁学院走过了艰难的

① Bailyn B. Education in the Forming of American Society[M]. New York: Vintage Books, 1960: 107.

岁月,并使学院在战后取得重大的发展。最重要的是,斯泰尔斯把耶鲁学院从克莱普校长的宗教教条下解放了出来,把宽容和自由的思想注入学院精神中去。他拓展了学院课程,延聘更多的教授,购买图书和设备,争取与政府和各个不同的教派和谐相处。在去世前夕,斯泰尔斯依然在默默地规划着学院的进一步改革,如扩大图书馆、聘请更多的教授。① 在斯泰尔斯手中,科学和实用知识开始在耶鲁学院受到尊重,大学的精神开始孕育。② 1795 年斯泰尔斯去世之后,学院董事会很快就选定了他的继任者——43 岁的蒂莫西·德怀特,这位耶鲁 1769 年的毕业生继续斯泰尔斯未竟的事业,为耶鲁学院继续注入革新的力量,并在新的时代中重新塑造了学院与政府之间的关系。

德怀特从耶鲁学院毕业两年后返回母校担任学院导师,成为当时耶鲁学院四大杰出导师之一。③ 然而,包括德怀特在内的四大导师与学院董事会在学院课程改革的问题上产生了激烈的矛盾,1777 年德怀特被迫辞职,另外三位导师随后也陆续离开了耶鲁。离开耶鲁后德怀特先是投入到独立战争中,在大陆军中担任了两年的随军牧师,然后回到自己的家乡——马萨诸塞州的北安普顿经营农场,积极参与地方议会,开始在政治和宗教领域崭露头角,甚至还创办了自己的学校。在这几年中,德怀特逐渐在政治、宗教和教育领域积累了经验,为自己开启了通向成功的大门。④ 对于他的办学实践,当时的耶鲁学院校长斯泰尔斯直言其有取耶鲁而代之之势。⑤ 从北安普顿开始,在德怀特身上,教育、宗教和政治从来就不是孤立的。1783 年,德怀特服从教会的安排来到康涅狄格州的格林菲尔德希尔担任教区牧师。由于其办学热情,也由于生活所迫,初到格

---

① Morgan E S. The Gentle Puritan: A Life of Ezra Stiles, 1727 – 1795[M]. New York and London: W. W. Norton Company, 1962: 428.

② Gabriel R H. Religion and Learning at Yale[M]. New Heaven: Yale University Press, 1958: 48.

③ 另外三名杰出导师分别是约瑟夫·巴克敏斯特(Joseph Buckminster)、约翰·刘易斯(John Lewis)和亚布拉罕·鲍德温(Abraham Baldwin)。

④ Cuningham C E. Timothy Dwight, 1752 – 1817: A Biography[M]. New York: The Macmillan Company, 1942: 103.

⑤ Kelley B M. Yale: A History[M]. New Heaven and London: Yale University Press, 1974: 115.

林菲尔德希尔的德怀特希望模仿他在北安普顿的经历创办一所新的学校。1783 年 12 月 31 日，他在《康涅狄格日报》(*Connecticut Journal*)发布通告："有几位绅士邀请在下为他们的孩子教授各种知识，现通告如下：格林菲尔德希尔将会有一所学校，将招收 20 名学生，在蒂莫西·德怀特的领导下教授语言，地理，英语语法、读、写、说，以及数学的实用分支等。"①经过两年多的实践，学校取得了很大发展。《纽黑文公报和康涅狄格杂志》(*New Heaven Gazette and Connecticut Magazine*)对此赞誉有加："由德怀特在格林菲尔德希尔建立的学校有望成为美国最优秀的学校之一，那里的孩子已经取得了重大的进步。"②在这里，德怀特尝试并形成了一套自己的新教育理念。当时在美国各中高等学校中，惩罚是一种主要的教育方式，如罚款、羞辱等，而德怀特则认为劝说比高压更有效，纠正比惩罚更适当，并且认为训导应该以私下和友好的方式进行，公开的责备只会更深地伤害学生的自尊。正如德怀特在他的长诗《格林菲尔德希尔》(*Greenfield Hill*)第五部分"农夫给村民的建议"中所说的那样："在纠正之前，请使其相信并证明/你的惩罚是出自内心的爱，而不是怒火/以温和的方式教导他们/你讨厌的是错误，深爱着的是孩子/正如事实所表明的那样，所有的训导/最好是以私下的方式进行。"③另一方面，德怀特赞扬学生的方式也不同。当他对学生的言行表示赞扬的时候，他会给予一些小奖励。他的奖励并不是基于学生取得的成绩，而是基于学生取得的进步。"通过这样的方式，德怀特不仅能够培养出卓越的学生，而且还把对学生成就的指向从行为转向了态度，从结果转向了过程。"④

每一年，德怀特都仿照学院的毕业典礼给学校举办一场公共仪式。他的学校虽然名义上是一所中等学校，但是教授的课程以及对学生的标准全部都是学院的标准。他逐渐实现了当初在耶鲁学院担任导师时未能

---

① Dwight T. Advertisement[N]. Connecticut Journal, 1783-12-31(4).

② Littlejohn J. The Friend, No. XI[N]. New Heaven Gazette and Connecticut Magazine, 1786-6-22(1).

③ Dwight T. Greenfield Hill: A Poem in Seven Parts[M]. New York: Childs and Swaine, 1794: 134.

④ Hall P D. The Organization of American Culture, 1700-1900: Private Institutions, Elites, and the Origins of American Nationality[M]. New York: New York University Press, 1982: 157.

实现的广泛课程改革计划,包括阅读、书法、拼写、写作、文法、算术、天文、微积分、牛顿定律、自然哲学、地理、历史等。他在格林菲尔德希尔的学校俨然成了耶鲁学院的复制品,他杰出的管理、卓越的教学和对学生的悉心指导更是为他和他的学校赢得了广泛赞誉,很多中部、南部乃至新英格兰地区的家长都把孩子送到德怀特的学校接受教育,从中我们可以预见耶鲁学院在德怀特校长的领导下将会发生怎样的变化。更重要的是,对于德怀特来说,教育的终极目的之一是要"教会他们拥护正义的统治/用生命来保护它,用爱来服从它/……用自由的温暖唤醒他们的灵魂/并在他们心中点燃勇敢的父辈们的热情",对国家的热爱在教育中显得非常重要,学生应该成长为优秀的公民,热爱自己的国家并以它为荣。① 学校成为培养公民的场所,忠诚的爱国者是学校教育的基本目标。正是在这种政治信念的鼓舞下,德怀特坚信女性应该跟男性一样接受教育乃至高等教育,他在自己的学校中坚持为女子提供优质的教育。斯泰尔斯在日记中对此赞扬道:"德怀特正在扩展他的学校以招收女性……并承诺为她们提供文学、地理学、哲学、天文学等课程。其立校的精神是朝气蓬勃的。"②女子接受高等教育在当时还只是一个远大理想,德怀特的学校为美国的女性教育做出了典范。

十多年的教育实践使德怀特形成了自己的教育信念。在他看来,教育是国家政治事业的基石,学校是国家生活的重要部分,学校教育应该使学生具备良好的宗教道德、对生活有用的知识以及公民的素质。"德怀特相信教育的力量一直在塑造美国人民的生活。在一个新建立的像美利坚合众国这样的民主国家中,他感到公民的启蒙是最重要的……正当的教育应该传播知识、美德和虔诚……德怀特认为,无此,国家的存续将是无望的。"③1795 年 5 月 12 日,斯泰尔斯校长猝然辞世,在新校长的人选问题上,耶鲁学院董事会几乎一致把目光投向了德怀特这位曾经被赶出耶

---

① Dwight T. Greenfield Hill: A Poem in Seven Parts[M]. New York: Childs and Swaine, 1794: 138 - 139.

② Stiles E. The Literary Diary of Ezra Stiles, Volume III[M]. New York: Charles Scribner's Sons, 1901: 247.

③ Cuningham C E. Timothy Dwight, 1752 - 1817: A Biography[M]. New York: The Macmillan Company, 1942: 163.

鲁的校友。6月24日,学院董事会决定让德怀特继任校长一职,并指定一个委员会专门负责让德怀特接受这一任命。尽管格林菲尔德希尔的民众和教会都不希望他离开,德怀特在权衡之后还是于8月17日正式接受任命,从此,他把自己的余生都奉献给了自己的母校,在斯泰尔斯事业的基础上为耶鲁学院开创了一个新的时代。

其实在得知自己成为耶鲁学院新校长人选的时候,德怀特对耶鲁校长一职的前景并没有太大的信心:"重整一所破败的学院是一项艰难的任务……我不是合适的人选。"①但是到了第二年,德怀特在看到纽黑文的政治经济繁荣之后又对前景充满了信心:"我从来没有看到过这样一个让我如此渴望在此生活的地方。"②他认为自己赶上了国家、州和地方发展的好时代,这些繁荣必然会给学院的发展带来契机。此时正值第二次大觉醒运动(The Second Great Awakening),在这场宗教复兴运动的背景下,德怀特很明白他作为一个学院校长的真正职责在于为耶鲁乃至整个国家寻求一种"道德基调",以及为耶鲁学院在整个国家生活中寻找合适的位置,③他要把自己的事业看作教育和政治的组合。

德怀特首先采用了他在格林菲尔德希尔形成的教育哲学——对学生要有严格的道德和纪律要求,但是这种要求并不是通过高压和惩罚来实现的。他一上任就废除了学院中长期以来形成的"奴仆制度"(fagging system),即低年级尤其是一年级学生要为高年级学生服务,要听从高年级学生的差使和管教。实际上,哈佛大学早在德怀特就任的前一年就废除了该制度。德怀特认为预防犯罪和引人向善主要是通过正面的道德影响来实现的,而不是事后惩罚,为此他建立了一个"家长制度"(parental system),通过道德说教和私下沟通,在一种轻松缓和的氛围中完成对学生的道德熏陶。用他自己的话说,该制度就是"通过道德影响来阻止犯罪

---

① Beardsley E E. The History of the Episcopal Church in Connecticut, Vol. II[M]. Boston: Houghton Mifflin Company, 1883: 212.

② Dwight T. Travels in New England and New York, Vol. I[M]. London: Charles Wood, 1823: 165.

③ Kelley B M. Yale: A History[M]. New Heaven and London: Yale University Press, 1974: 117; Cuningham C E. Timothy Dwight, 1752 – 1817: A Biography[M]. New York: The Macmillan Company, 1942: 178.

的发生，而不是在犯罪之后惩罚他们”，虽然有时候严厉的惩罚难以避免，但是“耶鲁学院的规章制度已经非常温和了……每一项预防措施都是用来使学生免于受到严厉的惩罚”。[①] 不过德怀特的道德教育和宗教复兴显得比较平静，不像大觉醒运动那般轰轰烈烈。这是因为他认为过度的热情并不利于培养良好的品性，而且他在复兴宗教关怀的同时并没有忘记学院的政治使命。德怀特把所有学校视为培养公民的场所，学校和教育“在每一个国家的机体形成过程中，通过提升人们的心智来创造出一种全新的国家性格”[②]。他甚至认为道德修辞学就起着公民精神催化剂的作用，“在耶鲁学院给学生们做修辞学方面的讲座的时候，德怀特努力使他班级中的学生们的天赋变得优雅和有教养，因为这些年轻人很快就会通过公共演说培养公民的道德”，以达到最终的“公共幸福”。[③] 1803—1813 年，德怀特在学院的演说中不断地教导学生要热爱和服从“上帝”和“祖国”，在铭记自己的道德责任和保持道德高尚的同时，不要忘了“了解国家真正的利益，坚定地支持它，不要畏惧它的敌人，不受高官厚禄的诱惑”[④]。

课程改革是德怀特改革的重要内容，他在为耶鲁学院引进新学科、新教材、新方法和新设备的同时，还大力延聘优秀的教授和导师与他一起实行学院的革新计划。1801 年，德怀特聘请前国会议员、著名的联邦主义者伊莱泽·古德里奇(Elizur Goodrich)担任法学教授。古德里奇在两年的时间里为耶鲁学院学生做了 36 场关于法理学、自然法和美国宪法方面的讲座，大大推进了耶鲁的法学研究。若不是后来古德里奇出任纽黑文市市长和康涅狄格州州长顾问委员会成员，耶鲁法学院的建立也不会推迟到 1824 年。相对来说，耶鲁医学院的建立则更加顺利。在 18 世纪 90

---

① Dwight T. ed. President Dwight's Decisions of Questions Discussed by the Senior Class in Yale College, in 1813 and 1814[M]. New York: Jonathan Leavitt, 1833:54.

② Dwight T. Travels in New England and New York, Vol. I[M]. London: Charles Wood, 1823: 524.

③ Clark G. Timothy Dwight's Moral Rhetoric at Yale College, 1795 – 1817[J]. Rhetorica: A Journal of the History of Rhetoric, 1987, 5(2): 161.

④ Dwight T. Sermons, Vol. I[M]. New Heaven: Hezekiah Howe and Durrie and Peck, 1831: 417; Longaker M G. Timothy Dwight's Rhetoric Ideology of Taste in Federalist Connecticut [J]. Rhetorica: A Journal of the History of Rhetoric, 2001, 19(1): 117.

年代，美国高等院校中的医学院还处于起步的阶段，当时著名的院校中只有宾夕法尼亚大学、哥伦比亚学院和哈佛大学拥有自己的医学院。1798年，德怀特成功说服学院董事会设立化学和自然史的教授席位。德怀特明确地指出，所聘请的第一位教授的知识能力不是最要紧的，其管理和领导能力反而是首要的。① 德怀特最终确定的人选是年轻的本杰明·西利曼（Benjamin Silliman）。这位从耶鲁学院毕业没几年的年轻人在化学和医学方面根本不具备足够的知识储备与研究经验，这充分说明德怀特需要的不是博学之士，而是一个具有胆识和魄力的开创者。在头两年里，西利曼没有开设任何课程和讲座，而是努力去学习关于化学、医学、动植物学、自然史等方面的知识，练习操作各种实验和设备。他先是在宾夕法尼亚大学、新泽西学院等美国本土院校中了解专业发展情况。1805 年，他又远渡重洋来到英国，购买图书和设备，考察英国主要大学中的科学研究状况，一年半的国外经历令西利曼大开了眼界。1806 年，西利曼回国后，德怀特立刻开始了医学院的筹建工作。经过不懈努力，1810 年正式成立了耶鲁学院医学部，1814 年就开始授予硕士学位。与此同时，德怀特也大力推进其他科学学科的发展，如地质学、矿物学等，他认为科学知识的传播也有着公民启蒙的作用。“国家蕴藏着丰富的未开发的宝藏，个人通过促进科学的发展履行了一项重要的公共义务，这将把个人与他所生活的新国家的荣耀结合在一起。”②

德怀特时刻注意把教育事业和国家事业结合在一起，他非常注重学院的外部事务，即与康涅狄格州政府关系的改善。尽管德怀特本人是一位坚定的联邦主义者，他在学院事务中不断强调教育的政治功能并多次向州议会申请援助，但是州议会却没有表现出相应的热情。早在 1792 年，在斯泰尔斯校长的努力下，州政府与耶鲁学院之间就达成了妥协，州政府以公共税收支持学院，而学院则接纳包括州长、副州长在内的 8 名政府官员作为董事会成员。1796 年，德怀特和学院董事会一起向州议会申请资助，在德怀特的努力争取下，耶鲁学院获得了将近 4 万美元的援助，

---

① Cuningham C E. Timothy Dwight, 1752 – 1817: A Biography [M]. New York: The Macmillan Company, 1942: 197.

② Cuningham C E. Timothy Dwight, 1752 – 1817: A Biography [M]. New York: The Macmillan Company, 1942: 200.

这在当时是一笔不小的款项，然而对于德怀特的宏伟计划来说仍然是不够的。组建法学院、神学院和医学院的消耗是巨大的，德怀特还大力聘请优秀的教授和导师，他们的薪水又是一笔不小的开销，为此，德怀特甚至不得不降低自己的工资。德怀特和学院董事会继续向州议会申请资助，然而，州议会对学院董事会的资助申请置之不理。① 州政府的理由是认为耶鲁学院被教会力量所控制，怀疑它不能很好地为世俗公众服务。由此看来，州政府还没有从克莱普的阴影中解脱出来。1810 年，耶鲁学院医学部正式成立，学校的资金更加紧张，如果没有进一步的资助，新成立的学院乃至整个学校都将难以维持下去。在德怀特的努力下，州议会终于在 1816 年同意向耶鲁拨款 2 万美元，②这是德怀特校长在任期间为学院所争取到的第二份政府资助。

尽管面临着窘迫的财政状况和州政府的冷漠，德怀特的政治热情却没有因此而减少，他坚信教育对于一个年轻的民主国家的重要性。在他看来，“如果这个国家的年轻人能够被培养成善良的人，那么他们就会自动变成优秀的公民，这是新国家最重要的目标”③。德怀特相信“一个共和政府是建立在普遍认识的基础之上的，这种认识的正确性是最重要的”④，而教育正是要使公众达成这种正确的“普遍认识”。他对耶鲁学院毕业生说，一种真正的道德生活并不在于个人的成功，而是存在于“平凡而谦逊的生活中”⑤。换言之，就是存在于良好的公共秩序和公民生活中。德怀特是一个乐观的联邦主义者，支持新宪法和新的联邦体制，尽管州政府对于耶鲁学院强烈的宗教性表示不信任，但他却“希望通过宗教教

① Dexter F B. Biographical Sketches of the Graduates of Yale College with Annals of the College History, Vol. II[M]. New York: Henry Holt Company, 1896: 176.

② Cuningham C E. Timothy Dwight, 1752 - 1817: A Biography [M]. New York: The Macmillan Company, 1942: 186, 222 - 223.

③ Cuningham C E. Timothy Dwight, 1752 - 1817: A Biography [M]. New York: The Macmillan Company, 1942: 191, 194.

④ Dwight T. Travels in New England and New York, Vol. I[M]. London: Charles Wood, 1823: 217.

⑤ Dwight T. Sermons, Vol. I[M]. New Heaven: Hezekiah Howe and Durrie and Peck, 1831: 395.

育和修辞教育来实现辉煌的联邦主义时代”①。学院教育和政治忠诚在这里非常顺利地结合在了一起，虽然德怀特没有将耶鲁从一所学院发展成为一所大学，但是他在斯泰尔斯的基础上开启了耶鲁从学院向大学迈进的步伐。更重要的是，在缺乏政府资助和关怀的情况下，他给耶鲁赋予了一种“国家性的地位”(national status)②，也难怪当时康涅狄格的共和党人直呼“耶鲁是德怀特校长领导下的联邦党人生产中心”③。虽然“并没有证据表明德怀特曾利用他的耶鲁学院校长职位来推动政治事务”，但他一直以来都非常明确地指出教士也是合众国的公民，“作为公民，教士有权利表达自己的观点，因为他们比当时的大多数人接受了更好的教育，他们也有义务贡献他们的智慧”④。德怀特以他一生的事业和行动来证明学院教育和宗教对国家的意义。尽管耶鲁学院一直都是一所私立性质的教会学院且不受政府待见，但它在客观上毫无疑问应该是美利坚合众国的学院。在《1828 年耶鲁报告》(*The Yale Report of 1828*)这份被认为是美国高等教育史上捍卫古典课程地位的保守性文件中，德怀特的继任者杰里迈亚·戴(Jeremiah Day)毫不掩饰地宣布，在美国这个共和制政府下，每一个人都应该不分阶级和职业享受一种全面完整的教育，高等教育应该是“道德和政治机器的结合”⑤。

二、全国性学院：学院学生的来源与去向

德怀特的改革是要兼顾道德、知识和政治三个方面，将宗教、教育和政治事务融为一体，他并不想削弱学院本身的宗教色彩，然而客观上他的改革措施以及时代发展的趋势却使得耶鲁学院乃至全国的学院和大学的

---

① Longaker M G. Timothy Dwight's Rhetoric Ideology of Taste in Federalist Connecticut[J]. Rhetorica: A Journal of the History of Rhetoric, 2001, 19(1): 115, 117 - 118.

② Kelley B M. Yale: A History[M]. New Heaven and London: Yale University Press, 1974: 139.

③ Robson D W. Educating Republicans: The College in the Era of the American Revolution, 1750 - 1800[M]. Westport: Greenwood Press, 1985: 147.

④ Imholt R J. Timothy Dwight, Federalist Pope of Connecticut[J]. The New England Quarterly, 2000, 73(3): 404, 407.

⑤ Hofstadter R & Smith W. ed. American Higher Education: A Documentary History, Vol. I [M]. Chicago: The University of Chicago Press, 1961: 287.

地区的人们在友谊中学会相互尊重。① 只是哈佛毕业生的流动性比耶鲁稍差,在19世纪的前二十多年里,60%—80%的哈佛毕业生仍然选择回自己的家乡就业,②而不像耶鲁的毕业生那样开始走向全国。

19世纪初,学院和大学的课程在现实的需要和改革者们的推动下发生着变化,学生的来源地和去向也逐渐多元化,毕业生开始广泛地进入国家的政治、商业、工业和技术等领域,高等教育的目的不再停留在神学理论和高深知识中,而是进入实用层面。这一时期高等教育的变化——不仅包括旧学院的改革,还有新学院的建设——“对新国家所作出的贡献主要在于形成了一种坚强而有力的人格特质”③,而这种活力正是新国家所需要的。合众国的脆弱性以及地区偏见是建国者们尤其是后来的联邦主义者们最为担忧的事情,新生的合众国也将学校和学院视作秩序和权威的来源,而学院学生来源的多元化及去向的多样化恰好促进了年轻一代中精英们的互相交流以及全国不同地区之间的政治和经济联系。④ 虽然德怀特使得高等教育对政治的态度变得更加暧昧,他甚至被称为“最有影响力的联邦主义教育改革家”⑤,但他从来不是一名政治家,他的抱负要远远超越单纯的政治,他希望在一个更宏观的层面上实现宗教、教育和政治的高度结合,学院也要承担起自己的政治义务。当私立学院的这种国家性逐渐增强的时候,联邦政府和州政府的公立高等教育办学实践也有了突破性的成果,从而使得高等教育和政府之间建立了一种更加紧密的联系。

---

① Morison S E. Three Centuries of Harvard: 1636 - 1936[M]. Cambridge: Harvard University Press, 1942: 198 - 199.

② Burke C B. American Collegiate Populations: A Test of the Traditional View[M]. New York: New York University Press, 1982: 195.

③ Thwing C F. A History of Higher Education in America[M]. New York: D. Appleton and Company, 1906: 212.

④ Imholt R J. Timothy Dwight, Federalist Pope of Connecticut[J]. The New England Quarterly, 2000, 73(3): 386 - 411; Harris M L. Revelation and the American Public: Timothy Dwight's Civic Participation[J]. Journal of the History Ideas, 1993, 54(3): 469 - 470.

⑤ Hall P D. The Organization of American Culture, 1700 - 1900: Private Institutions, Elites, and the Origins of American Nationality[M]. New York: New York University Press, 1982: 155.

第二节 联邦和州政府办学目标的实现

一、西点军校：国立高等教育的实现

美国人对于一所专业军事院校的期望自独立战争之初就有了。1775年11月，约翰·亚当斯写信向华盛顿将军的炮兵团长亨利·诺克斯(Henry Knox)咨询，在大陆军中“谁擅长于防御工事和炮术的理论和实践……在这方面有什么书可以推荐的”①。1776年5月，亨利·诺克斯才回信给亚当斯：“军队中的军官们很少读过关于战争艺术方面的书籍，当然，这不是因为他们不想读，而是因为在美国很难获得这方面的书。”②同时他还认为，尽管保留一支常备军也许有违共和国的精神，但一所正规的军事学院却是一支军队的坚实基础。亚当斯也完全同意美国有必要创办自己的军事学院，“我希望……建立一所军事学院为年轻的绅士们教授军事艺术”③。这是美国人首次表达对一所军事学院的期望，在期望中也包含着担忧，因为一所军事院校与新国家的立国精神是不符的。1776年9月，亨利·诺克斯把创办军事学院的计划提交给了大陆会议，尽管大陆会议对他的想法表示赞同，甚至1778年冬天，亨利·诺克斯还在新泽西州开办了自己的军事学习班并讲授炮术，但是在整个独立战争期间，关于建立一所军事学院的提议并未取得任何进展。

1783年，独立战争终于结束，但是此时的邦联国会却将军队视为威胁共和政府和人民的主要因素之一，随后便开始大量裁减军队。至1785年，全国的现役军官只剩下80名，且大部分驻扎在纽约州哈德逊河西岸的战略要地西点。独立战争中，西点是北美最大的堡垒，华盛顿视之为最

---

① Ronald M G & Paul H S. ed. Letters of Delegates to Congress, 1774－1789, Vol. 2[M]. Washington：Library of Congress, 1977：329.

② Taylor R J. ed. Papers of John Adams, Vol. 4[C]. Cambridge：Belknap Press of Harvard University Press, 1980：188.

③ Taylor R J. ed. Papers of John Adams, Vol. 4[C]. Cambridge：Belknap Press of Harvard University Press, 1980：225.

重要的战略要地。此地的拥有者是来自北卡罗来纳州的斯蒂芬·莫尔(Stephen Moore),战后他一直在向国会申诉要求赔偿他战争对西点造成的破坏。由于莫尔要求的赔偿金额非常高,1790 年 5 月,刚刚当上合众国财政部长的亚历山大·汉密尔顿干脆决定把西点买下来,并向国会提交了议案。6 月 15 日,国会通过了汉密尔顿的计划,7 月 5 日,华盛顿总统正式签署了西点购地案。联邦政府最终以 11085 美元的价格购得了西点这片土地。而此时,大洋彼岸的法国发生了大革命,欧洲国家几乎都将其视为洪水猛兽。法国与欧洲多国发生战争,而美国与法国有着同盟的关系,因此美国也开始感觉到战争的威胁,军备重新开始受到重视。因此,尽管杰斐逊以宪法并未授予国会特定的权力建立一所国立的学院为由坚决反对①,国会仍然于 1794 年 5 月 7 日通过法案授权西点的驻军开始招募新的士兵,并拨款为士兵和军官的训练购买必需的图书和设备。1796 年,斯蒂芬·罗什方丹(Stephen Rochefontaine)上校受命担任西点指挥官并在西点正式开始教学工作。1798 年,西点再次招募新兵,国会向西点派遣了 4 名教师。在军校正式建立以前,西点的教学和训练活动其实已经开始了。

与此同时,华盛顿总统也提出了建立一所国立军事学院的期望。1796 年 12 月 7 日,他在最后一次国情咨文中就提请国会考虑建立一所国立大学和一所军事院校,并阐释了建立军事院校的必要性。② 1799 年 11 月 23 日,汉密尔顿向战争部长詹姆斯·麦克亨利(James McHenry)递交了一份在西点建立军事学院的详细计划,该计划的副本还被送给了华盛顿。12 月 12 日,华盛顿在去世前两天还不忘给汉密尔顿回信:“关于在一个坚实而广泛的基础上建立这样一所学院,曾经我也将之作为重要目标来考虑过。当我成为政府首脑以后,我在我的公共演说中或者其他场合见缝插针地谈它以引起国会的注意。但我从来没有考虑过这样一所学院的详细的组织细节,我把这项任务留给那些奔走在科学道路上并关注

① Jefferson T. The Writings of Thomas Jefferson, Vol. Ⅰ[M]. Washington: The Thomas Jefferson Memorial Association, 1903: 409.

② Washington G. The Writings of George Washington, from the Original Manuscript Sources, 1745 - 1799, Vol. 35[M]. Washington: Government Printing Office, 1940: 316 - 317.

这类学院的建设的人，这将使他们更有资格来完成这项任务。"①汉密尔顿的计划是一个由五所学校组成的军事教育体系：一所基础学校，一所工程和炮兵学校，一所骑兵学校，一所步兵学校，以及一所海军学校。学员们先在基础学校学习两年的算术、代数、几何、运动定律、机械、地理、地形、测量，以及建筑和工事设计、战略原理，而后再分别进入四类不同的学校进行为期两年的专业训练。② 然而，1800 年 1 月 14 日，麦克亨利将计划提交给国会的时候，却遭到了强烈的反对。1800 年 3 月，众议院以 64 票对 23 票否决了该项计划。很显然，这时的联邦国会还没有做好创办一所由国会资助的国立高等教育机构的准备，不论是国立大学还是军事院校。

1801 年，杰斐逊就任美利坚合众国总统，他逐渐认识到需要"建立一所国立学院以消除古典课程，增加科学课程，培养能够运用自己的知识造福社会的毕业生"，由于国立大学的创建一直没有任何进展，杰斐逊觉得"一所军事学院可能是最好的选择"。③ 由于面临着一系列的外交问题，曾经坚决反对建立一所国立军事学院的杰斐逊放弃了之前的反对立场转而采取支持的态度，他让亨利·迪尔伯恩（Henry Dearborn）继续麦克亨利和汉密尔顿未完成的工作。在杰斐逊总统的直接推动下，1802 年 3 月 16 日，国会终于正式通过法案授权在西点建立一所美国军事学院（The United States Military Academy at West Point），富兰克林的侄孙乔纳森·威廉姆斯（Jonathan Williams）上校出任首任校长。④ 1802 年 10 月 12 日，约瑟夫·加德纳·斯威夫特（Joseph Gardner Swift）和西蒙·M. 利维（Simon M. Levy）成为西点军校的首届毕业生。然而，西点军校在接下来十多年里的发展却非常艰难。国会在颁布法案之后并未进行大力资助，学校没有建设新的房屋，没有购买新的图书和设备，还要面对政界的各种非议和

① Washington G. The Writings of George Washington, from the Original Manuscript Sources, 1745－1799, Vol. 37[M]. Washington: Government Printing Office, 1940: 473.

② Syrett H C. The Papers of Alexander Hamilton, Vol. 24[C]. New York: Columbia University Press, 1976: 72.

③ Ambrose S E. Duty, Honor, Country: A History of West Point[M]. Baltimore: The John Hopkins Press, 1966: 18.

④ 西点军校的校长称为 Superintendent，而不是 President，由于这是一所军校，Superintendent 不仅仅具有 President 的职责与权力，还具有军事长官的权威。

指责。西点军校虽然被设计为一所高等军事院校，但是当其他学院和大学为学生提供高等数学、化学、天文学知识的时候，西点军校还只能教授一些入门课程。① 而此时，随着与英国的军事摩擦日益升级，国会继续增加西点军校的学员人数。1812 年 7 月，威廉姆斯校长在屡次向国会申请资助未果之后心灰意冷，辞去了校长的职务，由斯威夫特出任代理校长。在后来的美英战争（1812—1815）中，西点军校的毕业生做出了巨大的牺牲，六分之一阵亡，四分之一负伤，而从战争中活下来的人中有五分之一获得了晋升。②

在战争期间，斯威夫特抓住机会拓展了西点军校的课程范围，聘请新的教师，讲授新的课程。1814 年春天，西点军校终于迎来了第一次上规模的校园建设——一座餐厅、一栋师生公寓和一座教学楼。同时，新校长奥尔登·帕特里奇（Alden Partridge）也正式到任，他在斯威夫特的建议下，对西点军校进行了严格而有效的管理，包括每一门课程都要理论与实践相结合、在新建成的餐厅中实行严格的就餐制度等。然而，他在管理中任人唯亲和追逐私利的行为引起了师生们的强烈不满。1817 年 6 月，刚刚上任的门罗总统视察西点军校，教员们联名写信给总统陈述对帕特里奇校长的不满，门罗总统为平息事端，免去了帕特里奇的职务，改由西点 1808 届的毕业生、32 岁的西尔韦纳斯·塞耶（Sylvanus Thayer）担任校长。

塞耶对西点军校存在的问题进行考察之后，便大刀阔斧地开始了管理和教学上的改革。首先，他把西点军校的 240 名学员分成两个连队，从学员中选择连队长，并指定一名军官作为所有学员的司令长官，负责他们的学习和军纪；其次，塞耶制定了周汇报制度，实行小班（12 人）教学制度，同时还设置了一个荣誉榜，根据学业和行为综合评定，每个班级的前 5 名学员有资格登上荣誉榜并在学校的年度报告上公布，这大大鼓励了学员们的积极性；再次，为了加强学校与公众的联系，塞耶热情地邀请官员、公众加入学校的监事会。监事会委员可以随时考察学校在教学、训练、管理方面的细节并向联邦政府进行汇报，同时还要主持学校每年 6 月

---

① Crackel T J. West Point: A Bicentennial History[M]. Lawrence: University Press of Kansas, 2002: 48.

② Forman S. West Point: A History of the United States Military Academy[M]. New York: Columbia University Press, 1950: 34.

份的考试。事实上,西点军校从1815年就开始设置监事会,但一直未受重视,塞耶欢迎社会各界人士参加监事会,把学校真正置于公众和政府的监督之下。他欢迎各种批评意见,因为“批评源于偏见,而偏见可以通过亲自接触来消除”,他时刻谨记公众的态度。①

塞耶在西点军校任上最核心的改革和最大的成就是课程改革。他“抵制住了把学院仅仅办成一所狭义上的军事院校,他将其变成了一所伟大的科学院校。在军事训练场上,在军营和夏令营中,学员们学习成为士兵;而在教室里,塞耶和教员们则指导他们学习实用科学。由此,塞耶实现了杰斐逊以及学院早期支持者们的一个最初目的,同时他还抵制住了当时美国教育中的主流趋势”②。他的课程体系中的两大支柱学科是法语和数学,因为当时的许多教科书是用法语写作的,而数学又是各种工程技术的基础。所有学业共分四年完成:学员每年夏天入学,入学后首先进行军事训练,而后主要学习法语、代数、几何、三角,以及代数、几何在测量中的实际运用,军校没有暑假,来年的夏天继续进行为期两个月的军事训练;第二年,数学依然是最重要的学科,此外还要学习测量、绘图、解析几何,这一学年结束后学员们才有一个暑假;在第三年中,自然哲学和化学代替数学成为最重要的学科,此外还有地形测绘、矿物学、电学、磁学、天文学,第三学年结束后再次进行为期两个月的军事训练,其间要实际操练步兵战术,以及武器、火药的实际运用;第四年则进行更加深入的专业学习,主要学科有工程学、矿物学、修辞学、伦理学、政治学等,最后一门学科是步兵剑术和骑兵剑术。学员完成所有学科并通过监事会的考试之后,由学术委员会颁发文凭证书。经过塞耶的改革之后,西点军校真正成为一所学院级教育机构,并且很快就被公认为联邦中学习数学、科学最好的地方。③ 1833年6月,在塞耶任内西点军校的最后一次考试中,学员们的表现非常优秀,监事会主席约珥·波因塞特(Joel Poinsett)也认为这是他

① Forman S. West Point: A History of the United States Military Academy[M]. New York: Columbia University Press, 1950: 48.

② Ambrose S E. Duty, Honor, Country: A History of West Point[M]. Baltimore: The John Hopkins Press, 1966: 87.

③ McDonald R M S. ed. Thomas Jefferson's Military Academy: Founding West Point[M]. Charlottesville and London: University of Virginia Press, 2004: 119.

所见过的最出色的考试。7 月 1 日,学校举行了毕业典礼,典礼结束后毕业班的学员一一前往校长办公室与塞耶告别。塞耶因与当时的美国总统安德鲁·杰克逊政见不合而辞职,当天晚上,塞耶登上船静静地离开了他服务了 16 年的西点军校。① 而塞耶为西点军校设计的管理和教学制度至今仍然发挥着作用,"他所引进的方法和技巧大部分现在依然有效,他所规划的课程体系本质上和现在的课程是一致的,他的纪律管理奠定了现在的纪律管理基础"②。

虽然跟国立大学计划最初的遭遇一样,但是在国防的压力和杰斐逊总统的努力下,军事院校的计划最终还是实现了。将西点军校置于当时美国高等教育史的发展背景中考察,会发现它绝不仅仅是一所纯粹的军事院校,"它的建立是卓越而坚定的政治家们的有意识、有目的的行为",它更是一所"为新国家培养军事和社会工程师的学校"③。它所造就的不仅仅是优秀的士兵,还有优秀的公民和良好的公共秩序,"随着时间的推移,学院的许多项改革都成为合众国特质的鲜明标志"④。西点军校的建立和改革可以说在美国建国初期的高等教育史上写下了不可或缺的一页,它的贡献不仅在于军事方面,更是成为当时高等教育中进行科学技术教育的典范。学院完全排斥任何古典和宗教知识的学习,以理论和实践相结合的方式教授科学学科,这是当时的其他高等院校所难以做到的。这种学院模式对美国社会的进步发挥了重要的作用,"有充分的证据表明,工程师队伍在将杰斐逊的'自由帝国'向西部领地扩张的过程中扮演着重要的角色,而西点军校的毕业生在勘探、绘图、开凿运河、架设桥梁、铺设道路和铁路方面的贡献是无与伦比的"⑤。这可以说是在美国高等

① Crackel T J. West Point: A Bicentennial History[M]. Lawrence: University Press of Kansas, 2002: 105.

② Ambrose S E. Duty, Honor, Country: A History of West Point[M]. Baltimore: The John Hopkins Press, 1966: 63.

③ Crackel T J. West Point: A Bicentennial History[M]. Lawrence: University Press of Kansas, 2002: 46, 51.

④ Crackel T J. Mr. Jefferson's Army: Political and Social Reform of Military Establishment, 1801 – 1809[M]. New York and London: New York University Press, 1987: 97.

⑤ McDonald R M S. ed. Thomas Jefferson's Military Academy: Founding West Point[M]. Charlottesville and London: University of Virginia Press, 2004: 146.

教育中服务社会的理念诞生之前学院服务于社会和政府的最好例子了。亨利·亚当斯(Henry Adams)认为,正是西点军校"把一种新的科学品质引入美国生活中来"①。1850 年,布朗大学校长弗朗西斯·韦兰(Francis Wayland)在对学校董事会的汇报中也感慨道:"西点军校每年的毕业生都比其他学院要少,但是它在铁路建设方面的贡献却比其他 120 所学院的总和还要多。"②从某种程度上来说,西点军校最大限度地实现了拉什、华盛顿、杰斐逊等人的国立大学理想,它完全是一所由国会建立和资助的高等教育机构,在性质上与国立大学并无区别,只不过它是一所军事性的技术院校而不是综合性大学。也正因为如此,"杰斐逊对西点军校的兴趣和支持同样应该被看成是一种为国立大学建立科学分支部门的努力……他坚信一所由国会授权建立的专业化的军事科学学院可以同私立的、州立的,甚至是国立高等教育机构和谐并存"③。虽然国立大学没有摆脱失败的命运,但联邦政府依然找到了进入高等教育领域的途径——西点军校,一所国立军事院校,尽管它也面临着违宪或者违背国家精神的指责,但事关国防和国家存亡的底线,高等教育和政府都向对方做出了让步。

二、弗吉尼亚大学:杰斐逊公立大学理想的实现

杰斐逊的公立教育思想由来已久,最早的系统表达是在 1779 年的《为更进一步推广知识法案》中,他认为建立由政府财政支持的公立教育体系是为了启迪人们的心智,培养合格的公民和优秀的政治领导者,以防止政府腐化堕落,而之前由教会和私人力量控制的教育体系是无法完成这个目标的。因此,他希望将私立的威廉玛丽学院直接转变为公立的高等教育机构以培养优秀的政治人才,但这次改革动议在州议会中就未获通过。19 世纪初,杰斐逊成为美利坚合众国的总统,他又同乔尔·巴洛

① Adams H. History of the United States of American during the Second Administration of James Madison, Vol. III[M]. New York: Charles Scribner's Sons, 1921: 236.

② Wayland F. Report to the Corporation of Brown University on Changes in the System of Collegiate Education, Read March 28, 1850[M]. Providence: George H. Whitney, 1850: 18.

③ McDonald R M S. ed. Thomas Jefferson's Military Academy: Founding West Point[M]. Charlottesville and London: University of Virginia Press, 2004: 120 - 121.

等人推动国立大学计划,以期建立一所由国会资助的国立大学,最后也归于失败。不过杰斐逊并没有放弃对公立大学的追求,他坚信一所由政府控制的公立大学对于美国国家和社会的重要性与必要性,前两种方式的失败使他不得不选择州立大学这一路径。

早在1800年1月18日,杰斐逊在写给约瑟夫·普里斯特利(Joseph Priestley)的信中就第一次阐明了他对在弗吉尼亚州建立一所公立大学的基本设想,这也是关于弗吉尼亚大学的第一份计划。杰斐逊在信中一开始就对威廉玛丽学院表示失望,称它已经被公众所抛弃,继而他希望在弗吉尼亚州的中心地带"根据一份如此广博、自由和现代的计划建立一所大学,它要值得受到公共资助,还要能够吸引其他州的年轻人来与我们建立友谊、分享知识"①。杰斐逊认为,这所新大学里所教授的学科必须经过明智的筛选、组合与修改,使之符合实际的需要,因此有些过去备受重视的学科可能不会成为学校课程,而一些新兴的实用学科会进入学校。他还罗列了一份不完整的课程目录:植物学、化学、动物学、解剖学、外科学、药学、农学、数学、天文学、地理学、政治学、商学、历史学、伦理学、法律、艺术、美术。在教授席位设置问题上,每一学科都要由一位出色的教授来领导,一位教授可以教几门学科,一门学科也可以由几位教授来教。应该让教授们心无旁骛地专注于学术研究,不要让其他事情打扰他们。② 这就是杰斐逊对这所设想中的大学的最初规划,其根本特征在于科学、实用、无宗教色彩,他甚至把宗教学科与古典学科完全排除在课程体系之外。1803年2月5日,他在给朋友、英国伦敦皇家学会成员马克-奥古斯特·皮克泰(Marc-Auguste Pictet)的信中表示:"我仍然经常考虑向弗吉尼亚州议会建议建立一所在当前情况下所能承受的大学,但是还没有找到合适的时机。同时我也在努力制订一个好的计划。"他希望皮克泰可以给予一些经验和指导:"为了这个目的,我想请你给我一份你的学院所教授的科目的概览,以及它们是如何分配给教授们的,也就是说,有多少位教授,每位教授分配了几门学科,以及在每一门学科上所分配的时间。你们的

---

① Jefferson T. The Writings of Thomas Jefferson, Vol. X[M]. Washington: The Thomas Jefferson Memorial Association, 1907: 140.

② Jefferson T. The Writings of Thomas Jefferson, Vol. X[M]. Washington: The Thomas Jefferson Memorial Association, 1907: 141-142.

成功经验对于毫无经验的我们来说是非常有指导价值的。”①

1805 年，当弗吉尼亚州议会召开新一届会议的时候，《里士满探寻者报》(*Richmond Enquirer*)发表专栏文章，强调在州内建立一所大学的必要性。撰文者认为，弗吉尼亚州每年约有 500 个年轻人要去其他州接受高等教育，这给全州造成的全部损失将会达到 400 万美元，而政府只要投资 50 万美元建一所大学就可以避免这些损失。1806 年 1 月 14 日，州议员詹姆斯·森普尔(James Semple)代表纽肯特郡提交了一份建立弗吉尼亚大学的提案，他认为，“教育带来的好处毋庸置疑……对于一个共和政府而言，人民的智慧是其最坚实的基础。……这种智慧能够监督那些有可能摧毁人们自由的权力”②。森普尔还进一步阐明了大学的选址和资金使用细节：大学应该建于气候温和且物资供应便利的地方，大学的启动资金需要 50 万美元，其中五分之二用于选址和建设硬件设施，五分之三用于学校的管理方面。随后，州议会指定了一个委员会对该提案进行研究。不过，最后并未取得任何实际效果。

森普尔的努力虽然没有达到实际的效果，但是却为他的岳父约翰·泰勒(John Tyler)在 1808 年就任州长之后设立文化基金(Literary Fund)，以促进弗吉尼亚州的文化事业发展做了很好的政治铺垫，该基金后来又为弗吉尼亚大学的建立作出了重要的贡献。约翰·泰勒从 1779 年开始就是杰斐逊政治主张的坚定追随者，并积极宣传杰斐逊的公立教育理想。1809 年 12 月，泰勒向州议会呼吁公共教育尤其是公立高等教育对弗吉尼亚州的必要性，州议会对他的提议予以考虑并在次年 1 月授权成立了文化基金，七年之后，其资金总额已达 100 万美元，这是弗吉尼亚政府在资助高等教育发展方面走出的重要一步。

1816 年 4 月 2 日，杰斐逊写信给弗吉尼亚州州长威尔逊·尼古拉斯(Wilson Nicholas)，再次呼吁筹建大学，并重申了对课程设置的规划，“文化基金的主席和董事们希望做一个关于公立教育系统的汇报，其中包括

---

① Jefferson T. The Writings of Thomas Jefferson, Vol. X[M]. Washington: The Thomas Jefferson Memorial Association, 1907: 355 - 356.

② University of Virginia[N]. The Enquirer, 1806 - 1 - 16(3).

建立一所大学,若干所学院、专科学校和中小学校"①。随后,州议会就建立公共学校系统的话题展开了激烈的辩论。1817 年 10 月,杰斐逊在约瑟夫·卡贝尔(Joseph Cabell)的建议下向州议会正式提交了一份《为建立一个公共教育系统的提案》(*The Bill for Establishing a System of Public Education*),但是在 1818 年 2 月 11 日众议院的辩论中,该提案没有得到足够的支持。卡贝尔等人立刻对杰斐逊的提案进行了修改,并在两天以后终获通过,于 1818 年 2 月 21 日正式成为法案。该法案的通过为弗吉尼亚大学奠定了最坚实的法律基础,在州内建立一个包括高等教育在内的由州政府资助的公立学校系统已经为州议会所接受。然而,对于杰斐逊而言,这仅仅是他伟大计划的开始,他对这所大学的选址、建筑、课程、教法、教师等都已经有了长久而详细的斟酌,他还必须落实这些计划。当时杰斐逊已是 75 岁高龄,但是,杰斐逊知道,如果没有他的影响和监督,没有一所学院能够充分地实现他的原则和理念,而他坚信这些原则和理念对弗吉尼亚州甚至整个南方的最大幸福都是必要的。② 他甚至已经等不及州议会为大学颁布章程了。1817 年 6 月 18 日,杰斐逊在他随身携带的小笔记本上对弗吉尼亚大学的校园做了初步的设计。1817 年 7 月,在杰斐逊的推荐下,巴尔的摩学院(Baltimore College)的校长塞缪尔·诺克斯受聘来担任筹建中的弗吉尼亚大学的古典语言和文学教授;10 月 7 日,托马斯·库珀(Thomas Cooper)被聘为化学、动物学、植物学和解剖学教授以及法学教授,并负责法学院的筹建事宜。

建立公共教育系统的法案通过后,州长从州内 24 个参议员选区中各选派一名专员参与大学的筹划会议。1818 年 8 月 1 日,会议在弗吉尼亚州蓝岭的岩鱼口召开。州议会希望岩鱼口会议主要讨论以下五个方面的问题并对议会进行汇报:大学的选址;建筑的建设计划;教授的学科;教授席位的数量与类别;州议会所应该提供的资助。这些也正是杰斐逊所希望解决的主要问题,他也很自然地被选为此次筹备会议的主席。经过短暂的讨论,三天以后便形成了一份《关于弗吉尼亚大学选址的岩鱼口委员

① Jefferson T. The Writings of Thomas Jefferson, Vol. XIV [M]. Washington: The Thomas Jefferson Memorial Association, 1907: 451.

② Honeywell R J. The Educational Work of Thomas Jefferson [M]. Cambridge: Harvard University Press, 1931: 71.

会的报告》(*Report of the Rockfish Gap Commission Appointed to Fix the Site of the University of Virginia*)。其实早在两个月以前,杰斐逊就已经起草完成了这份报告,这不过是他将长期以来关于弗吉尼亚大学的想法系统化并以报告的形式呈现。用杰斐逊自己的话说,这份报告只不过是简单地向议会勾勒了这所大学的基本轮廓,而具体细节只适合跟有学识的人探讨。① 直到1818年12月,该报告才被提交给州议会予以讨论,但是一开始并不如杰斐逊所预期的那么顺利,在卡贝尔的积极周旋之后,才在众议院获得通过。1819年1月25日,该报告又在参议院获得通过,最终形成了弗吉尼亚大学章程。章程对大学的管理和教学做了详细的规定。比如大学不设董事会,而是以7名委员组成的监事会作为最高权力机构,并且明确规定,7名委员必须由州长指定,“校长和监事会在任何时候都要遵从州议会为了学校的管理所颁布的合适的法律;大学在任何时候以及在所有事务上都要服从州议会的控制”②。这就从法律上确立了州议会对弗吉尼亚大学的绝对控制权,其实这也是这份章程的一个核心内容。章程通过的当天,卡贝尔就写信告知杰斐逊这个好消息,三天后,杰斐逊回信表示了他的喜悦,随即他要求卡贝尔给他一份法案的副本,因为杰斐逊知道还有更多的事情等着他去做。③

尽管有了法律的保障,但接下来的建设工作仍面临着巨大的财政困难,其实这也跟杰斐逊的宏伟计划有关。1820年11月28日,他写信告知卡贝尔弗吉尼亚大学建设的进度以及大学进一步需要的财政资助。规划中的弗吉尼亚大学校园应该包括10栋教授公寓、6座学生餐厅、104间学生宿舍、1座图书馆、1座天文台等,还有道路等基础设施建设以及聘请教授,总预算需要30余万美元。④ 州政府确实无力在短时间内满足如此高额的资金需求,以至于杰斐逊在1821年多次致信友人对州政府的态度表

---

① University of Virginia. Early History of the University of Virginia as Contained in the Letters of Thomas Jefferson and Joseph C. Cabell[Z]. Richmond: J. W. Randolph, 1856: 222.

② Knight E W. ed. A Documentary History of Education in the South before 1860, Vol. III [M]. Chapel Hill: The University of North Carolina Press, 1952: 180 - 182.

③ University of Virginia. Early History of the University of Virginia as Contained in the Letters of Thomas Jefferson and Joseph C. Cabell[Z]. Richmond: J. W. Randolph, 1856: 154.

④ Honeywell R J. The Educational Work of Thomas Jefferson [M]. Cambridge: Harvard University Press, 1931: 86.

示不满，也对不得不延迟学校开学的日子表示遗憾，甚至担心自己无法活着看到弗吉尼亚大学正式开学的那一天。① 终于在1825年9月30日，弗吉尼亚大学完成了第一次招生工作，总共招收116名学生。学生可以同时在多所学院注册，之后只要在任何一所学院完成学业就可以成为弗吉尼亚大学的合格毕业生。这些学生分布在七个学院，其中数学学院注册人数最多，达68人；现代语言学院次之，64人；古代语言学院55人；自然哲学学院33人；自然史学院30人；解剖学与医学学院20人；道德哲学学院注册人数最少，14人。

从学院设置上看，杰斐逊完全摒弃了宗教学科并侧重于现代科学知识，校园里甚至连一座教堂都没有，他的原则很简单，就是要"教授所有对我们有用的科学学科"②。杰斐逊经过不懈努力，终于实现了自己对公立高等教育的愿望，甚至可以说是真正实现了新国家对一所公立大学的期待。尽管此前已经有一些州政府建立大学的尝试，但是后来的研究者一般都把弗吉尼亚大学视为"美国第一所真正的州立大学"：它的课程是广博而科学的，它的管理完全由州政府控制，它的目标也完全是世俗的而非宗教的。③ 由于标准不统一，谁是"第一"有多种说法，但这并不重要，④ 值得注意的是，弗吉尼亚大学是杰斐逊自威廉玛丽学院改革以来所取得的公立高等教育成果，也是他政治理想的重要组成部分。杰斐逊创办大学的目的"并不仅仅是满足地方眼前的需要，而是要为这个新国家的发展和繁荣奠定基础"，他很清楚"没有什么时候比现在更有必要在大学中教授和学习共和国的真正原则以及将其运用到人类事务中的实用技术了"。⑤ 弗吉尼亚大学一度被视为"民主的大学"（democratic university）、

① Knight E W. ed. A Documentary History of Education in the South before 1860, Vol. III [M]. Chapel Hill: The University of North Carolina Press, 1952: 203 - 207.

② Jefferson T. The Writings of Thomas Jefferson, Vol. XIV [M]. Washington: The Thomas Jefferson Memorial Association, 1907: 173.

③ Brubacher J S & Rudy W. Higher Education in Transition: A History of American Colleges and Universities [M]. New Brunswick and London: Transaction Publisher, 1997: 147 - 148.

④ Thelin J R. A History of American Higher Education [M]. Baltimore: The Johns Hopkins University Press, 2011: 45.

⑤ Carter J C. The University of Virginia: Jefferson Its Father, and His Political Philosophy [M]. Cleveland: Imperial Press, 1898: 5, 35.

"人民的学校"(school of the people),任何人都可以在这里不受政治和宗教偏见的影响而获得平等的机会去追求属于自己的自由与幸福。从某种程度上来说,弗吉尼亚大学乃是一条实现杰斐逊政治理想的途径,是本杰明·拉什笔下的"共和国的机器",杰斐逊以其自身的方式将高等教育与政治理想整合于新国家当中。在此之前,包括早期州立大学在内的美国高等教育机构,多少都含有宗教性和私立性的因素,联邦政府和州政府对于一所完全公立的大学还抱有些许迟疑态度,而弗吉尼亚大学则证明了在新国家中政府与高等教育之间可以保持更加紧密的关系。

然而,这一和谐相处之道并未在全国范围内推开,正当弗吉尼亚州议会通过了弗吉尼亚大学章程,准备与高等教育携手的时候,联邦最高法院为达特茅斯学院案做出了最后的判决,这一判决是美国高等教育史上重要的一页,为政府和学院之间的关系提供了更多的思考与困惑。

第三节 达特茅斯学院案与政府—学院关系的转型

一、学院与政府的早期关系

达特茅斯学院是殖民地时期建立的最后一所高等院校,它起源于以利亚撒·惠洛克(Eleazar Wheelock)创办的一所印第安人学校。惠洛克出生于1711年,他的家族是英格兰移民,他的祖父毕业于剑桥大学,父亲是康涅狄格一位富有的农场主。惠洛克于1729年进入耶鲁学院学习神学并获得了硕士学位,随后成为一名牧师。他认为新英格兰地区的宗教正逐渐沦为一种表面形式,于是他以极大的热情投入宗教复兴运动中去。在大觉醒运动后期,惠洛克开始关注北美的印第安人,并期望用宗教来感化他们,于是建立了一所印第安人学校,同时招收白人和印第安人。教学时,对两个种族并不作区分,内容几乎都是西方的宗教知识和古典知识。其中一名学生山姆·奥克姆(Sam Occum)在学成以后于1766年抵达英格兰,成为第一个在英格兰传教的印第安人牧师。良好的教育和宣传效果给惠洛克带来了很多资金上的赞助,其中最重要的一位捐资者就是达特茅斯伯爵(Earl of Dartmouth),达特茅斯伯爵还帮学校向英王乔治三世争取到一笔款项。从这一方面说，惠洛克又重新回到了亨利克学院的起点，后来的达特茅斯学院甚至可以看作是亨利克学院在某种形式下的重生。学校良好的发展使惠洛克在1768年决定将其变成一所学院，并重新选址。

而此时，与其他殖民地一样，新罕布什尔殖民地政府也有志于发展辖地内的高等教育，总督约翰·温特沃思(John Wentworth)对这所学校产生了极大的兴趣，希望可以以此促进辖区文化事业的发展。可以说，从一开始，达特茅斯学院就跟此前的大多数学院一样与当地政府结下了不解之缘。在温特沃思的努力下，殖民地议会同意建立一所学院，将其安置在汉诺威镇，并为之拨下了一笔款项。同时，惠洛克和温特沃思还前往伦敦为学院争取到了一份宪章，1769年12月13日，温特沃思在宪章上盖上了总督的印章，宪章正式生效。惠洛克为纪念达特茅斯伯爵为学校作出的贡献，便以他的名字为新的学院命名。约一年以后，惠洛克在给友人的信中写道："我现在搬到了这个荒凉的地方，随我而来的还有我的家人，以及30名英国和印第安学生，他们将来都是要从事服务印第安人的事业的。"①需要指出的是，惠洛克是公理会信徒，达特茅斯学院也主要受公理会控制，即便温特沃思总督以及殖民地议会为学院的建立作出了重大贡献，教会仍然对世俗权力干涉学院事务保持警惕。学院董事会成员除了教会人士外仅允许总督担任，学院的宪章明确地表明"神职人员普遍被认为是教育机构最好的委托人、管理者"②。但是，学院董事会的一半成员兼有政府官员的身份，在独立战争爆发前的短短几年中，学院除了接受政府的拨地外，还接受了多达2776英镑的政府资助。③ 殖民地时期最后创办的这所高等教育机构依然延续了殖民地高等教育中一直以来的教会与政府合作的模式，与其他学院不同的是，它成立于独立战争爆发前夕，因而它没有机会像之前的学院那样有足够的时间缓慢地与政府之间进行权

① Smith B P. The History of Dartmouth College[M]. Boston: Houghton, Osgood Company, 1878: 57.

② Smith B P. The History of Dartmouth College[M]. Boston: Houghton, Osgood Company, 1878: 48.

③ McAnear B. The Raising of Funds by the Colonial Colleges[J]. The Mississippi Valley Historical Review, 1952, 38(4): 593.

力的磨合以探索合适的相处方式，而战争期间达特茅斯学院所处的独特的政治环境又为这种磨合与调整带来了更多的波折与困难。

在独立战争期间，惠洛克抱怨"战争的嘈杂声淹没了科学虚弱的呼唤声，人们开始对这所'先知们的学校'不闻不问，转而打听军事上的事情"①。尽管如此，达特茅斯学院还是最幸运的，它在殖民地时期九大学院中受战争的影响最小，校园及其建筑从未被军队占领和征用过，仅有的物质损失仅仅是学院大门被损坏了而已。② 在惠洛克校长的努力下，学校教学活动基本照常进行。在这个动荡和过渡的时期，学院所面临的一个重要课题就是重新处理好与新政府之间的关系。惠洛克并没有耶鲁学院校长斯泰尔斯那样的斡旋才能，况且，他还遇到了更加复杂的问题。1777 年，与新罕布什尔州相邻的佛蒙特宣布独立并成立共和国，达特茅斯学院所在地汉诺威镇正好位于两地交界的康涅狄格河东岸的河谷地带。此前，这一地区的市镇在新罕布什尔州宣布独立并要求派遣代表制定州宪法的时候集体表示拒绝，还与西岸的市镇一起商量独立事宜。他们的集会地点基本都是安排在达特茅斯学院的礼堂，他们希望在河两岸建立一个新州，并把政府设在学院或者学院附近。③ 学院校长惠洛克还是议会学院派（college party）的领袖人物之一。虽然建新州的计划很快就消退了，但惠洛克觉得汉诺威镇归属佛蒙特应该已成定局，因此他对于佛蒙特宪法中关于"在议会的指导下建立一所大学"④的条款表示非常担心。1778 年 3 月，他在佛蒙特议会发表演说，对政府支持教育事业的行为大加赞赏，但建议政府全力支持现有的高等教育机构，即达特茅斯学院，而不应另建，他不希望他的学院存在一个有政府支持的竞争对手。

---

① Smith B P. The History of Dartmouth College[M]. Boston: Houghton, Osgood Company, 1878: 71.

② Roche J F. The Colonial Colleges in the War for American Independence[M]. Millwood: Associated Faculty Press, 1986: 114.

③ Rice J L. Dartmouth College and the State of New Connecticut, 1776 – 1782[C].// Papers and Proceedings of the Connecticut Valley Historical Society, 1876 – 1881. Springfield: Published by the Society, 1881: 170.

④ Thorpe F N. ed. The Federal and State Constitutions, Colonial Charters, and Other Organic Laws of the States, Territories and Colonies, Now or Hitherto Forming the United States of America, Vol. VI[M]. Washington: Government Printing Office, 1909: 3748.

1778年6月15日,佛蒙特议会接受了惠洛克的建议,同意将“达特茅斯大学”(University of Dartmouth)置于政府的资助之下。① 1778年6月,河谷两岸的市镇都同意加入佛蒙特,惠洛克以为他的学院会在佛蒙特成为政府的宠儿而感到欣喜。

可是事情的发展远没有惠洛克所想象的那么顺利。新罕布什尔州对这么多市镇加入佛蒙特感到非常不满,并向当时的大陆会议抱怨这是佛蒙特的“吞并”行为。在新罕布什尔州议员、哈佛毕业生蒂莫西·沃克尔(Timothy Walker)的控诉下,佛蒙特的行为被贴上了“无知”、“自私”和“恶毒”的标签。1778年底,佛蒙特不得不跟包括汉诺威在内的市镇划清界限。1779年3月17日,这些市镇派出代表向新罕布什尔州表示愿意重新与新罕布什尔州联合为一体。4月2日,新罕布什尔州议会指定的委员会在经过调查后认可了这一提议。② 这一次康涅狄格河谷市镇归属权的转换本是一次纯粹的政治事件,可是对于身处其中的达特茅斯学院来说,首先是惠洛克的美好设想落空了,其次是学院的领导者在之前加入佛蒙特的过程中起了重要的作用,这使得今后达特茅斯学院与新罕布什尔州政府之间的关系充满了未知。1779年4月24日,学院创始人惠洛克在这种担忧中去世,校长职位由他25岁的儿子约翰·惠洛克(John Wheelock)接任。

约翰·惠洛克上任后不是以学校事业为重,而是鼓动市镇会议的代表们从新罕布什尔州重回佛蒙特,从而打破了好不容易与新罕布什尔州之间达成的政治平静。1781年8月,佛蒙特议会派出代表与美利坚合众国国会商讨加入邦联一事。8月20日,国会开出了一个前提条件,那就是佛蒙特必须与新罕布什尔州在康涅狄格河谷的领土问题上做出退让。1782年2月23日,佛蒙特议会做出决议,正式放弃了对这些市镇的政治权力,最终为这场“拉锯战”画上了句号。可以说,这始终是一场纯粹的政治纠纷,但达特茅斯学院却在其中扮演了重要的角色,作为学院校长的

① Lindsay J I. Tradition Looks Forward, the University of Vermont: A History, 1791 - 1904 [M]. Burlington: The University of Vermont and State Agricultural College, 1954: 8.

② Rice J L. Dartmouth College and the State of New Connecticut, 1776 - 1782[C].// Papers and Proceedings of the Connecticut Valley Historical Society, 1876 - 1881. Springfield: Published by the Society, 1881: 184, 190 - 193.

惠洛克父子积极参与并走在了这些政治活动的前列。在差不多四年的时间里，学院没有被战火波及，却被政治缠身，“惠洛克父子的行为在当时看来更像是下了一把大的政治赌注，他们的目的就是从政府那里获得急需的资金和阻止竞争对手的出现”①。虽然 1778 年佛蒙特议会同意了对学院进行资助，但是学院最终还是回到了新罕布什尔州，惠洛克父子带领达特茅斯学院进行的不成功的政治赌博，让学院在这四年中陷入了不知道应该与哪个政府进行协商的政治困境。

所幸的是，学院的这种犹豫不决并没有割断它与政府的联系，约翰·惠洛克干脆在两个政府之间奔波。1784 年 10 月 30 日，新罕布什尔州的朴次茅斯市政府同意为学院发行公共彩票，原计划在三年内将提供不超过 3000 英镑的资金支持，而实际上在约翰·惠洛克的努力下，1785 年 1 月就达到了这个数字。② 1785 年 6 月 14 日，在约翰·惠洛克校长的游说下，佛蒙特议会最终同意赠予学院 23040 英亩永久免税的土地。在约翰·惠洛克的管理下，这些土地每年可以产生 600 美元的收入。③ 不仅如此，约翰·惠洛克还成功地挫败了议员伊莱贾·潘恩(Elijah Paine)关于建立一所大学的动议，使得 1786 年修订的佛蒙特宪法中删去了 1777 年宪法中关于由政府建立一所大学的规定。④ 虽然达特茅斯学院已经不归属佛蒙特，但是约翰·惠洛克依然要垄断佛蒙特的高等教育和享受佛蒙特政府的资助，同时还不希望出现竞争对手，以至于佛蒙特一直到 1791 年才有了第一所自己的高等教育机构。约翰·惠洛克也明白，他的重点还是应该放在新罕布什尔州。1787 年，新罕布什尔州第二次通过发行公共彩票为学院筹集到 1800 英镑资金。1788 年 9 月，学院董事会通过决议向新罕布什尔州议会呼吁请求拨地，同时还提醒州长，他在学院董事

① Lindsay J I. Tradition Looks Forward, the University of Vermont: A History, 1791 - 1904 [M]. Burlington: The University of Vermont and State Agricultural College, 1954: 9.

② Chase F. A History of Dartmouth College and the Town of Hanover New Hampshire, Vol. I [M]. Cambridge: John Wilson and Son, 1891: 575.

③ Wheelock J. Sketches of the History of Dartmouth College and Moors' Charity School, with a Particular Account of Some Late Remarkable Proceedings of the Board of Trustees, from the Year 1779 to the Year 1815[M]. Hanover, 1815: 30.

④ Lindsay J I. Tradition Looks Forward, the University of Vermont: A History, 1791 - 1904 [M]. Burlington: The University of Vermont and State Agricultural College, 1954:11.

会中仍占有一个席位并期盼他早日出席董事会会议。① 1789 年初,新罕布什尔州议会指定了委员会考虑达特茅斯学院的建议,之后顺利地通过法案向学院划拨了 42000 英亩的土地,而学院也向新罕布什尔和佛蒙特的最高行政长官颁发了荣誉学位证书。学院与两边政府的关系渐趋融洽,开启了一段蜜月时期。1789 年 11 月,乔治·华盛顿刚刚当上总统,就到新罕布什尔州访问,原计划还要前往汉诺威镇,约翰·惠洛克还专门准备好了一篇欢迎演说。后来华盛顿未能成行,这篇演说于 12 月 19 日发表在了《新罕布什尔地方志》(*New Hampshire Gazetteer*)上。在该文中,约翰·惠洛克盛赞美国革命的历史、政治和文化功绩将永垂史册,达特茅斯学院作为一所学术机构,很荣幸有机会也有义务怀着感激之情永远地为这些至高无上的理念与荣耀服务。华盛顿也回应道:"绅士们,你们作为一所学院和一个重要的科学源泉的管理者,我们在实现这些宏愿的时候将会从你们那里获得帮助。"②这是一位学院校长与合众国总统的对话,学院在国家面前以"顺从和谦卑的仆人"自居,政治家也毫不掩饰地认为高等教育事业将是政治事业的重要组成部分。

正是学院与政府之间的和睦关系使得达特茅斯学院逐步从政治动荡中摆脱出来,走上了稳定的发展道路。1789 年,新罕布什尔州议会又向学院拨地 40000 英亩,这些土地中的一大部分很快就被出售了,共收入 2250 英镑,而学院土地上每年产生的租金收入到 19 世纪初达到了 600 美元。③ 1790 年,州议会又拨款 361 英镑给学院购买仪器设备,学院建筑也开始了修复和新建。1795 年 12 月,州议会又为学院发行公共彩票,打算在五年内集资至少 15000 美元。1794 年,约翰·泰勒·吉尔曼(John Taylor Gilman)出任新罕布什尔州新一任州长,他完全继承了温特沃思总督对达特茅斯学院的友好精神,1795 年的州长就职典礼就是在学院礼堂中举行的,学院与政府的关系进入了最融洽的阶段。学院的学生数从 1780 年的 30 人增长到了 1790 年的 160 人,1791 年达特茅斯学院的毕业

---

① Whitehead J S. The Separation of College and State: Columbia, Dartmouth, Harvard and Yale, 1776 – 1876[M]. New Haven: Yale University Press, 1973: 34 – 35.

② Washington G. The Answer[N]. New Hampshire Gazetteer, 1789 – 12 – 19(1).

③ Richardson L B. History of Dartmouth College[M]. Brattleboro: The Stephen Daye Press, 1932: 216 – 217.

生达到 49 人,而同一年哈佛、耶鲁和新泽西学院都只有 27 人。从 1791 年至 1800 年的十年中,从达特茅斯学院毕业的学生总数达到 362 人,仅次于哈佛的 394 人,而同时期耶鲁只有 295 人,新泽西学院仅 240 人。在战后的二十多年里,尤其是 18 世纪的最后十年中,达特茅斯学院在学生数和毕业生数上的增长幅度是当时美国所有高等教育机构中最大的,这种发展在达特茅斯学院自身的历史上也是空前绝后的,正如当时有人形容的,“学院现在完全处于一种极度繁荣的状态中”①。

此前,没有一所学院能在建立之初的三十年中取得如此大的进步,达特茅斯学院的飞速发展离不开新罕布什尔州政府的大力赞助和支持。1806 年 9 月,学院董事会做出决议向州议会呼吁扩大学院董事会,邀请州参众两院的议长、州高等法院大法官以及州政府的其他官员加入学院董事会行使董事权力。② 次年 6 月,在州长约翰·兰顿(John Langton)的努力下,州议会终于接受了这一提议,同时还向学院拨款赠地。1807 年 6 月 12 日,兰顿在对议会的演说中说道:“作为一个独立政治实体的本州的存在及其幸福有赖于文化和实用科学在人民中间的普遍传播……进一步支持和促进文化的发展是议会不可推卸的责任。”③然而,就在达特茅斯学院与政府和谐相处的时候,学院内部的事务纠纷却打破了这一平静,约翰·惠洛克为学院的繁荣作出重要贡献的同时,他的内部管理方式与不佳的人际关系也为学院繁荣的终结埋下了伏笔,并最终结束了学院与政府的蜜月期,促使政府重新考虑与高等教育的关系。

二、学院内部的争执与政府的干预

约翰·惠洛克是达特茅斯学院的首届毕业生,毕业后先后在新罕布什尔议会和大陆军中任职长达八年之久,直到继任父亲的达特茅斯学院校长职务。从毕业到担任校长,这期间他主要从事政治和军事活动,远离

① Chase F. A History of Dartmouth College and the Town of Hanover New Hampshire, Vol. I [M]. Cambridge: John Wilson and Son, 1891: 615.

② Whitehead J S. The Separation of College and State: Columbia, Dartmouth, Harvard and Yale, 1776 - 1876[M]. New Haven: Yale University Press, 1973: 35.

③ Chase F. A History of Dartmouth College and the Town of Hanover New Hampshire, Vol. I [M]. Cambridge: John Wilson and Son, 1891: 628.

学院事务,这种经历使他一方面对自己的能力很有信心,喜欢独断专行,但对学院管理确实不很了解;另一方面,他又认为一切事情都应该服从于政府,于是在掌管达特茅斯学院之后,“约翰·惠洛克逐渐背弃了在他父亲领导之下成为学院管理的传统的宗教和政治原则”①。约翰·惠洛克的风格在时局动荡、政治不稳定的情况下有利于学院的发展,他与政府官员之间的良好关系对于学院的繁荣是必不可少的,然而当学院进入稳定发展期后,他与董事会之间开始出现不可避免的矛盾和冲突。在18世纪90年代之前,这些冲突并未公开化,因为董事会成员多数是约翰·惠洛克的亲戚朋友,学院中惠洛克家族的色彩非常浓厚,学院的管理层也相对比较平静。可是到了18世纪90年代,学院的董事会成员出现大范围的更换,其中最重要的是1793年,佛蒙特州高等法院的纳撒尼尔·奈尔斯(Nathaniel Niles)大法官入选学院的董事会成员。他一来到达特茅斯学院,就对约翰·惠洛克校长表现出不满,首先是怀疑约翰·惠洛克的学识。约翰·惠洛克在担任校长之前一直在政府和军队中任职,在学术上确实没有出色的成果,他唯一的学术努力还是在刚刚担任校长的时候,倾其全力写就了一大卷本《国家发展的哲学史以及它们盛衰的原因》(*Philosophical History of the Advancement of Nations with an Inquiry into the Causes of Their Rise and Decline*),还专门送往英国伦敦出版,结果却被伦敦的出版商批评为“完全是一本事实、观点、引语和故事的大杂烩”②。这些批评彻底断绝了约翰·惠洛克出版此书的念头,此后他再也没有拿出一个像样的学术成果。其次,奈尔斯不满约翰·惠洛克在学院管理上的独断专行。此外,约翰·惠洛克与学生们的关系也不佳,他在学校里依然保持着军队作风,衣着庄重,为人严肃,举止生硬,不苟言笑,很难给人亲近感。③ 可是,约翰·惠洛克面对董事会和学生们的不满毫无妥协的意愿,反而深信新的董事会是不怀好意地要毁掉这所由他父亲建立的学院。

---

① Tewksbury D G. The Founding of American Colleges and Universities before the Civil War [M]. New York: Teachers College Press, 1965: 148.

② Richardson L B. History of Dartmouth College[M]. Brattleboro: The Stephen Daye Press, 1932: 260.

③ Hillard G S. ed. Life, Letters and Journals of George Ticknor, Vol. I[M]. Boston: James R. Osgood Company, 1876: 5.

于是,围绕着对学院的控制权问题,校长和董事会之间的嫌隙越来越深。

1804 年,学院的神学教授席位出现空缺,董事会不顾校长的反对聘请了达特茅斯学院 1799 年的毕业生罗斯韦尔·舒特莱夫(Roswell Shurtleff)接任此教授席位。约翰·惠洛克由此开始逐渐失去对学院的人事权并将董事会的这种行为视为对他个人的不忠诚。“当 1809 年董事会聘请艾莎·麦克法兰(Asa McFarland)和查尔斯·马什(Charles Marsh)取代约翰·惠洛克提名的候选人时,他指责董事会这是在合谋剥夺他对学院的控制权。”①1809 年,约翰·惠洛克在董事会中失去了多数的支持。②第二年,他的好朋友以利亚·帕瑞什(Elijah Parish)未能成功当选语言学教授。1811 年,约翰·惠洛克失去了学院内部的惩戒权,1814 年又被董事会剥夺了给高年级学生上课的权利,此时的约翰·惠洛克几乎已经完全丧失了对学院的控制权,甚至是作为一名管理者的基本权力。约翰·惠洛克终于无法继续忍受下去。1815 年 5 月,他的《达特茅斯学院和莫尔慈善学校简史》(*Sketches of the History of Dartmouth College and Moor's Charity School*)一书出版。在书中,他主要回顾了他们父子二人对学院作出的贡献并细数了当时的董事会是如何在人事安排和学院管理上罔顾事实和侵犯他的校长权威的,他认为“董事会已经完全背离了前辈们的道路……学院的职员已经受到严重威胁学院利益的无序状态的恶劣影响,并在董事会议上以书面和口头的形式陈述了他们所面临的状况”③。这本书更像是约翰·惠洛克对学院董事会的宣战书,在出版前两个月,以利亚·帕瑞什告诫惠洛克,这本册子一旦出版就没有回头路了,“你必须勇往直前,要么成功要么失败”④。约翰·惠洛克把对董事会的不满以出书

---

① Stites F N. Private Interest & Public Gain: The Dartmouth College Case, 1819[M]. Amherst: The University of Massachusetts Press, 1972: 10.

② Dartmouth College Trustees. A Vindication of the Official Conduct of the Trustees of Dartmouth College, in Answer to “Sketches of the History of Dartmouth College” and “A Candid, Analytical Review of the Sketches”[Z]. Concord: George Hough, 1815: 10.

③ Wheelock J. Sketches of the History of Dartmouth College and Moors' Charity School, with a Particular Account of Some Late Remarkable Proceedings of the Board of Trustees, from the Year 1779 to the Year 1815[M]. Hanover, 1815: 14, 19.

④ Whitehead J S. The Separation of College and State: Columbia, Dartmouth, Harvard and Yale, 1776 - 1876[M]. New Haven: Yale University Press, 1973: 55.

的方式公之于众，这一方面说明双方的矛盾已经完全公开化，另一方面也说明，这尽管是学院内部的争执，但是双方已然失去了将事务限定在学院内部并以对话的方式解决矛盾的可能性，必须寻求第三方介入调解。

1815 年 6 月，约翰·惠洛克不等董事会的答复就直接向新罕布什尔州议会发出呼吁，以寻求政府的援助："尊敬的议员们，新罕布什尔州的公民在你们的法律下享受安全、和平与繁荣，在你们的建议与关怀下，全州文化机构中的知识也在不断增长。但是，达特茅斯学院对这些没有一点贡献。早年它在你们的慷慨资助下繁荣发展，现在它仍然需要你们的关心和管理。"他指责学院董事会"将学院的财产应用在与捐赠者意愿完全不相干的事情上，并在某些情况下让人们失望。他们还在一系列的事情中灌输党派观点，改变学院的道德和信仰秩序……他们破坏学院宪章，逾越自己的权限……他们用不合适的方式聘请学院的行政人员……"① 约翰·惠洛克力求将学院的内部事务上升为政治事务，极力渲染达特茅斯学院作为一个公共机构的公共性，学院应该要为社会秩序和公共幸福作贡献，但董事会的所作所为已经违背了学院的公共职责。与此同时，以利亚·帕瑞什也加入了论战的行列，他发布了一本 32 页的小册子支持约翰·惠洛克和批评董事会："我们已经看到董事会拒绝回应校长对州议会做出的申诉……他们拒绝承认议会的权威并把议会拒之门外。"帕瑞什毫不客气地直斥："他们是不是已经成为一种贵族了？他们还会听从谁呢？接下来他们就完全独立了吗？难道没有权力可以控制他们了吗？"②

州议会随即指派了一个由新罕布什尔州的公民（均不是议员）组成的三人委员会调查达特茅斯学院的管理事务以及董事会与校长之间的纠纷。可见，州议会其实并不想让政府过多地介入学院事务，更希望通过非官方的调查委员会表明政府的中立态度。1815 年 8 月 16 日，委员会选择将约翰·惠洛克的家作为调停的场所并进行了两天半的调查，董事会表示愿意与约翰·惠洛克达成妥协，委员会也希望他们考虑到学院和公众

① Smith B P. The History of Dartmouth College [M]. Boston: Houghton, Osgood Company, 1878: 90 – 91.

② Parish E. A Candid, Analytical Review of the "Sketches of the History of Dartmouth College and Moors' Charity School, with a Particular Account of Some Late Remarkable Proceedings of the Board of Trustees, from the Year 1779 to the Year 1815" [C]. Hanover, 1815: 26 – 27.

的利益尽量和解，但约翰·惠洛克却毫不退让，他的固执性格让调解陷入了僵局。[①] 之后，董事会也开始采取强硬态度。8 月 24 日，董事会召开年度会议，严厉批驳了约翰·惠洛克在州议会上的发言，并决定第二天给约翰·惠洛克一个机会来解释和澄清此事。但是，约翰·惠洛克却拒绝出席会议，并致函董事会，再次重申了他对学院的功劳，同时要求董事会在州议会上对他的问责予以答复。在这样的僵局下，8 月 26 日下午，董事会以绝对多数通过决议解除约翰·惠洛克的校长职务，其理由如下："第一，他推出了一本匿名小册子，名为《达特茅斯学院和莫尔慈善学校简史》，而董事会认为这本小册子完全是对学院的诽谤；第二，他宣称全权负责学院的行政事务，并有权通过指定行政人员来控制学院，而学院章程已经很清楚地写明了学院行政权属于董事会以及由董事会指定的校长、教授和导师；第三，他指责学生违背学校规章，经常对学生实施羞辱和惩罚；第四，他把一个年轻人送进莫尔慈善学校并用苏格兰基金来培养他，但这个年轻人并不是印第安人而只是在印第安人部落长大，而苏格兰基金的唯一目的是指导和教化印第安人；第五，他认为董事会对他不满的真正原因是不同的宗教观点，而这根本是站不住脚的。"[②]随后，弗朗西斯·布朗(Francis Brown)被董事会推荐为新一任校长。1815 年 9 月，董事会也出了一本书，对约翰·惠洛克的《达特茅斯学院和莫尔慈善学校简史》进行了全面的反驳，几乎是逐字逐句地指出了约翰·惠洛克书中的不实之处，以证明学院事务的管理完全是有序的，人事安排也是合理的。书中写道："管理和教学已取得了重大的进步……达特茅斯学院在早期曾是新英格兰地区最富有的大学之一，而如今，尽管它也很努力，但已经沦落为最穷困的学校之一"，学院的年收入甚至比校长约翰·惠洛克的个人收入还要低，而约翰·惠洛克"已经成为新罕布什尔州最富有的人之一"[③]。看来

---

① Stites F N. Private Interest & Public Gain: The Dartmouth College Case, 1819 [M]. Amherst: The University of Massachusetts Press, 1972: 19.

② Smith B P. The History of Dartmouth College [M]. Boston: Houghton, Osgood Company, 1878: 96 -97.

③ Dartmouth College Trustees. A Vindication of the Official Conduct of the Trustees of Dartmouth College, in Answer to "Sketches of the History of Dartmouth College" and "A Candid, Analytical Review of the Sketches" [Z]. Concord: George Hough, 1815: 81 -82.

让双方通过对话解决问题已经是不可能的了,让一个不带政治色彩的委员会以中立的态度进行调解也无望,政府必须以鲜明的立场介入这场争端,而此时的新罕布什尔州也做好了强力干预的准备。1815 年 9 月 30 日,将继任州长的威廉·普卢默(William Plumer)与当时的州长约翰·泰勒·吉尔曼谈话时,吉尔曼很坦率地表示对约翰·惠洛克被解职一事非常不满。①

1816 年 3 月,民主党在州长和议会席位的选举中胜出,民主党从一开始就对约翰·惠洛克表示同情,新州长威廉·普卢默更是杰斐逊的政治和教育理念坚定的追随者。他认为"一个有效的政府需要一个受过教育的公民团体。……任何阻止或威胁到对教育的公共控制的事情都是对美利坚合众国的进步的威胁"。他的目标不仅仅是解决约翰·惠洛克与董事会之间的矛盾或者恢复约翰·惠洛克的校长职务,而是"要建立议会对学院的权力和权威,为人们寻求建立这所学院的真正目标,并在政府与学院之间形成一种有效的联结" ②。普卢默的好友、《新罕布什尔爱国者报》(*New Hampshire Patriot*)的主编艾萨克·希尔(Isaac Hill)也撰文指出:"在新罕布什尔州,或许没有一个人会怀疑议会将纠正达特茅斯学院中权力滥用的问题。……学院章程中的贵族特征必须在共和政府下被改变。……就算是没有权力滥用问题,州政府也有责任保护自身在学院中的利益。"③政府对达特茅斯学院的控制权问题在 1816 年逐渐成为公众和新一届政府的中心话题。1816 年 6 月 6 日,普卢默第一次以州长身份向议会发表演说,其中一个重要话题就是达特茅斯学院。他强调"没有什么政治体制比共和国更有必要促进知识的普遍传播了。因此,对于州政府来说,资助和支持文学和科学更多的是出于一种责任而不是利益"④。他提醒议员们注意达特茅斯学院董事会自治的原则是有违一个民主政府

① Peabody A P. ed. Life of William Plumer, by His Son William Plumer Jounior[M]. Boston: Philips, Sampson Company, 1857: 431.

② Stites F N. Private Interest & Public Gain: The Dartmouth College Case, 1819 [M]. Amherst: The University of Massachusetts Press, 1972: 24, 26.

③ Hill I. Dartmouth College[N]. New Hampshire Patriot, 1816 - 4 - 9(3).

④ The State of New Hampshire. Journal of the Honorable Senate of the State of New Hampshire at Their Session Begun and Holden at Concord on the First Wednesday of June, Anno Domini, 1816[Z]. Concord: Isaac Hill, 1816: 25.

的精神的。普卢默明确地指出“学院是为了公共利益才建立的,而不是为了董事会的利益”,因此政府保留修改其章程的权力并建议来年有必要采取一定措施来“保障人民的利益”①。在演说中,他极力把达特茅斯学院渲染成一个公共机构,认为这所学院应该成为一所公立学院并体现一种“真正的爱国主义”。

于是,州议会指定了一个十八人委员会来研究和考虑州长的建议,该委员会中有一个重要成员以利亚撒·惠洛克·黎普列(Eleazar Wheelock Ripley),他是约翰·惠洛克的亲侄子,他在威廉·普卢默州长的建议的基础上,提出了一份解除当前董事会和将学院改名为“达特茅斯大学”(Dartmouth University)的提案,并于1816年6月18日交到了州议会。6月26日,州议会在对法案进行修改后予以通过,法案再次重申了政府对于教育和学院的职责,将达特茅斯学院董事会由原来的12人增加到21人,由校长全面负责学校的管理和教学并担任董事会主席,校长每年须向州长汇报学校的教学和管理状况;在董事会外再组织一个由25位政府官员组成的监事会,校长、董事会成员、教授、职员的任免和薪水都由监事会决定,董事会的所有决定也必须得到监事会的认可才有效;此外,校长和教授在上任之前必须宣誓忠于州宪法。② 这份法案无疑是为达特茅斯学院重新颁布了一份章程并对学院的管理层进行了全面的改革,州政府实现了对学院的完全控制,学院在更名后完全成为一所公立的大学,只是原来的董事会成员仍然全部留在新的董事会中。普卢默州长第二天就签署了法案。然而,原来的学院董事会在1816年8月28日一致做出决议反对该法案,所有人拒绝参加新董事会,导致其达不到法定人数。③ 在普卢默州长的努力下,1816年11月18日,议会又通过了一份补充条款,授权

① The State of New Hampshire. Journal of the Honorable Senate of the State of New Hampshire at Their Session Begun and Holden at Concord on the First Wednesday of June, Anno Domini, 1816[Z]. Concord: Isaac Hill, 1816: 27 – 29.

② The State of New Hampshire. Laws of New Hampshire including Public and Private Acts, Resolves, Votes, etc., Vol. 8, 1811 – 1820[Z]. Concord: Evans Printing Co., 1920: 505 – 508.

③ Lord J K. A History of Dartmouth College, 1815 – 1909[M]. Concord: The Rumford Press, 1913: 695 – 696.

州长在下次召开董事会之前把董事会成员补齐。① 在该条款下,旧董事会若继续采取拒绝态度就等于自动放弃了自己的董事资格。1816 年 12 月 26 日,州议会又通过了一份补充条款,宣布达特茅斯大学的教学和管理人员都必须认可和服从 6 月 27 日的法案,对于不认同这一法案的现任董事会成员或者其他教学和管理人员,都要处以 500 美元的罚款。② 面对罚款的处罚,旧董事会成员不得不向州议会妥协。至此,新罕布什尔州依照殖民地时期以来的方式,成功地完成了对达特茅斯学院的改革,旧董事会不得不默认这一结果,此时他们没有意愿也没有足够的资金通过诉讼来维护自己的权益,直到一个偶然的契机出现。③

三、从州高等法院到联邦最高法院

1817 年 1 月,一位来自奥福德镇的商人约翰 · B. 惠勒(John B. Wheeler)向达特茅斯学院的一位教授表示:"如果董事会愿意通过法律途径以诉讼的方式维护自己的权利并且需要资助的话,我愿意奉上 1000 美元。"④在获得资助的情况下,2 月 8 日,学院董事会先向格拉夫顿郡(Grafton County)法院提起诉讼,随后被移交至州高等法院。值得注意的是,董事会的诉讼对象并没有直指州长、州议会或者约翰 · 惠洛克,而是选择了威廉 · H. 伍德沃德(William H. Woodward)。伍德沃德本来是达特茅斯学院的董事兼财务主管,在 1816 年 6 月 27 日的法案生效后,他被任命为新的达特茅斯大学的财务主管,伍德沃德接受了这一任命,这就意味着他承认了州政府对学院的改革并与学院董事会站到了对立面。这在学院董事会看来是不合法的任命,是对学校财产的不合理占有,因此他们

① The State of New Hampshire. Laws of New Hampshire including Public and Private Acts, Resolves, Votes, etc., Vol. 8, 1811 – 1820[Z]. Concord: Evans Printing Co., 1920: 555.

② The State of New Hampshire. Laws of New Hampshire including Public and Private Acts, Resolves, Votes, etc., Vol. 8, 1811 – 1820[Z]. Concord: Evans Printing Co., 1920: 584.

③ Whitehead J S. The Separation of College and State: Columbia, Dartmouth, Harvard and Yale, 1776 – 1876[M]. New Haven: Yale University Press, 1973: 65.

④ Lord J K. A History of Dartmouth College, 1815 – 1909[M]. Concord: The Rumford Press, 1913: 100.

要求伍德沃德退还学校财产并赔偿 5 万美元的损失,达特茅斯学院案由此拉开了帷幕。可是,法院尚未开庭,约翰·惠洛克就于 1817 年 4 月 4 日离开了人世。

1817 年 9 月 19 日,新罕布什尔州高等法院开庭审理此案。学院董事会聘请了强大的律师团队:耶利米·梅森(Jeremiah Mason)、耶利米·史密斯(Jeremiah Smith)以及后来加入的丹尼尔·韦伯斯特。① 一开始,梅森进行了长达两个小时的慷慨陈词,他首先质疑学院董事会是否有义务接受州议会的法案,州议会的法案创造了一个完全不同于达特茅斯学院的机构——"达特茅斯大学",学院董事会被强制加入到大学董事会,而学院董事会从来没有接受过州议会的法案以及认可新的机构。"不可否认的是,法案确实在很多方面从根本上影响和变更了旧董事会集体和个人的权利与权力,而这些变更和限制都是被强加的"②。由此,梅森毫不客气地宣布州议会的做法违反了州宪法和合众国宪法,达特茅斯学院是一所私立性质的慈善学校,而"对私人权利的保护乃是新政府最有价值和最重要的方面",学院董事会的权利最初虽然也是殖民地议会通过法案赋予的,但是被赋予的权利不可以随意被剥夺,"政府没有权力借口说他们是公共性质的董事会而干涉私立机构"。③ 史密斯同样抓住学院董事会的法律权利不可侵犯这一点,他认为,尽管学院董事会是由政府设立并赋予权利的,政府权力在学院中可触及的范围也是不可确定的,"但可以肯定的是,就像政府不能触犯一个自然人的私人财产和权利一样,政府也不能触犯私立机构的财产和权利。达特茅斯学院虽然受州政府管辖,但它

---

① 耶利米·梅森,1788 年从耶鲁学院法学专业毕业,1791 年正式进入律师界,1802—1805 年曾担任新罕布什尔州首席检察官,1813—1817 年当选联邦参议员。耶利米·史密斯,1780 年毕业于皇后学院,曾在大陆军中任职,1786 年正式进入律师界,1789—1791 年被选为新罕布什尔州议会议员,1791—1797 年当选联邦众议员,1797—1800 年担任新罕布什尔州联邦地区法院检察官,1801 年被亚当斯总统任命为第一巡回区联邦巡回法院大法官,1802—1809 年成为新罕布什尔州高等法院首席大法官,1809—1810 年还短暂出任过新罕布什尔州州长。丹尼尔·韦伯斯特,1801 年毕业于达特茅斯学院,1805 年正式进入律师界,并迅速在法律界脱颖而出,1813—1816 年当选联邦众议员。

② Farrar T. ed. Report of the Case of the Trustees of Dartmouth College against William H. Woodward[M]. Portsmouth: John W. Foster, 1819: 29 – 31.

③ Farrar T. ed. Report of the Case of the Trustees of Dartmouth College against William H. Woodward[M]. Portsmouth: John W. Foster, 1819: 38, 45.

是一个独立的个体,它的财产是一个独立个体的财产"①。史密斯的辩护与后来约翰·马歇尔大法官的观点几乎是一致的,认为法人应该跟自然人一样在法律上受到保护。而被告方辩护律师伊卡博德·巴特利特(Ichabod Bartlett)和乔治·沙利文(George Sullivan)则坚称达特茅斯学院和学院董事会不是私立机构而是公共机构。沙利文认为,学院由政府还是个人创立和资助并不能成为判断学院公立和私立性质的依据,"一个机构如果是为了其成员自身的利益而建立,并为了他们自身的利益而占有财产和行使权力的话,那么它就是私立的;如果一个机构是为了整个州或领地的全体居民的利益而建立,为了全体居民的利益而占有财产和行使权力,那么它就是一个公共机构"②。换句话说,学院的公私性质是由其目的来决定的。根据新罕布什尔殖民地议会颁布的达特茅斯学院章程,沙利文指出该学院明显是一个公共机构,既然如此,州议会自然就有权根据公共利益对其行使管理权。巴特利特引用以往的判例说明,州议会通过法案以新董事会代替旧董事会并改革其管理模式并没有影响达特茅斯学院原来的合法权利。③ 首席大法官威廉·理查森(William Richardson)认同沙利文以机构目标的性质来判断机构的公私性质的观点:"一个机构行使权力完全是为了公共的目的,那么它就是一个公共机构。"④他认为达特茅斯学院最初的章程表明它的建立是为了在印第安人中传播宗教与知识,以及为新罕布什尔带来最好的教育方式,"这些目的都完全是公共性的",由于目的的公共性,学院就是一个公共机构;同时,"我们明确认为,学院的章程并不是一份真正的契约",因此州议会的法案不存在违宪的问题。⑤ 由此,新罕布什尔州高等法院认可了州议会在学院事务中的

---

① Farrar T. ed. Report of the Case of the Trustees of Dartmouth College against William H. Woodward[M]. Portsmouth: John W. Foster, 1819: 114-115.

② Farrar T. ed. Report of the Case of the Trustees of Dartmouth College against William H. Woodward[M]. Portsmouth: John W. Foster, 1819: 71-72.

③ Farrar T. ed. Report of the Case of the Trustees of Dartmouth College against William H. Woodward[M]. Portsmouth: John W. Foster, 1819: 168.

④ Farrar T. ed. Report of the Case of the Trustees of Dartmouth College against William H. Woodward[M]. Portsmouth: John W. Foster, 1819: 212.

⑤ Parsons F N. ed. The New Hampshire Reports, Vol. 65[Z]. Concord: Josiah B. Sanborn, 1891: 630, 640, 643; Farrar T. ed. Report of the Case of the Trustees of Dartmouth College against William H. Woodward[M]. Portsmouth: John W. Foster, 1819: 234.

干预措施以及对达特茅斯学院管理制度的改革，宣布学院董事会败诉。

“学院的支持者们对这个判决结果并不感到意外。丹尼尔·韦伯斯特在给布朗的信中就表示对州法院根本没抱希望。”①1818 年初，学院董事会上诉至联邦最高法院，梅森和史密斯没有随行，丹尼尔·韦伯斯特独自承担起了辩护的重任。此时的达特茅斯学院案已经在全国范围内引起了高等教育领导者们的注意，因此不管最后的判决结果如何，都必将在整个高等教育领域中产生至关重要的影响。当案件被上诉到联邦最高法院的时候，约翰·惠洛克已经去世，他与董事会之间的矛盾早已不是案件的话题，这个时候的焦点集中在新罕布什尔州将达特茅斯学院变为公立大学是否合法，政府是否有权立法干涉学院的管理权，这将是对殖民地时期以来政府干预高等教育的方式以及政府与学院的关系模式的一次判决。

1818 年 3 月 10 日，联邦最高法院开庭审理此案，丹尼尔·韦伯斯特开始了他著名的辩护。丹尼尔·韦伯斯特认为在学院章程的规定中，董事会是学院唯一合法的拥有者，具有最高的行政管理权，其权利由章程赋予，不受任何其他的约束，董事会的新成员也是由董事会自身来选举和指定的，学院已经照此运行了半个世纪，因此，现在新罕布什尔州议会在没有征得董事会同意的情况下，擅自组成新的董事会并颁布法案将其变为一所公立大学等一系列行为都是无效的。首先，州议会的行为违反了新罕布什尔州宪法的规定：任何人的财产权、豁免权和言论自由，以及生命、自由和房产的权利都不得被剥夺，任何人都受法律的保护，除非受到这片土地上的人们和法律的审判。丹尼尔·韦伯斯特重新审视了学院的章程和学院的性质，他认为达特茅斯学院“是一所慈善机构，一所私人的慈善机构，它由一个个体出资创办，为了更好地管理这所慈善机构，在他的请求下学院被赋予了一个章程。……慈善机构是根据捐赠者的意愿来管理私人财产的。……一所学院就像一座医院一样是一个私人机构，尤其是当学院是由私人赞助的时候”②。尽管它在功能上是公共性的，但是这并不能改变它在财产所有权和资金管理权上的私人性质。所以，新罕布什

① Stites F N. Private Interest & Public Gain: The Dartmouth College Case, 1819 [M]. Amherst: The University of Massachusetts Press, 1972: 55.

② Hofstadter R & Smith W. ed. American Higher Education: A Documentary History, Vol. I [M]. Chicago: The University of Chicago Press, 1961: 204 - 205.

尔州的法案剥夺了学院董事会对学院的控制权和管理权，将他们置于法律保护之外，这违背了州宪法对私人财产权的保护。其次，州议会的行为违反了联邦宪法第一条第十款："任何州都不得……通过……损害契约义务的法律。"丹尼尔·韦伯斯特考察了1769年学院章程后发现，这是一份授予学院的创建者和管理者完全的管理权和监督权的文件，它是一份契约、一份约定，州议会的法律已经明显地触犯了契约的核心内容。他认为，"本案所影响的不仅仅是这一所学院，而是每一所学院，以及这个国家的所有文化机构。迄今为止，它们繁荣发展，受到高度尊重并有益于社会。它们都具有一个基本的存在原则，那就是它们的章程的不可侵犯性。把这些机构置于政党势力的起落和政治观点的波动之下是一个最危险的实验"①。最后，丹尼尔·韦伯斯特呼吁，这件案子不仅仅关系到国家的每一所学院、每一家文化机构、每一个慈善机构，"在某种程度上它还关乎我们每一个拥有财产而又有可能被剥夺财产的人，这里的问题很简单：是否允许我们的州议会获取本不属于他们的东西，使其改变原来的功用，并把它随意用于他们认为适合的目的！……我知道，这所学院只是我们国家地平线上一束无关紧要的光线，你可能会将它抹去。但是，如果你这么做了，你还会继续做下去！你会一束接一束地扑灭所有那些重要的已经照耀我们这片土地一个多世纪的科学之光！是的，就像我说的，这是一所小学院。但是，我们爱着它"②。丹尼尔·韦伯斯特充满感情的慷慨陈词让首席大法官约翰·马歇尔也为之动容落泪，黎普列的一个支持者听了之后立刻对黎普列说："我怕你们已经输了。"③整整一百年后，从达特茅斯学院校长任上退休的威廉·朱伊特·塔克(William Jewett Tucker)还感慨道："毫无疑问，在美国这片土地上，如果有哪一所机构的名称与它的毕业生或创建者的名字密不可分的话，那就是达特茅斯学院和丹尼尔·韦

① Hofstadter R & Smith W. ed. American Higher Education: A Documentary History, Vol. I [M]. Chicago: The University of Chicago Press, 1961: 211.

② Hofstadter R & Smith W. ed. American Higher Education: A Documentary History, Vol. I [M]. Chicago: The University of Chicago Press, 1961: 212.

③ Stites F N. Private Interest & Public Gain: The Dartmouth College Case, 1819 [M]. Amherst: The University of Massachusetts Press, 1972: 65.

伯斯特了。”①

这一次,联邦最高法院站在了学院董事会一边。1819年2月2日,联邦最高法院以5比1的投票(另有1票弃权)最终认定新罕布什尔州议会针对达特茅斯学院的法案是违宪的、无效的。马歇尔宣读了判决书,认为“通过对章程的重新审视,达特茅斯学院是一所慈善机构,是为了把捐赠者的资助应用到特定目的上而建立的;它的董事会或管理者最先是由创建者任命的,并被授权永久自我延续;他们并不是参与政府管理的行政官员,学院也不是公共机构”②,推翻了此前新罕布什尔州高等法院以机构目的判断机构性质的结论。同时,他还认定学校的章程是一份受联邦宪法保护的契约:“简单地说,这最先是一份捐赠者、董事会和英帝国(其权利与义务已由新罕布什尔州继承)之间的契约,这是一份经过深思熟虑后制定的契约,这是一份关于保护财产和处置财产的契约……因此,这是一份包含在宪法的文字和精神中的契约。”③1816年,新罕布什尔州议会通过的法案对学院进行了重组,与建立之初的学院已经完全不同,以州政府的意愿代替了当初捐赠者的意愿,“这对于这所学院来说也许是有利的,对于知识的普遍发展也许是有利的,但违背了捐赠者的意愿,破坏了基于他们赠予的财产的信念之上的契约”④,也就是说,从根本上改变了这份契约的性质,是对契约精神的侵犯。于是,达特茅斯学院的所有财产和权力又重新回到了学院董事会手中,新罕布什尔州试图将其转变为一所州立大学的努力也化为泡影,更重要的是,州政府以传统的方式干预学院事务的行动失败了。

四、胜诉之后的达特茅斯学院与政府的关系

达特茅斯学院从独立战争以后一直与新罕布什尔政府保持着密切的

---

① Tucker W J. My Generation: An Autobiographical Interpretation[M]. Boston: Houghton Mifflin Company, 1919: 290.

② Hofstadter R & Smith W. ed. American Higher Education: A Documentary History, Vol. I [M]. Chicago: The University of Chicago Press, 1961: 216.

③ Hofstadter R & Smith W. ed. American Higher Education: A Documentary History, Vol. I [M]. Chicago: The University of Chicago Press, 1961: 216–217.

④ Farrar T. ed. Report of the Case of the Trustees of Dartmouth College against William H. Woodward[M]. Portsmouth: John W. Foster, 1819: 329.

关系,在经过一段蜜月期后,围绕着学院管理权的问题,学院董事会与州政府之间的矛盾不得不由联邦最高法院来裁决,这是否就终止了学院与州政府之间的友好关系呢?在案件之后,州政府与达特茅斯学院又将如何处理彼此间的关系呢?

在联邦最高法院对达特茅斯学院案宣判后不久,威廉·普卢默州长在大选中败北。但是,这位坚定的杰斐逊主义者对于公共教育尤其是公立大学对于一个共和国及其民主制度之重要性的信念丝毫没有动摇,他主导下的达特茅斯学院的改革就是将学院在原来的基础上扩展为更能代表公共利益的大学。从 1820 年 5 月 23 日开始,在接下来的九年中,普卢默以古罗马著名政治家卢基乌斯·昆克提斯·辛辛那图斯(Lucius Quinctius Cincinnatus)的名字为笔名,在《新罕布什尔爱国者和政府公报》(*New Hampshire Patriot & State Gazette*)上连续发表文章,阐述了他对政府、政治、宗教、农工商业、文化教育等各个方面的观点:"我的政治观念是共和的,我的宗教观是自由的,我的名字和我的写作是分不开的……我写作的动机就是为了公共利益(public good)。"①这期间,普卢默发表了 25 篇关于教育话题的文章,其中从 1820 年 12 月至 1821 年 4 月就发表了 10 篇,这位新罕布什尔州前任州长的文字为考察达特茅斯学院案之后政府对学院的态度提供了一个视角。

威廉·普卢默的基本主张就是反对教派控制的以宗教和古典教育为主的学校,而希望由政府创办世俗的教授实用知识的公共学校。他认为当时高等教育的实用性远远少于其装饰性,教师教授的都是一些没有用的和没有必要的知识,而学生们也"从来没有获得过高等的科学和文学知识"②,他们只是不断地学习宗教教派的教条以及古希腊语、古拉丁语、希伯来语这些"死语言",在普卢默看来这完全是在浪费父母们的金钱和孩子们的时间。他感叹道:"有多少'有学问'的人仅仅是获得了一些语言知识,而对世间万物一无所知啊!"③在他看来,当时的高等教育并没有完

① Plumer W. To the People[N]. New Hampshire Patriot & State Gazette, 1820-5-23(1).
② Plumer W. Cincinnatus-No. 23: Education[N]. New Hampshire Patriot & State Gazette, 1820-12-12(1).
③ Plumer W. Cincinnatus-No. 24: Education[N]. New Hampshire Patriot & State Gazette, 1821-1-2(2).

全满足公众的实际需求，对现实生活没有促进作用。他认为当时的高等教育遮蔽了最基本的教育目的，即“培养和改善理解力，以有用的知识充实大脑”①，而这只有公立学校才能做到，因此，公立学校关乎整个国家所有人民的真正幸福。

接着，他专门论述了美国和新罕布什尔州的高等教育。美国的高等教育源于英国的传统，但是普卢默指出两者之间存在着根本的区别，那就是美国的学院从来就不是特权团体。美国没有国教，各教派自由平等地共存。作为殖民地时期创办的最后一所高等教育机构，达特茅斯学院建立的目的是教化印第安人和传播基督教知识，教派成分更少，甚至“比哈佛更加公平和自由”②。可惜的是，“在许多学院中，对于这些语言的学习有一种严重的偏好，擅长这些语言的学生几乎获得了他们所在学院的所有荣誉和赞扬。……很遗憾，我在本州第一所以及最受尊敬的学院（达特茅斯学院）里也看到了这些”③。达特茅斯学院并没有提供一种完整且有用的教育，这是严重背离合众国的精神的。普卢默在达特茅斯学院案中扮演了重要的角色，学院重组法案很大部分都是其理念的实践。他表达了对联邦最高法院最后裁决的不满：“当学院的管理者们向公众或者议会申请资助的时候，他们就把学院说成是一个公共机构；但是当州议会为了学院更好的管理和发展而为他们颁布法律的时候，学院又被说成是一个私立机构而免于所有议会立法的干涉。”④

而这也正是学院和政府关系的复杂之处，此前这一矛盾并未凸显，因为很少有学院对议会通过的法律表示不满乃至提起诉讼。如果说丹尼尔·韦伯斯特激动人心的辩护和马歇尔庄重严肃的裁决在很大程度上保

---

① Plumer W. Cincinnatus-No. 25: Education[N]. New Hampshire Patriot & State Gazette, 1821-1-15(1); Plumer W. Cincinnatus-No. 26: Education[N]. New Hampshire Patriot & State Gazette, 1821-1-29(2).

② Plumer W. Cincinnatus-No. 31: Education[N]. New Hampshire Patriot & State Gazette, 1821-3-26(2); Plumer W. Cincinnatus-No. 32: Education[N]. New Hampshire Patriot & State Gazette, 1821-4-2(2).

③ Plumer W. Cincinnatus-No. 30: Education[N]. New Hampshire Patriot & State Gazette, 1821-3-19(2).

④ Plumer W. Cincinnatus-No. 34: Education[N]. New Hampshire Patriot & State Gazette, 1821-4-16(2).

护了法人机构并在学院与政府之间画出一条隔离带的话，普卢默则是以朴实的语言道出了导致达特茅斯学院案的真正原因、政府与学院关系的复杂性以及学院公私性质由来已久的模糊性，马歇尔和丹尼尔·韦伯斯特的胜利在于直接回避了澄清这种复杂性的努力而转向重新定义所谓的"公共性"。普卢默言简意赅地表达了他的教育观，"如果政府想让民众变得更好，就必须为民众提供一种优秀的教育。这是一个值得议会注意并需要他们支持的目标"，新罕布什尔州必须根据州宪法规定的原则在州内建立一所公立的学院或者大学乃至一个完整的公立教育体系。① 很显然，自独立战争以来，政府希望建立属于自己的高等教育的意愿有增无减，达特茅斯学院案不过是这种努力的一个方面。达特茅斯学院案并没有降低政府对于高等教育的兴趣，甚至可以把普卢默的努力看作 1779 年杰斐逊改革威廉玛丽学院的再次上演。对于这种由达特茅斯学院案所刺激的强烈愿望没有谁表达得比普卢默更加明确的了："如果要让学院广泛地回报公众，它们就要经历一场激烈的变革。它们不应该再是神学院，而应该是世俗机构。它们应该是公共机构而不是私立机构，它们应该由与专业无关的科学和文学人士来管理而不是由教派牧师管理，应该教授活语言而不是死语言。……我们有一个怎样的改革前景呢？那些学院都掌握在一些不愿改变现状也不承认公众或者议会有权发起改革的人手中。"②

而达特茅斯学院董事会的胜诉又给学院带来了什么呢？学院董事会虽然赢得了诉讼，学院上下也陷入一片欢庆之中，但是丹尼尔·韦伯斯特是律师，他只管打赢官司，不用考虑学院的今后发展；马歇尔的判决保护了董事会的权利，但不能保证学院的前景。不管怎么说，新罕布什尔州对学院的改革其意不在于侵犯董事会的权利，而是希望高等教育可以更好地适应民主国家和世俗社会发展以及满足广大公众的需求。与杰斐逊改革威廉玛丽学院不同的是，达特茅斯学院的改革得到了州政府行政、立法

① Plumer W. Cincinnatus-No. 35: Education[N]. New Hampshire Patriot & State Gazette, 1821-4-23(2).

② Plumer W. Cincinnatus-No. 34: Education[N]. New Hampshire Patriot & State Gazette, 1821-4-16(2).

和司法三方面的一致认同[①]，联邦最高法院的判决无疑让学院完全站到了州政府甚至公众的对立面，会使达特茅斯学院失去最重要的资金来源和公共支持。1821 年 6 月，达特茅斯学院的财务主管米尔斯·奥尔科特（Mills Olcott）和另一位董事会成员、丹尼尔·韦伯斯特的哥哥伊奇基尔·韦伯斯特（Ezekiel Webster）都写信给丹尼尔·韦伯斯特表示："达特茅斯学院的一些支持者认为学院的真正利益应该是来自议会的资助……他们考虑设立一个由州长、参众两院的议长以及其他由州长指定的人员组成的二十人监事会……如此，达特茅斯学院在今后十年中每年可以获得 5000 美元的资助。"[②]达特茅斯学院几乎重新认可了 1816 年州议会通过的法案，但丹尼尔·韦伯斯特对此不认同："我真怀疑这样做能带来什么好处……我认为，在形成稳固的基础和确定这样的让步不会被滥用而造成危险之前，任何修改章程的计划都是有害的。……到目前为止，大体上它给我的感觉就是这么做只是为了得到钱，这是不切实际的，而且充满危险。"[③]对于身为律师的丹尼尔·韦伯斯特来说，原则甚至要比生死、成败重要得多，"如果学院一定要走向死亡的话，最好就是自然死亡"[④]。在他看来，学院宁可衰落甚至关闭也不能向政府做出半点退让，不能用权利从政府那里换取半点资助。

尽管达特茅斯学院还想与州政府重修旧好，但此前的诉讼与判决确实伤害了民众和州政府对达特茅斯学院的感情。1821 年 4 月 30 日，《新罕布什尔爱国者和政府公报》载文描述了达特茅斯学院的困境后转而表示："我们对这所学院不会表示同情，它已被法庭裁决为一个私立机构。"[⑤]5 月 28 日，该报更是直接声称这是一所"毫无希望的"学院。[⑥]

① Johnson E L. The Dartmouth College Case: The Neglected Educational Meaning[J]. Journal of the Early Republic, 1983, 3(1): 54 – 55.

② Lord J K. A History of Dartmouth College, 1815 – 1909[M]. Concord: The Rumford Press, 1913: 188.

③ Webster F. ed. The Private Correspondence of Daniel Webster, Vol. I[M]. Boston: Little, Brown and Company, 1857: 314 – 315.

④ Lord J K. A History of Dartmouth College, 1815 – 1909[M]. Concord: The Rumford Press, 1913: 188 – 189.

⑤ Patriot. Dartmouth College[N]. New Hampshire Patriot & State Gazette, 1821 – 4 – 30(2).

⑥ Patriot. Dartmouth College[N]. New Hampshire Patriot & State Gazette, 1821 – 5 – 28(2).

1821年6月29日,新罕布什尔州议会通过一份法案设立了一个用银行税收支持的"文化基金"(Literary Fund),以按照州宪法的规定促进本州高等教育事业的发展,但是明确规定基金"不得用于任何不受州政府指导和控制的机构"①,将达特茅斯学院排除在外。同时,新罕布什尔州还依据《1787年西北土地法令》从国会那里争取到了大学赠地,准备新建一所由州政府控制的"新罕布什尔大学"(University of New Hampshire)。

在这样的背景下,达特茅斯学院开始考虑修复与州政府的关系。1822年3月,董事会成员约翰·M. 丘奇(John M. Church)致信米尔斯·奥尔科特表示:"我并不想把学院置于政府的控制之下……但是我们希望不断努力巩固与政府的关系并从政府那里获得资助,我觉得这很重要而且可以达到。"②1823年,学院董事会的名单中出现了州长和其他州政府官员的名字,恢复了学院和政府之间的官方联系。1824年,董事会希望从州政府的文化基金中为学院申请资助。1825年,州议会收到《关于修改达特茅斯学院章程并为之提供资助的提案》(*An Act to Amend the Charter of Dartmouth College and to Make an Appropriation of the Encouragement of That Institution*),该提案几乎重复了1816年法案的内容。很可惜,这一次州议会拒绝了。1827年,"新罕布什尔大学"组建失败,州政府就把此时总额已达50000美元的文化基金转向支持州内初中等公立学校的发展。1828年,学院董事会再次向州议会申请资助,结果依然是徒劳的。正如贝内特·泰勒(Bennett Tyler)所说:"很多人还没有忘记原来的冲突,如果不放弃章程的话,他们不想为学院做任何事情。"③

1817年,达特茅斯学院的入学人数只有99人,比前些年的平均水平减少了50多人,虽然学院案结束之后很快就恢复了,但是学院19世纪20年代的平均入学人数与19世纪第一个十年相比没什么增长。约翰·B. 惠勒当初捐赠了1000美元鼓励董事会通过法律途径维护权益,但是到联

① The State of New Hampshire. Laws of New Hampshire including Public and Private Acts, Resolves, Votes, etc., Vol. 9, 1821-1828[Z]. Concord: Evans Printing Co., 1921: 38.

② Whitehead J S. The Separation of College and State: Columbia, Dartmouth, Harvard and Yale, 1776-1876[M]. New Haven: Yale University Press, 1973: 79.

③ Whitehead J S. The Separation of College and State: Columbia, Dartmouth, Harvard and Yale, 1776-1876[M]. New Haven: Yale University Press, 1973: 80.

邦最高法院判决，董事会的总开支已经超过了6000美元，学院的负债更是高达17000美元。[①] 更重要的是，此前学院与政府的密切关系被打破了，政府刻意与学院保持距离。一直到19世纪末，达特茅斯学院才受惠于《莫里尔法案》而重新受到州政府的常规资助，这是当初学院董事会、丹尼尔·韦伯斯特和约翰·马歇尔所不曾预料到的，也难怪约翰·S. 怀特海德如此总结道："1819年的判决最后并没有把达特茅斯学院从州政府中解放出来，而是让州政府摆脱了一所'小学院'。"[②]

五、学院中政府权力的收缩及其对美国高等教育的影响

达特茅斯学院赢得了诉讼，却失去了实际利益，并割断了原先与州政府之间的联系，使得学院在相当长的一段时间内失去了来自政府的常规资助，那么，这对于美国高等教育的影响又如何呢？高等教育中的政府权力有何变化呢？唐纳德·乔治·图克斯伯里在1932年评价道，"该判决就如其自身所揭示的那样，是宗教利益的胜利，它给予宗教势力一种空前的自由，使其毫无畏惧地去发展教育机构，不用担心政府的干扰"，并且它"延迟了美国州立大学的发展至少半个世纪之久"。[③] 弗雷德里克·鲁道夫重申了这一观点："判决使那些主张州政府支持和控制学院的人受到挫败……达特茅斯学院案鼓励了学院的发展而抑制了高等教育的公共支持，很可能延迟了州立大学的发展达半个世纪。"[④]可是他们并没有给出充分的证据论证达特茅斯学院案如何减少了高等教育中的政府权力以及如何使州立大学的发展推后了半个世纪。半个世纪后，美国公立大学确实迎来了蓬勃发展的时代，但主要是得益于《莫里尔法案》的颁布。

玛丽·弗兰普顿·比奇（Mary Framptom Beach）1990年在波士顿学院（Boston College）完成博士论文《达特茅斯学院案及其对1819至1839

---

① Richardson L B. History of Dartmouth College[M]. Brattleboro: The Stephen Daye Press, 1932: 363, 369－370.

② Whitehead J S. The Separation of College and State: Columbia, Dartmouth, Harvard and Yale, 1776－1876[M]. New Haven: Yale University Press, 1973: 88.

③ Tewksbury D G. The Founding of American Colleges and Universities before the Civil War [M]. New York: Teachers College Press, 1965: 151.

④ Rudolph F. The American College and University: A History[M]. New York: Alfred A. Knopf, 1968: 211.

年间美国学院和大学之建立的影响的分析》(*An Analysis of the Dartmouth College Case and Its Impact on the Founding of American Colleges and Universities between 1819 and 1839*),通过对美国1839年前建立并存续至今的84所学院和大学中的71所学校的章程进行对比研究,为我们呈现了达特茅斯学院案后二十年间学院中政府权力较之以前的变化。比奇把学院中政府权力的体现分为五个方面:每年向政府汇报校内事务,政府的监察权,董事会中的政府代表,最大限度的财产权,以及修改章程的保留条款。统计结果如下:

政府权力在学院中的变化①

	第一时期 1636—1775年	第二时期 1776—1818年	第三时期 1819—1839年
每年向政府汇报校内事务	33.3%	19.4%	25.0%
政府的监察权	33.3%	12.9%	7.5%
董事会中的政府代表	88.8%	51.6%	7.5%
最大限度的财产权	100.0%	67.7%	65.0%
修改章程的保留条款	11.1%	22.6%	47.5%

在比奇所选取的样本中,这三个时期所创办的学院和大学数量依次是9、22、40。从表中的数据来看,在大约200年的美国高等教育发展史中,政府在高等教育机构中的权力总体上呈减弱趋势,学院中政府角色的重要性在下降,但这并不是达特茅斯学院案所带来的特定结果。值得注意的是,第一到第二时期的数据变化要远大于第二到第三时期的变化,这也印证了达特茅斯学院对政府与学院关系影响的重要性并不如研究者所设想的那么大。从政府权力的前四项表现来看,基本呈下降趋势,特别是政府的监察权和董事会中的政府代表显著减少,这意味着在学院和大学实际事务的管理中政府的身影逐渐淡去,但是第五项数据的总体上升——几乎与学院和大学数量的增长是同步的——却为这种收缩保留了余地。所谓的保留条款是规定州政府有权修订和更改学校的章程。达特

① Beach M F. An Analysis of the Dartmouth College Case and Its Impact on the Founding of American Colleges and Universities between 1819 and 1839[D]. Boston: Boston College, 1990: 117. 为了便于下文表述,在引用该表格的时候,将三个时期依次标注为第一、第二、第三时期。

茅斯学院案正是质疑了政府修改学院章程的权力，而联邦最高法院的判决又将学院章程视为一种契约。在达特茅斯学院案之后，州政府直接将修改章程的权力变为学院章程的一部分，“在判决宣布之后，尽管不是所有，但也有很多章程都服从于政府有权修改和撤销章程”①。这既不违反法院的判决，又维护了州政府对于高等教育机构的最高权威，“为保障学院的最大利益，州议会有权修改、限制、撤销或约束学院章程所赋予的任何权力。为了让学院获得更好的资助、维护和管理，议会有权指定和建立学院监事会并赋予其所有必要的权力”②。可以说，达特茅斯学院案进一步提醒了州政府这么做的必要性，正如马歇尔的同事、联邦最高法院法官约瑟夫·斯托里（Joseph Story）所指出的那样：“如果州议会想行使这种权力，那就必须在颁布的章程中保留这些权力。”③

比奇的数据告诉我们，政府在减少对学院和大学实际事务的干预的同时，更倾向于在法律上确立对高等教育机构的最高权威，并把这种规定写进学院和大学最初的章程。比奇还提醒我们，1829 年安德鲁·杰克逊就任合众国总统后的美国政治对政府和学院关系的影响也不容忽视。④高等教育中政府权力的收缩有着更大的政治背景。杰克逊式的民主倡导平民政治，高等教育被视为贵族阶级的堡垒，只为少数人服务，而民主政府是广大民众的代表，政府的注意力应该放在以公共学校为代表的基础教育而不是高等教育上。同时，在高等教育中也要实行大众民主以消除所谓的贵族色彩。1834 年，印第安纳州为沃巴什学院（Wabash College）颁布的章程中就宣布，捐赠者都是董事会的成员，凡是捐赠达到 10 美元

① Elliott E C & Chambers M M. The Colleges and the Courts: Judicial Decisions Regarding Institutions of Higher Education in the United States[M]. Boston: The Merrymount Press, 1936.

② General Court of Massachusetts. Acts and Resolves Passed by the General Court of Massachusetts[Z]. Boston: Secretary of the Commonwealth, 1852: 97.

③ Farrar T. ed. Report of the Case of the Trustees of Dartmouth College against William H. Woodward[M]. Portsmouth: John W. Foster, 1819: 376.

④ Beach M F. An Analysis of the Dartmouth College Case and Its Impact on the Founding of American Colleges and Universities between 1819 and 1839[D]. Boston: Boston College, 1990: 120.

的捐赠者在董事会决定学院事务时都有投票权。①

此外,正如普卢默在《新罕布什尔爱国者和政府公报》上所呼吁的那样,政府有责任改革当前的学院从而为民众提供优质的教育,但“那些学院都掌握在一些不愿改变现状也不承认公众或者议会有权发起改革的人手中”②。达特茅斯学院案给了政府改革旧学院的愿望最后一击,政府若想继续履行自己的职责就只有创办新大学,就连马歇尔大法官在判决中也宣布:“教育是国家事务,合适的立法都是允许的。政府可以建立并直接控制一所机构,机构管理者都是政府官员并完全由政府任免,这是完全可以的。”③这实际上是对公立高等教育的一种鼓励,既为原来的学院带来了强大的竞争对手,也在新大学中强化了政府的角色和民主的氛围。综上所述,达特茅斯学院案对美国高等教育中政府与学院关系的影响并不能简单地概括为划分了公私的界限、打击了政府权力或者推迟了公立高等教育发展。

对于达特茅斯学院案对美国高等教育中政府权力的影响的再审视,另一个值得考虑的问题是,政府是否一开始就有意愿扩大自己在高等教育中的权力甚至是控制某一所学院呢?如果答案是否定的,那么也就无所谓政府权力干预的受挫了。与达特茅斯学院案形成鲜明对照的是,几乎同一时间发生在肯塔基州的特兰西瓦尼亚大学改革。在联邦最高法院开庭前夕,肯塔基州议会以绝对多数通过法案,彻底重组了特兰西瓦尼亚大学的管理层,董事会成员全部更换,其改革程度要比达特茅斯学院激烈得多,可是尽管如此,特兰西瓦尼亚大学依然没有因此变成一所州立大学。不论是肯塔基州还是新罕布什尔州,政府的目的无非是对学院发展状况不满,认为学院不能广泛为州内的民众提供优质的高等教育,并无意将学院变成政府公共部门。对于“达特茅斯大学”,新罕布什尔州政府并没有表现出绝对的控制倾向,原来的学院董事会成员依然占新大学董事

① Rudolph F. The American College and University: A History[M]. New York: Alfred A. Knopf, 1968: 214.

② Plumer W. Cincinnatus-No. 34: Education[N]. New Hampshire Patriot & State Gazette, 1821-4-16(2).

③ Farrar T. ed. Report of the Case of the Trustees of Dartmouth College against William H. Woodward[M]. Portsmouth: John W. Foster, 1819: 314.

会的多数，额外的资助也仅仅是 4000 美元的贷款。比奇的统计和于尔根·赫布斯特的研究都显示，在达特茅斯学院案之前，学院章程中的保留条款已经开始增加，①州政府已经趋向于保留修改章程的权力，但这都没有威胁到作为一个独立法人机构的学院的合法权利。如果从弱化高等教育中政府权力的角度评价达特茅斯学院案，那就需要考虑这是不是一场必要的诉讼了。与此同时，作为原告的达特茅斯学院董事会，当初的目的是否就是将政府权力排除在学院之外呢？尽管联邦最高法院重新定义了机构的公共性和私立性，但是达特茅斯学院本身对此并不关注，学院董事会与约翰·惠洛克校长的矛盾主要也是源于宗教观点而非对学校的实际控制权，更无意挑战州政府干涉学院的权力，否则他们也不会在判决之后主动向州政府示好并希望恢复从前的关系。“达特茅斯学院案的重要性并不在于联邦党人与民主党人之间的政治斗争，也不在于州法院与联邦最高法院之间的争论，而是在于谁来决定达特茅斯学院和汉诺威镇的宗教前景。”②因此可以说，达特茅斯学院案最后的判决及其对美国教育和社会领域中的影响对董事会来说只是一个意外的收获，而这个收获却远远超出他们的初衷。

六、达特茅斯学院案与政府—学院关系的转型

联邦最高法院在判决中将达特茅斯学院置于契约原则的保护下，认定新罕布什尔州议会的法案违反了这一原则，研究者很容易由此认为学

① Herbst J. From Crisis to Crisis: American College Government, 1636 – 1819 [M]. Cambridge: Harvard University Press, 1982: 242.

② Novak S J. The College in the Dartmouth College Case: A Reinterpretation [J]. The New England Quarterly, 1974, 47(4): 563; Whitehead J S & Herbst J. How to Think about the Dartmouth College Case [J]. History of Education Quarterly, 1986, 26(3): 335, 340.

院董事会的胜诉来源于契约的神圣性。[①] 当然,契约原则作为这一判决的重要法律基础是不容怀疑的,但需要注意的是,此案的争执并不在于契约本身,因为约翰·惠洛克校长呼吁州议会干预学院管理事务,其主要理由就是董事会滥用职权的"毁约"行为,新罕布什尔州高等法院做出董事会败诉的判决也正是基于契约原则。关于对契约的保护,英国有悠久的法律传统,美国继承了这一传统并将其写进了宪法,在这一点上,联邦最高法院与新罕布什尔州高等法院并没有分歧。因此,相比之下,该案一个更重要的核心不在于法律是否保护契约而是学院章程是否属于契约,以及在这份章程之下学院是公共机构还是私立机构。换句话说,联邦最高法院的判决是在重申既有法律原则的基础上重新定义了"公共"的概念和学院的法律地位。

从这个角度来说,学院董事会的胜诉并不是论辩的胜利,而是一种观念的胜利,丹尼尔·韦伯斯特和约翰·马歇尔的翻案不是基于对论辩逻辑或者证据的反驳,而是从根本上改变"公共"和"契约"的定义,宣布了机构的公私性质并不是由目标的性质来决定的。自殖民地时期以来的很长一段时间里,教会以及教会控制下的学院都具有私立性和公共性的双重身份,或者说它们并没有一个清晰的身份性质,政府依赖并支持它们来满足公众的教育需求,这其实也是导致达特茅斯学院案的一个重要根源。联邦最高法院通过对概念的重新解释厘清两者之间的界限,让社会接受了一种新的观念,即如果一个机构不是政府部门的话,那就是私立机构,

---

① 国内的研究当以著名的美国宪政史学者任东来在《美国宪政历程:影响美国的25个司法大案》中的表述为代表,他将达特茅斯学院案的影响主要归结为契约神圣和大学自治传统,甚至认为该案让契约神圣的观念在美国深入人心。可是这一原则不仅早就写在宪法中,而且马歇尔大法官在此前的案件中也多次重申过这一原则。如弗莱彻诉佩克案(Fletcher vs. Peck)、新泽西州诉威尔逊案(New Jersey vs. Wilson),在达特茅斯学院案中不过是重申了这一原则。也正因为此,新罕布什尔州高等法院在这一原则上与联邦最高法院并无冲突,甚至在整个案件过程中,任何一方或个人都未对此原则表示过质疑。至于大学自治,这一传统可以追溯至中世纪大学的发展,并不是在达特茅斯学院案中奠定的。参见:任东来,陈伟,白雪峰,等. 美国宪政历程:影响美国的25个司法大案[M]. 北京:中国法制出版社,2004:45 – 57; Beveridge A J. The Life of John Marshall. Volume IV. The Building of the Nation, 1815 – 1835[M]. Boston: Houghton Mifflin Company, 1919: 222 – 223; Denham R N. A Historical Development of the Contract Theory in the Dartmouth College Case[J]. Michigan Law Review, 1909, 7(3): 201 – 225.

从此政府就跟私立机构彻底分离。但是这种法律上的割离并没有切断实际中的联系,“马歇尔大法官并没有终结学院和政府关系的延续。毫不奇怪的是,学院和社会中务实的人们在很长一段时间内都在寻求两者之间的一种平衡或者和解,而不是彻底分裂”①。最后的判决只能看作是“联邦最高法院对自殖民地时期以来一直到早期的国家主义时代关于建立和控制学院的美国经验的一次评估”②,这次评估否定的不是政府对高等教育的干预权,而是否定了新国家对自殖民地时期以来的传统的政府和学院关系的延续。在这种传统关系中,政府、学院和教会是整合在一起的,学院中的冲突大多来自于宗教观点、教派利益或政治原则的争执,冲突的结果并没有使任何一方获得实际利益。而达特茅斯学院案毫无疑问地宣布时代已经不同了,这是一个新的时代,殖民地时期政府与学院之间的相处模式已经不适应新的国家,它们的关系必须在一个法律体系中被重新考虑,这并不意味着今后政府对学院的实际干预会减少,而是方式和手段必须调整。

从1779年威廉玛丽学院公立化改革失败到1819年达特茅斯学院案宣判,经历了四十年,马歇尔判决的一个星期之前,杰斐逊的弗吉尼亚大学才从州议会那里获得章程确立其法律地位,并在六年的酝酿和建设之后正式开学,由此也可见在新国家建立之初公立高等教育建设之难。在整个过程中,政府和学院之间有冲突也有合作,学院在新时代下探索自己的生存之道和与政府的相处之道,而政府也在探索自己的办学之路以及如何让高等教育更好地符合新的民主社会。达特茅斯学院案正是这一探索过程中众多矛盾与冲突的集中体现与爆发,并彻底宣告了政府单方面通过立法将既有的殖民地时期建立的私立学院向公立学院转变是不可行的,政府必须另辟蹊径。

从更大的范围来看,“达特茅斯学院案的判决发生在美国高等教育形

---

① Johnson E L. The Dartmouth College Case: The Neglected Educational Meaning[J]. Journal of the Early Republic, 1983, 3(1): 64.

② Campbell B A. Dartmouth College as a Civil Liberties Case: The Formation of Constitutional Policy[J]. Kentucky Law Journal, 1981-82(70): 666.

成时期的文化和机构的激荡之中"①,它是从殖民地向新国家过渡过程中社会和文化转型的一个缩影。"在年轻人的教育问题上的争论是如何看待美国社会本身的冲突",在重塑社会价值观的过程中,"一个新的社会也开始浮现"②。约翰·马歇尔和丹尼尔·韦伯斯特的努力正是着眼于此,他们通过塑造观念开辟了一个新的时代——任何机构的公私性质与它的公共目的并无决定性的关联,私立性质与它的公共目的完全可以共存于同一个法人机构当中。"联邦最高法院通过这种方式加速了美国文化从殖民地时期的社区主义向19世纪早期的个人主义的转变"③。这为半个多世纪以后美国资本主义的大发展奠定了坚实的法律基础。或许可以说,达特茅斯学院案在美国的法律意义和社会意义远远超过了其本身的教育意义,同时这也说明一个教育机构可以通过其本身与政府和社会的联系以及对这种联系的调整和重塑来影响政府权力的界定与社会发展的走向,这是更大、更重要的教育意义的体现。尽管如此,我们还是不可以说达特茅斯学院案是一个已经被充分探讨了的话题,"在互相激荡冲撞的理念中,在全国范围内所引起的注意上,以及对于政府与私立和公立高等教育的关系的影响上,达特茅斯学院案是一个或许还未得到充分探讨的重要转折点和美国教育史上的分水岭"④。在此之后,美国政府在高等教育中的权力行使以及政府与学院和大学的关系仍然是在不断的碰撞中磨合,而建国初期的这些经历将源源不断地提供经验和参考。

---

① Johnson E L. The Dartmouth College Case: The Neglected Educational Meaning[J]. Journal of the Early Republic, 1983, 3(1): 45.

② McGarvie M D. One Nation under Law: America's Early National Struggles to Separate Church and State[M]. DeKalb: Northern Illinois University Press, 2004: 156, 164.

③ McGarvie M D. One Nation under Law: America's Early National Struggles to Separate Church and State[M]. DeKalb: Northern Illinois University Press, 2004: 183.

④ Johnson E L. The Dartmouth College Case: The Neglected Educational Meaning[J]. Journal of the Early Republic, 1983, 3(1): 67.

结　语

共和政体是需要教育的全部力量的。①

——孟德斯鸠

从《独立宣言》到达特茅斯学院案,美利坚合众国在从殖民地向新国家的转型中经历了重大的变革,高等教育在这场社会变革中并没有缺席,战争给学院带来了重大的挫折,但是新国家的建立却开启了高等教育机构建设的新时期。② 整个殖民地时期一共建立了九所学院,而在美国建国后不到半个世纪的时间里建立并存续至今的高等教育机构就有二十五所。③ 更重要的是,高等教育机构的性质和发展模式也呈现多样化,它们与政府和社会建立了更加紧密同时也更加复杂的关系,不管是高等教育机构还是政府,都逐渐认识到学院和大学在社会发展中的地位将更加重要。然而,这个结果是通过政府和高等教育机构的不断尝试和摸索而达成的,在这个过程中,政府和高等教育自身也发生着变化,并由此影响了殖民地时期以来的双方关系模式。不同时期的不同形势,以及不同高等教育机构和不同政府部门的特殊情形使得这种互动和关系更加复杂和捉摸不定,然而,这种不确定性所带来的并不是杂乱无章,政府和高等教育

① 孟德斯鸠. 论法的精神(上册)[M]. 张雁深,译. 北京:商务印书馆,1961:34.

② Thwing C F. A History of Higher Education in America[M]. New York: D. Appleton and Company, 1906: 181.

③ 据唐纳德·乔治·图克斯伯里的统计,1780—1819年间,美国新建立并存续至今的学院和大学总共有二十五所。参见:Tewksbury D G. The Founding of American Colleges and Universities before the Civil War[M]. New York: Teachers College Press, 1965: 60, 70.

都开始逐渐清楚自己所处的地位以及应当承担的职责。

就“政府”一词来说,随着独立战争的爆发,其具体所指发生了多次转变。首先是从殖民地政府转变为独立的合众国与各州政府,且不再受英国政府的管辖;然后随着战争进入尾声,《邦联条例》被批准后,在各州之上形成了一个邦联政府;之后随着新宪法的采用,联邦政府取代了邦联政府。不同的政府在各自的时期中对待高等教育的态度以及与高等教育相处的方式各不相同。在战争时期,基于革命的需要,州政府对学院单方面提出政治性的要求,甚至干脆进行公立化改革的尝试,对高等教育机构本身的发展欠缺考虑,政府和学院的关系也是比较僵化的。到邦联时期,社会的安定和国家的完整统一成为各级政府首要考虑的事情,教育的话题被冷落,不过很多政治家和社会精英开始意识到高等教育对于国家文化独立和政治统一的重要性,关于国立大学的计划在这个时候进入了社会公众的视野。利用开发西部土地的时机,国会也初次将邦联政府与高等教育的关系置于国家政策中进行考量。进入联邦时代之后,国家的政治渐趋稳定,国立大学的计划被充分讨论,早期州立大学的建设也迈出了成功的步伐,原来的教会学院开始考虑根据国家和政治的变化进行改革,联邦政府和州政府与高等教育的关系顺利地向前发展,达特茅斯学院案则把三权分立的政治体制中的司法权引入政府和学院的关系中来,此后它们必须在一个新的法律体系中寻求和谐相处之道。不同的阶段,政府在高等教育领域中所面临的任务和主题都不一样,这在很大程度上决定了本书所阐释的政府和高等教育之间关系的不确定性,同时又因为政府在高等教育领域中的作为总是针对某个特定的机构而不是宏观的高等教育层面,从而增强了这种特征。当然,这种不确定性也不完全是由政府的作为导致的,它有更深层的原因,与美国革命本身的逻辑是分不开的。

孟德斯鸠(Montesquicu)在《论法的精神》中就曾专辟一章讨论“教育应该与政体相适应”的原则。孟德斯鸠认为政体应该有三种基本类型:君主政体、专制政体与共和政体,不同的政体应该对应不同的教育制度和教育目的。他认为在共和制度中,教育的目的是品德,即对祖国和法律的热爱,“这种爱要求人们不断地把公共利益置于个人利益之上”,私人的品德必须以公共利益为主,孟德斯鸠把这种品德归结为一种“舍弃自己”的精神。① 但这种令人痛苦的品德不会自动产生,必须依赖于教育。建国之后,敏锐之士都看到了新生国家的美丽与脆弱,这是一个建立在人民主权基础上的国家,民众既是国家的强盛之源,也是它的虚弱之源,新政府需要民众的一致认同。正如英国著名法学家威廉·布莱克斯通(William Blackstone)所指出的那样:“如果每个人都有权决定自己在何种程度上服从,那么服从就是一句空话。”②虽然对宗主国暴政的反抗以及国家的独立是基于对个人自由的渴求,但是国家的稳定和延续却不得不在某种程度上牺牲这种自由。美国建国一代深明革命精神中的这种对立与两难,他们试图通过教育的途径在不牺牲或者尽量少牺牲自由的前提下为国家构建一个坚实的基础。

既然共和政体决定了政府的兴衰都源于人民,那就应该在人民中间树立一致的“公共美德”(public virtue)……这些最终将成为国家的命脉所在。③ 而达到这一目标的最佳途径就是公共教育体系,公立的高等教育位于这一体系的顶端,是培养爱国精神和养成国家性格的最终保障。这也是为什么当时人们意识到个人自由对于新国家的重要性并颁布了《权利法案》保障之,但同时依然渴望一种公立的高等教育来统合整个国家的教育体系。正如杰斐逊一方面表示绝对不接受一份没有《权利法案》的合众国新宪法,另一方面却为一所公立大学而不懈努力。不可否认,这时发展高等教育的部分动机确实是推动知识——尤其是实用知识——的发展,但政治动机更加重要。早在独立战争爆发之初,一本名为《美利坚对公平世界的呼吁》(*America's Appeal to the Impartial World*)的小册子就已经充分表达了对这种高等教育的认识:探究真理是理性的最高成就,但同时每一个民主政府的力量和源泉都是人民的美德,因此“建立公共学院,以优秀的教师教导孩子们,不仅教授普通的知识,还要教给他们美德和政府的基本原则,并给他们留下深刻的印象。他们将谨记这些

① 孟德斯鸠. 论法的精神(上册)[M]. 张雁深,译. 北京:商务印书馆,1961:34.
② Blackstone W. Commentaries on the Laws of England, Vol. I[M]. London: A. Strahan, 1787: 521.
③ Wood G S. The Creation of the American Republic, 1776 – 1787[M]. New York and London: W. W. Norton Company, 1972: 68 – 69.

原则成长,并从中吸取力量。……这才是一个民主政府真正的基础"①。要建立这一基础,必须依赖于公共教育系统,尤其是公立高等教育,独立战争"让美利坚合众国认识到在一个教育系统中充分浸染民主原则的必要性"②。高等教育自然要承担起它的这一政治职责,政府也要适时采取相应的干预手段。

然而,干预高等教育在当时的美国政府那里充满了矛盾。一方面,殖民地时期有着类似的经验,而且革命的精神也要求政府承担起高等教育的职责;另一方面,这个新国家和它的民众都对政府权力保持着警觉,稍有越位的迹象就会招来关于集权、专制的批评。本书中已经谈到,高等教育的主题在独立初期各州制定宪法的过程中总体上是缺席的,佐治亚州、特拉华州、佛蒙特州在修订宪法时对于政府是否应该支持高等教育摇摆不定。另外值得注意的是,谈及高等教育时的用词,在涉及高等教育的州宪法中只有马萨诸塞州和新罕布什尔州明确把发展高等教育视为自己的"职责"(duty),即高等教育应该是政府职能的一部分,而其他州的宪法并未使用"职责"一词,只是认为政府在推进"有用的"(useful)知识的过程中应该起到一定的作用。由此可以看出,虽然有着革命精神的内在要求,但是多数州政府在一开始并不希望自己与高等教育之间建立密切的联系或者不清楚应该建立怎样的关系,尤其不希望让它成为政府职能的一部分。尽管在革命后涌现出了国立大学的建设计划和州立大学的实践以及国家教育体系的设想,各州在对待高等教育的问题上还是没有达成共识,政府控制高等教育的理论与实践还远未被美国人民和政府接受。"对于绝大多数州来说,尽管认识到了知识、美德与共和政府之间的关系,它们依然对于干预学院事务一事犹豫不决。"③

"不确定性"还有来自高等教育方面的原因。约翰·S. 布鲁巴克和威利斯·鲁迪在他们合著的《变迁中的高等教育:美国学院和大学的历

① Mather M. America's Appeal to the Impartial World[M]. Hartford: Ebenezer Watson, 1775: 65-68.

② Hansen A O. Liberalism and American Education in the Eighteenth Century[M]. New York: The Macmillan Company, 1926: 40-41.

③ Robson D W. Higher Education in the Emerging of American Republic, 1750-1800[D]. New Haven: Yale University, 1974: 250-251.

史》(*Higher Education in Transition*: *A History of American Colleges and Universities*)中,把美国最早建立的州立大学视为一种"革命式"(revolutionary)的大学,并将杰斐逊创办的弗吉尼亚大学作为其真正的代表。他们的理由是这种新式大学在性质、课程与目标上都与过去的学院有着明显的不同,并且是对独立战争中"革命精神"的一种具体化。① 在美国独立之前,高等教育的发展已经有将近一个半世纪的历史,如果既有的高等教育能够满足革命的政治要求,那么建国初期的高等教育就会是另一番景象了,重新建立公立大学的必要性也就不存在了。战争期间,学院师生们通过政治辩论以及介入政治和军事事务直接参与革命,这些学院成为新国家高等教育的基础,它们"对美利坚合众国的奠基和延续有着不可估量的意义"②。而且这些学院在新国家建立之初也开始有意识地体现出自己的政治倾向并努力为国家培养人才。尽管如此,高等教育中的贵族性与宗教性同革命精神中的民主与平等原则还是不相契合的。建国之后,尤其是进入 19 世纪后,"很多人开始质疑在教派控制的学院中为了公共利益和责任培养年轻男子——后来也包括年轻女子的适当性甚至是可行性"③,这使得政府更加清醒地认识到在高等教育领域另辟蹊径的必要性,即必须由政府建立新的属于自己的大学,以在高等教育领域切实践行革命精神的允诺。

而且,就当时的实际情况来说,整个国家范围内并没有与高等教育相配套的基础教育系统,发展高等教育尤其是公立高等教育所面临的更大的困难是缺乏初中等教育机构,④以至于像早期的州立大学如佐治亚大学、俄亥俄大学在成立初期都面临着很大的生源问题,很多学校甚至是有大学之名而无大学之实,霍夫斯塔特也说此时的很多大学实质上相当于

① Brubacher J S & Rudy W. Higher Education in Transition: A History of American Colleges and Universities[M]. New Brunswick and London: Transaction Publisher, 1997: 147 – 148.

② Thwing C F. A History of Higher Education in America[M]. New York: D. Appleton and Company, 1906: 174.

③ Herbst J. The Eighteenth Century Origins of the Split between Private and Public Higher Education in the United States[J]. History of Education Quarterly, 1975, 15(3): 273 – 280.

④ Thwing C F. A History of Higher Education in America[M]. New York: D. Appleton and Company, 1906: 216.

一种中等学校。[①] 要知道,新国家的信念是对整个国家的教育体制而不仅仅是对高等教育提出了要求,建国一代在立国之初就如此重视高等教育并希望让高等教育尽快地普及于民众正是革命精神推动的结果,对高等教育贵族性的削弱也是在为新政府提供更多的合法性。这其实暴露出当时的政府与高等教育之间的一种内在张力,高等教育在当时并不能充分履行公民教育的职责,以民主和平等的革命原则建立的州立大学到安德鲁·杰克逊时代依然还被视为社会上层阶级的特权而不是公共利益的体现,革命带来的对高等教育与国家之间密切关系的期望并没有立刻实现高等教育的平等主义,向所有人平等开放,建国初期的努力可以说是对高等教育及其公民教育职能的结合进行了尝试。这既是一个理论问题,也是一个实践问题,18 世纪末 19 世纪初,包括杰斐逊、拉什等人在内的许多人从理论上论证了它们之间的必然联系,但理论上证明它们是契合的并不能保证它们在实践中也能和谐相处,这还有待国家和高等教育在实践中向对方敞开自己的大门。[②]

当然,我们也要看到造成这种不确定性的客观原因。战后国家的经济状况不佳,社会也未完全安定,高等教育机构和各级政府都面临着很大的困难。殖民地时期建立的学院失去了来自大洋彼岸的官方和非官方的资助,财务窘迫,新创办的大学更是如此。如创办于 1785 年的佐治亚大学,获得办学许可之后经历了很长时间艰难而缓慢的发展,甚至到 1819 年,学校"已经没有了资金、教授和学生"[③],差不多到了关闭的地步。"19 世纪初,上大学这件事只能吸引大约 0.6% 的 16—25 岁的美国男性……在新的时代里,高等教育依然是一种稀缺品和难得的经历"[④],这与建国一代政治家们的设想和所希望践行的政治原则相去甚远。邦联政府和联邦政府在财政上的权力被限制得很严格,加之不理想的经济状况,

---

① Brubacher J S & Rudy W. Higher Education in Transition: A History of American Colleges and Universities[M]. New Brunswick and London: Transaction Publisher, 1997: 143.

② Miller E F. On the Founders' Defense of Liberal Education in a Republic[J]. The Review of Politics, 1984, 46(1): 65 - 69.

③ Jones C E. Education in Georgia[M]. Washington: Government Printing Office, 1889: 47.

④ Thelin J R. A History of American Higher Education[M]. Baltimore: The Johns Hopkins University Press, 2004: 69.

对于资助高等教育机构,各级政府也确实有心无力。如果现实条件没有这么糟糕,它们在相处过程中的关系也不至于这般复杂和捉摸不定。此外,我们也要看到,当时美国各级政府对高等教育的干预没有很好的历史经验可循,当时的欧洲也没有建立起系统的国立或公立高等教育体系。

尽管如此,这一时期的高等教育的发展以及在这一发展过程中政府与学院和大学关系的磨合仍然具有一定的历史意义。

第一,让我们重新审视了独立战争对美国高等教育乃至整个教育事业的影响。本书强调了革命给高等教育事业带来的新背景、新动力和新的干预力量,以及高等教育机构所做出的回应,但同时也要注意,殖民地时期的经验并没有完全被抛弃。亚历山大·布罗迪(Alexander Brody)在1935年的一份研究报告中,把殖民地时期的学院与殖民地政府之间的关系总结为十个方面,归纳起来主要有:学院由教会而不是政府创办,学院是一个具有公共目标的私立性法人机构,学院董事会的组成尽量代表社会全体利益而不是少数利益,政府官员参与学院董事会并不意味着对学院进行控制,殖民地政府坚持尊重学院权利的法律底线等。① 在经历建国初期几十年的冲突与磨合后,各州政府与高等教育机构的关系中保留了大部分的基本原则。并非只有激烈的变革才意味着发展,正如伯纳德·贝林所说:"并不是全面的转变才能表明独立战争的深刻影响,相反,对以往发展趋势的赞同以及对殖民地时期的发展的强化与合理化解释可以使之走向现代世界。这种认同并不是自发的……而是通过几十年对政府作用的激烈讨论和探索实践得到的结果。"②殖民地时期的高等教育正是以这种方式进入了新生的国家并为自己找到了合适的位置。每个时代都会呼吁适应自己的教育方式,但是答案并不是个人给出的,而是在不断的碰撞和交流以及不同地区和阶层的利益博弈中产生的,殖民地时期的高等教育及其与政府的关系正是建国后进一步探索和博弈的基础。建国初期学院和大学与政府之间的经历并没有为美国高等教育划定统一的道路,反而留下了发展的多种可能性,美国高等教育发展的多样性特征开始

---

① Brody A. The American State and Higher Education: The Legal, Political and Constitutional Relationships[M]. Washington: American Council Education, 1935: 32 - 33.

② Bailyn B. Education in the Forming of American Society[M]. New York: Vintage Books, 1960: 113.

显现。

第二，经过这一时期的探索，联邦政府和州政府逐渐明确了自己应该在高等教育领域内有所作为，资助和支持高等教育是政府的责任，只不过在实践中还有一个方式和手段的问题，而不像殖民地政府那样，虽然愿意促进高等教育的发展，却并不想将其作为自身的职责。虽然《1787 年西北土地法令》中的教育条款是国会并不情愿的妥协的结果，但毕竟最后还是被接受了。建国初期的高等教育理念和实践在今天看来或许平淡无奇，但在当时无疑是一种大胆的尝试。政府的角色开始"从不顾社会其他所有的利益而积极促进某种个别利益发展的机构向一个在各种合法而相互冲突的社会势力中的中立的管理者和仲裁者转变"①，政府开始意识到，不论现实情况多么艰难或者会面临怎样的合宪性质疑，政府有责任为了最广泛的民众利益和国家利益在高等教育中发挥自己的作用，这种责任是无法推卸或回避的。查尔斯·F. 特温就指出，建国初期高等教育的发展至少包括与政府密切相关的三个方面："第一，希望各个州在各自的范围内建立和发展高等教育；第二，希望联邦政府在各个州之外独立建立和发展高等教育；第三，希望联邦政府通过向各个州拨款以建立和发展高等教育。"②而学院和大学也逐渐意识到应该把高等教育的大门向政府打开，在新国家中，任何高等教育机构都已经不可能完全摆脱政府了。美国革命不仅仅是一场政治革命或思想革命，它还伴随着公共经验、公共文化以及公共生活方式的转型，这种转型融合了革命过程中的习惯、信念和渴望以及其他所有方面，因为只有这样，美利坚合众国才能被它自己认同为一个真正的国家。③ 政府和高等教育机构都开始意识到应对此承担一定责任，以至于到 19 世纪初，高等教育中公立和私立的实质性区分并不十分明显，两种性质在同一家机构中共存。④ 正如 1802 年约瑟夫·麦吉恩

---

① Bailyn B. Education in the Forming of American Society[M]. New York: Vintage Books, 1960: 108.

② Thwing C F. A History of Higher Education in America[M]. New York: D. Appleton and Company, 1906: 175.

③ Peterson M D. Thomas Jefferson and the American Revolution[M]. Williamsburg: Virginia Independence Bicentennial Commission, 1976: 11.

④ Thelin J R. A History of American Higher Education[M]. Baltimore: The Johns Hopkins University Press, 2004: 71.

(Joseph McKeen)在就任鲍登学院(Bowdoin College)首任校长的演说中所指出的:"建立和资助文化机构是出于公共利益的目的而不是为了那些能够进入这些机构接受教育的人的私利……他们在学院中养成和提高的精神力量应该用来追求整个社会的利益……每一个在公共机构中接受教育并使自己变得有用的人都有义务向公共利益贡献自己的才能。"①

第三,虽然在美国建国初期高等教育与政府的关系因多种原因而充满了不确定性,但是这种关系并非杂乱无章的。联邦政府和州政府在干预高等教育的过程中始终在法律原则的基础上尊重法人机构的基本权利和利益,达特茅斯学院案只是更加强化了这一点。在思考政府应以怎样的方式介入高等教育,或者向高等教育提出政治要求的同时,或许更应该注意政府没有做什么。不管是宗教力量主导的教会学院,还是由州政府创办的公立大学,作为一个独立的法人机构,它们都保持了基本的自治管理权,纵然学院和大学章程中越来越多地出现政府保留最后修订章程的权力,但是这种权力却很少被真正运用。达特茅斯学院案的重要性不仅在于重申了契约原则,还在于对公共机构和私立机构的重新定义,并最终将高等教育与政府的关系置于一个国家法律体系中考察,它们在法律上都有各自的地位。值得注意的是,高等教育与政府的关系本身在这一时期就已经成为国家的一个政治话题,而且"属于如何最好地巩固革命的果实并确保共和政府永续的大讨论的一部分"②,是当时整个社会和政治文化背景的体现。拿达特茅斯学院案来说,虽然最终学院董事会的胜诉成功地阻止了新罕布什尔州将学院公立化的计划,但是该案件本身已经超越了高等教育的范围而成为时代的标志性政治事件。丹尼尔·韦伯斯特的辩护和约翰·马歇尔的判决对契约的定义、公私的性质做了重新解释,但没有否定政府在高等教育中所应该履行的职责,他们强调的是政府不能因为向学院提供资助便有权改变学院的性质,这种关于政府与高等教育关系的讨论反过来也影响了政府的权力界限。从威廉玛丽学院公立化改革的失败到达特茅斯学院案的宣判,州政府认识到在以人民主权和契

---

① Bowdoin J. The Annual Address Delivered in Brunswick, September 9th, 1802 [M]. Portland: Thomas B. Wait Co., 1807: 6-7.

② Robson D W. Educating Republicans: The College in the Era of the American Revolution, 1750-1800[M]. Westport: Greenwood Press, 1985: 252.

约原则为基础的新国家里，对财产权和契约的保护是十分重要的。国立大学计划在国会的失败也让联邦政府认识到不能冒集权的危险来达到自由的目的，不能因国家利益而牺牲地方利益。

第四，通过这一时期的探索，尽管联邦政府制定了《1787 年西北土地法令》，成为国家高等教育政策的起点，但这毕竟还不是成熟的国家政策，国家资助高等教育的行动并没有迅速地在大范围内展开。与此相比，联邦宪法中对教育事务的“忽略”具有更加深远的影响，此后美国高等教育中的政府角色主要还是由州政府来承担。美国始终未能建立一种国立高等教育机构或体系，高等教育体制中的公立部分完全是由地方政府即州政府主导的，虽然州立大学的模式“一直到内战之后才最终成为一种符合美国人民发展的需要和希望的机构，并真正成为这个国家本土高等教育机构的代表”①，但此时确实已经打下了基础。在政府与高等教育的互动以及政教分离的推动下，政府和教会、教会和高等教育的关系格局也面临着调整，“高等教育跟教会的关系变得不再那么亲密，它和公众的关系更加亲密和重要”。②

第五，本书通过阐述政府与高等教育的关系考察美国建国初期的高等教育史，也促使我们去思考政府在高等教育中到底应该承担怎样的职责，以及政府、教育和社会的关系应该是怎样的。在建国初期，美国人把高等教育机构视为确保革命成果、完成国家创建的一种工具，但同时也提出了一个极为重要的问题：政府对高等教育的强力干预以及政府建立的公立高等院校，是实现民主自由的必然途径，还是对民主自由的干涉以及对学院和大学自治权的侵犯？这个问题或许没有永恒固定的答案，只有在实践中通过辩论和探索来回答。美国建国初期的高等教育史表明，这一时期的美国人也没有找到两全其美的答案，他们只是做出了自己的选择，即政府应该保护教会和地方的教育积极性，并为其扫除一定的障碍，哪怕是牺牲一定的国家政治利益。高等教育的发展不仅需要经济的繁荣和社会的安定，还“需要另一种基本力量，即自由的政治体制。除非人们

---

① Tewksbury D G. The Founding of American Colleges and Universities before the Civil War [M]. New York: Teachers College Press, 1965: 136.

② Thwing C F. A History of Higher Education in America[M]. New York: D. Appleton and Company, 1906: 191.

的思想可以在它自己的好奇心驱使下得到自由的发展,否则教育的进步将会遇到偏见和无知的人为阻碍"①。

① 约翰·S.布鲁巴克.教育问题史[M].单中惠,王强,译.济南:山东教育出版社,2012:576,653.

参考文献

一、中文文献

[1] 安迪·格林. 教育与国家形成:英、法、美教育体系起源之比较[M]. 王春华,等,译. 北京:教育科学出版社,2004.

[2] 伯纳德·贝林. 美国革命的思想意识渊源[M]. 涂永前,译. 北京:中国政法大学出版社,2007.

[3] 查尔斯·A. 比尔德. 美国宪法的经济观[M]. 何希齐,译. 北京:商务印书馆,1984.

[4] 德里克·希特. 公民身份——世界史、政治学和教育学中的公民理想[M]. 郭台辉,余慧元,译. 长春:吉林出版集团,2010.

[5] E. H. Reisner. 法德英美教育与建国[M]. 崔载阳,编译. 上海:民智书局,1930.

[6] 戈登·S. 伍德. 美国革命的激进主义[M]. 傅国英,译. 北京:北京大学出版社,1997.

[7] 汉密尔顿,杰伊,麦迪逊. 联邦党人文集[M]. 程逢如,在汉,舒逊,译. 北京:商务印书馆,1980.

[8] 赫伯特·J. 斯托林. 反联邦党人赞成什么——宪法反对者的政治思想[M]. 汪庆华,译. 北京:北京大学出版社,2006.

[9] 姜峰,毕竞悦. 联邦党人与反联邦党人:在宪法批准中的辩论,1787—1788[M]. 北京:中国政法大学出版社,2012.

[10] L. 迪安·韦布. 美国教育史:一场伟大的美国试验[M]. 陈露茜,李朝阳,译. 合肥:安徽教育出版社,2010.

[11] 劳伦斯·A. 克雷明. 美国教育史:建国初期的历程,1783—1876[M]. 洪成文,等,译. 北京:北京师范大学出版社,2002.

[12] 李剑鸣. 美国的奠基时代,1585—1775[M]. 北京:人民出版社,2001.

[13] 里帕. 自由社会中的教育:美国历程[M]. 於荣,译. 合肥:安徽教育出版社,2010.

[14] 罗伯特·N. 贝拉,等. 心灵的习性:美国人生活中的个人主义和公共责任[M]. 周穗明,翁寒松,翟宏彪,译. 北京:中国社会科学出版社,2011.

[15] 罗素·哈丁. 自由主义、宪政主义和民主[M]. 王欢,申明民,译. 北京:商务印书馆,2009.

[16] 马克斯·法仑德. 美国宪法的制定[M]. 董成美,译. 北京:中国人民大学出版社,1987.

[17] 梅利尔·D. 彼得森. 杰斐逊集[M]. 刘祚昌,邓红凤,译. 北京:生活·读书·新知三联书店,1993.

[18] 乔尔·斯普林. 美国学校:教育传统与变革[M]. 史静寰,等,译. 北京:人民教育出版社,2010.

[19] 涂纪亮. 美国哲学史[M]. 武汉:武汉大学出版社,2007.

[20] 约翰·罗德哈梅尔. 华盛顿文集[M]. 吴承义,等,译. 沈阳:辽宁教育出版社,2005.

[21] 约翰·S. 布鲁巴克. 教育问题史[M]. 单中惠,王强,译. 济南:山东教育出版社,2012.

[22] 詹姆斯·杜德斯达,弗瑞斯·沃马克. 美国公立大学的未来[M]. 刘济良,译. 北京:北京大学出版社,2006.

[23] 张友伦. 美国的独立和初步的繁荣,1775—1860[M]. 北京:人民出版社,1993.

[24] 周采. 美国教育史学——嬗变与超越[M]. 北京:人民教育出版社,2005.

二、英文基本文献

(一) 教育文献汇编

[1] Cohen S. ed. Education in the United States: A Documentary History[M]. New York: Random House, 1974.

[2] Dexter F B. ed. Documentary History of Yale University, under the Original Charter of the Collegiate School of Connecticut, 1701 – 1745[M]. New Haven: Yale University Press, 1916.

[3] Elliott E C & Chambers M M. ed. Charters and Basic Laws of Selected American Universities and Colleges [M]. New York: Carnegie Foundation for the Advancement of Teaching, 1934.

[4] Farrar T. ed. Report of the Case of the Trustees of Dartmouth College against William H. Woodward[M]. Portsmouth: John W. Foster, 1819.

[5] Hofstadter R & Smith W. ed. American Higher Education: A Documentary History, Volume I[M]. Chicago: The University of Chicago Press, 1961.

[6] Knight E W. ed. A Documentary History of Education in the South before 1860[M]. Chapel Hill: The University of North Carolina Press, 1952.

[7] Knight E W & Hall C L. ed. Readings in American Educational History[M]. New York: Appleton-Century-Crofts Inc., 1951.

[8] Smith W. An Account of Washington College in the State of Maryland[M]. Philadelphia: Joseph Crukshank, 1784.

[9] Smith W. ed. Theories of Education in Early America, 1655 – 1819 [M]. Indianapolis and New York: The Bobbs-Merrill Company Inc., 1973.

[10] Wilson L R & Lefler H T. ed. A Documentary History of the University of North Carolina, 1776 – 1799[M]. Chapel Hill: The University of Carolina Press, 1953.

(二) 国会、议会档案,会议记录,法律汇编

[1] Candler A D. ed. The Colonial Records of the State of Georgia, Vol. XIX, Part II[Z]. Atlanta: Chas. P. Byrd, State Printer, 1911.

[2] General Assembly of Maryland. Laws of Maryland, Made and Passed at a Session of Assembly, 1782 [Z]. Annapolis: Frederick Green, 1782.

[3] General Court of Massachusetts. Acts and Resolves Passed by the General Court of Massachusetts[Z]. Boston: Secretary of the Commonwealth, 1852.

[4] Hening W W. ed. The Statutes at Large, Being a Collection of All the Laws of Virginia, from the First Session of the Legislature in the Year 1619, Vol. XI[Z]. Richmond: George Cochran, 1823.

[5] Kingsbury S M. ed. The Records of the Virginia Company London, Vol. 3[Z]. Washington: Government Printing Office, 1933.

[6] Lee C C. ed. Crusade Against Ignorance: Thomas Jefferson on Education[Z]. New York: Teachers College Press, 1961.

[7] Littell W. ed. The Statute Law of Kentucky, Vol. II [Z]. Frankfort: Johnston Pleasants, 1810.

[8] Mitchell J T & Flanders H. ed. The Statutes at Large of Pennsylvania, from 1682 to 1801, Vol. XIII[Z]. Harrisburg: Harrisburg Publishing Co., 1908.

[9] Phi Beta Kappa. The Original Phi Beta Kappa Records, including the Minutes of the Meetings from December 5, 1776 to January 6, 1781 at the College of William and Mary, with Introduction and Notes by Oscar M. Voorhees[Z]. New York: Phi Beta Kappa Key, 1919.

[10] Robertson J R. ed. Petitions of the Early Inhabitants of Kentucky to the General Assembly of Virginia, 1769 – 1792[Z]. Louisville: John P. Morton Company, 1914.

[11] Salley A S. ed. Journal of the General Assembly of South Carolina, September 17, 1776 – October 20, 1776[Z]. Columbia: The State Company, 1909.

[12] Shurtleff N B. ed. Records of the Governor and Company of the Massachusetts Bay in New England, Vol. 1, 1628 – 1641[Z]. Boston: The Press of William White, 1853.

[13] Slaughter G. ed. Acts Passed at the First Session of the Twenty-Sixth General Assembly for the Commonwealth of Kentucky[Z]. Frankfort: Kendall and Russells, 1818.

[14] The Commonwealth of Pennsylvania. Journals of the House of Representatives of the Commonwealth of Pennsylvania, Beginning with the Twenty-Eighth Day of November 1776, and Ending the Second Day of October 1781[Z]. Philadelphia: John Dunlap, 1782.

[15] The State of Connecticut. Resolves and Private Laws of the Connecticut, from the Year 1789 to the Year 1836[Z]. Hartford: John B. Elderdge, 1837.

[16] The State of New Hampshire. Journal of the Honorable Senate of the State of New Hampshire at Their Session Begun and Holden at Concord on the First Wednesday of June, Anno Domini, 1816[Z]. Concord: Isaac Hill, 1816.

[17] The State of New Hampshire. Laws of New Hampshire including Public and Private Acts, Resolves, Votes, etc., Vol. 8, 1811 - 1820[Z]. Concord: Evans Printing Co., 1920.

[18] The State of New Hampshire. Laws of New Hampshire including Public and Private Acts, Resolves, Votes, etc., Vol. 9, 1821 - 1828[Z]. Concord: Evans Printing Co., 1921.

[19] The State of New York. Proceedings of the Twelfth Anniversary of the University Convocation of the State of New York[Z]. Albany: Weed, Parson Company, 1875.

[20] United States Congress. Annals of Congress, House, 1st Congress, 2nd Session[Z]. Washington: Gales and Seaton, 1834.

[21] United States Congress. Annals of Congress, House, 14th Congress, 2nd Session[Z]. Washington: Gales and Seaton, 1849.

[22] United States Congress. Annals of Congress, Senate, 11th Congress, 3rd Session[Z]. Washington: Gales and Seaton, 1849.

[23] United States Congress. Annals of Congress, Senate, 1st Congress, 2nd Session[Z]. Washington: Gales and Seaton, 1834.

[24] United States Congress. Annals of Congress, Senate, 4th Congress, 2nd Session[Z]. Washington: Gales and Seaton, 1849.

[25] United States Congress. Annals of Congress, Senate, 9th Congress, 2nd Session[Z]. Washington: Gales and Seaton, 1849.

[26] United States Congress. Journals of the American Congress from 1774 to 1788, Vol. 4[Z]. Washington: Way and Gideon, 1823.

[27] United States Congress. Journals of the Continental Congress, 1774 - 1789, Vol. XXXII[Z]. Washington: Government Printing Office, 1936.

[28] Watkins R G. ed. A Digest of the Laws of the State of Georgia from Its First Establishment as a British Province down to the Year 1798, Inclusive, and the Principal Acts of 1799[Z]. Philadelphia: R. Aitken, 1800.

(三) 书信集、日记及其他

[1] Butterfield C W. ed. The Washington-Crawford Letters, Being the Correspondence between George Washington and William Crawford, from 1767 to 1781, Concerning Western Lands[M]. Cincinnati: Robert Clarke Co., 1877.

[2] Stiles E. The Literary Diary of Ezra Stiles[M]. New York: Charles Scribner's Sons, 1901.

[3] University of Virginia. Early History of the University of Virginia as Contained in the Letters of Thomas Jefferson and Joseph C. Cabell[Z]. Richmond: J. W. Randolph, 1856.

[4] Greene J P. ed. Colonies to Nation, 1763 - 1789: A Documentary History of the American Revolution[M]. New York: W. W. Norton Company, 1975.

[5] Hillard G S. ed. Life, Letters and Journals of George Ticknor, Vol. I[M]. Boston: James R. Osgood Company, 1876.

[6] Parsons F N. ed. The New Hampshire Reports, Vol. 65[Z]. Concord: Josiah B. Sanborn, 1891.

[7] Richardson J D. ed. A Compilation of the Messages and Papers of the Presidents, 1789 - 1908, Vol. 2[C]. Washington: Bureau of National Literature and Art, 1909.

[8] Ronald M G & Paul H S. ed. Letters of Delegates to Congress, 1774 – 1789, Vol. 2[M]. Washington: Library of Congress, 1977.

[9] Webster F. ed. The Private Correspondence of Daniel Webster, Vol. I[M]. Boston: Little, Brown and Company, 1857.

三、英文著作、文集、博士论文

[1] Abernethy T P. Western Lands and the American Revolution [M]. New York: Russell & Russell Inc. , 1959.

[2] Adams C F. ed. Memoirs of John Quincy Adams, Comprising Portions of His Diary from 1795 to 1848, Vol. 7[M]. Philadelphia: J. B. Lippincott Co. , 1875.

[3] Adams H. History of the United States of American during the Second Administration of James Madison, Vol. III[M]. New York: Charles Scribner's Sons, 1921.

[4] Adams H B. The College of William and Mary: A Contribution to the History of Higher Education, with Suggestions for Its National Promotion [M]. Washington: Government Printing Office, 1887.

[5] Adams H B. Thomas Jefferson and the University of Virginia[M]. Washington: Government Printing Office, 1888.

[6] Alexander C B. The University of the State of New York and Its French Inspiration[M]. Albany: The University of the State of New York, 1919.

[7] Ambrose S E. Duty, Honor, Country: A History of West Point [M]. Baltimore: The John Hopkins Press, 1966.

[8] Backus I. An Appeal to the Public for Religious Liberty [M]. Boston: John Boyle, 1773.

[9] Bailyn B. Education in the Forming of American Society[M]. New York: Vintage Books, 1960.

[10] Baker H G. Transylvania: A History of the Pioneer University of the West, 1780 – 1865[D]. Cincinnati: University of Cincinnati, 1949.

[11] Baldwin E. History of Yale College, from Its Foundation, A. D. 1700, to the Year 1838[M]. New Haven: Benjamin and William Noyes, 1841.

[12] Bancroft G. History of the Formation of the Constitution of the United States of America, Vol. 1[M]. New York: D. Appleton and Company, 1883.

[13] Barlow J. Prospectus of a National University, to Be Established in the United States[M]. Washington: Printed by Samuel H. Smith, 1806.

[14] Barrett J A. Evolution of the Ordinance of 1787[M]. New York: The Knickerbocker Press, 1891.

[15] Battle K P. History of the University of Carolina, from Its Beginning to the Death of President Swain, 1789 – 1868, Vol. I[M]. Raleigh: Edwards & Broughton Printing Company, 1907.

[16] Beach M F. An Analysis of the Dartmouth College Case and Its Impact on the Founding of American Colleges and Universities between 1819 and 1839[D]. Boston: Boston College, 1990.

[17] Beardsley E E. The History of the Episcopal Church in Connecticut, Vol. II[M]. Boston: Houghton Mifflin Company, 1883.

[18] Bell S. The Church, the State and Education in Virginia[M]. Philadelphia: The Science Press Printing Company, 1930.

[19] Beveridge A J. The Life of John Marshall. Volume IV. The Building of the Nation, 1815 – 1835 [M]. Boston: Houghton Mifflin Company, 1919.

[20] Blackmar F W. The History of Federal and State Aid to Higher Education in the United States [M]. Washington: Government Printing Office, 1890.

[21] Blackstone W. Commentaries on the Laws of England, Vol. I [M]. London: A. Strahan, 1787.

[22] Board of Trustees. ed. A Legal History of Ohio University[M]. Columbus: Cott & Hann, 1881.

[23] Boorstin D J. The Americans: The Colonial Experience[M]. New York: Random House Inc., 1958.

[24] Bowdoin J. The Annual Address Delivered in Brunswick, September 9th, 1802[M]. Portland: Thomas B. Wait Co., 1807.

[25] Brody A. The American State and Higher Education: The Legal,

Political and Constitutional Relationships[M]. Washington: American Council Education, 1935.

[26] Brooks R P. The University of Georgia: Under Sixteen Administrations, 1785 – 1955[M]. Athens: The University of Georgia Press, 1956.

[27] Brubacher J S & Rudy W. Higher Education in Transition: A History of American Colleges and Universities [M]. New Brunswick and London: Transaction Publisher, 1997.

[28] Bruce P A. History of the University of Virginia, 1819 – 1919, Vol. I[M]. New York: The Macmillan Company, 1920.

[29] Burke C B. American Collegiate Populations: A Test of the Traditional View[M]. New York: New York University Press, 1982.

[30] Burritt B B. Professional Distribution of College and University Graduates[M]. Washington: Government Printing Office, 1912.

[31] Carter J C. The University of Virginia: Jefferson Its Father, and His Political Philosophy[M]. Cleveland: Imperial Press, 1898.

[32] Chamberlain J L. ed. University of Pennsylvania, Its History, Influence, Equipment and Characteristics, Vol. 1[M]. Boston: R. Herndon Company, 1901.

[33] Chandler T B. The Life of Samuel Johnson, D. D.: The First President of King's College in New York [M]. New York: T. & J. Swords, 1824.

[34] Chase F. A History of Dartmouth College and the Town of Hanover New Hampshire, Vol. I[M]. Cambridge: John Wilson and Son, 1891.

[35] Cheyney E P. History of the University of Pennsylvania, 1740 – 1940[M]. Philadelphia: University of Pennsylvania Press, 1940.

[36] Chipman N. Sketches of the Principles of Government [M]. Rutland: The Press of J. Lyon, 1793.

[37] Clap T. The Annals or History of Yale College in New Haven [M]. New Haven: John Hotchkiss and B. Mecom, 1766.

[38] Clap T. The Religious Constitution of Colleges, Especially Yale College in New Haven[M]. New London: T. Green, 1754.

[39] Clews E W. Educational Legislation and Administration of the Colonial Governments[M]. New York: The Macmillan Company, 1899.

[40] Massachusetts Historical Society. Collections of the Massachusetts Historical Society for the Year 1798[M]. Boston: Samuel Hall, 1798.

[41] Columbia University. A History of Columbia University, 1754 - 1904[M]. New York: The Columbia University Press, 1904.

[42] Coram R. Political Inquiries, to Which Is Added, a Plan for the General Establishment of Schools throughout the United States [M]. Wilmington: Andrews and Brynberg, 1791.

[43] Crackel T J. Mr. Jefferson's Army: Political and Social Reform of Military Establishment, 1801 - 1809[M]. New York and London: New York University Press, 1987.

[44] Crackel T J. West Point: A Bicentennial History[M]. Lawrence: University Press of Kansas, 2002.

[45] Cubberley E P. Public Education in the United States: A Study and Interpretation of American Educational History[M]. Boston: Houghton Mifflin Company, 1947.

[46] Cuningham C E. Timothy Dwight, 1752 - 1817: A Biography [M]. New York: The Macmillan Company, 1942.

[47] Cutler W P & Cutler J P. ed. Life, Journals and Correspondence of Rev. Manasseh Cutler, LL. D. [M]. Cincinnati: Robert Clarke Co. , 1888.

[48] David C H. From King's College to Columbia College, 1746 - 1800[M]. New York: The Columbia University Press, 1976.

[49] Dexter F B. Biographical Sketches of the Graduates of Yale College with Annals of the College History, Vol. II[M]. New York: Henry Holt Company, 1896.

[50] D'Ivernois F. A Short Account of the Late Revolution in Geneva, and of the Conduct of France towards That Republic from October 1792 to October 1794[M]. London: T. Spilsbury and Son, 1795.

[51] Dubbs J H. History of Franklin and Marshall College [M]. Lancaster: The New Era Printing Company, 1903.

[52] Dwight T. ed. President Dwight's Decisions of Questions Discussed by the Senior Class in Yale College, in 1813 and 1814[M]. New York: Jonathan Leavitt, 1833.

[53] Dwight T. Greenfield Hill: A Poem in Seven Parts[M]. New York: Childs and Swaine, 1794.

[54] Dwight T. Sermons, Vol. I[M]. New Heaven: Hezekiah Howe and Durrie and Peck, 1831.

[55] Dwight T. Travels in New England and New York, Vol. I[M]. London: Charles Wood, 1823.

[56] Dyer T G. The University of Georgia: A Bicentennial History, 1785 - 1985[M]. Athens: The University of Georgia Press, 1985.

[57] Easterby J H. A History of the College of Charleston, Founded 1770[M]. Charleston: The Trustees of the College of Charleston, 1935.

[58] Eckenrode H J. Separation of Church and State in Virginia: A Study in the Development of the Revolution[M]. New York: Da Capo Press, 1971.

[59] Elliott E C & Chambers M M. The Colleges and the Courts: Judicial Decisions Regarding Institutions of Higher Education in the United States[M]. Boston: The Merrymount Press, 1936.

[60] Forman S. West Point: A History of the United States Military Academy[M]. New York: Columbia University Press, 1950.

[61] Foster M S. "Out of Smalle Beginnings..." An Economic History of Harvard College in the Puritan Period (1636 - 1712)[M]. Cambridge: Harvard University Press, 1962.

[62] Franklin B. Idea of the English School[M]. Philadelphia, 1751.

[63] Franklin B. Proposals Relating to the Education of Youth in Pennsylvania[M]. Philadelphia, 1749.

[64] Fraser J W. Between Church and State: Religion and Public Education in a Multicultural America[M]. New York: St. Martin's Press, 1999.

[65] Gabriel R H. Religion and Learning at Yale[M]. New Heaven: Yale University Press, 1958.

[66] Good H G. Benjamin Rush and His Services to American Education[M]. Berne: Witness Press, 1918.

[67] Gordon A D. The College of Philadelphia, 1749 – 1779: Impact of an Institution[D]. Madison: University of Wisconsin-Madison, 1975.

[68] Guild R A. Life, Times, and Correspondence of James Banning, and the History of Brown University[M]. Boston: Gould and Lincoln, 1864.

[69] Hall P D. The Organization of American Culture, 1700 – 1900: Private Institutions, Elites, and the Origins of American Nationality[M]. New York: New York University Press, 1982.

[70] Hamilton J C. History of the Republic of the United States of America, as Traced in the Writings of Alexander Hamilton and His Contemporaries[M]. Philadelphia: J. B. Lippincott Co., 1864.

[71] Hansen A O. Liberalism and American Education in the Eighteenth Century[M]. New York: The Macmillan Company, 1926.

[72] Hector J. Letters from an American Farmer[M]. Belfast: James Magee, 1783.

[73] Herbst J. From Crisis to Crisis: American College Government, 1636 – 1819[M]. Cambridge: Harvard University Press, 1982.

[74] Hoeveler J D. Creating the American Mind: Intellectual and Politics in the Colonial College[M]. Lanham: Rowman & Littlefield Publishers Inc., 2002.

[75] Hoffa W W. A History of US Study Abroad: Beginnings to 1965 [M]. Carlisle: Frontiers Journal & The Forum on Education Abroad, 2007.

[76] Honeywell R J. The Educational Work of Thomas Jefferson[M]. Cambridge: Harvard University Press, 1931.

[77] Hoover T N. The History of Ohio University[M]. Athens: Ohio University Press, 1954.

[78] Hough F B. Historical and Statistical Record of the University of the State of New York during the Century from 1784 to 1884[M]. Albany: Weed, Parson Company, 1885.

[79] Hovey A. A Memoir of the Life and Times of the Rev. Isaac

Backus, A. M. [M]. Boston: Gould and Lincoln, 1858.

[80] Hull A L. A Historical Sketch of the University of Georgia[M]. Atlanta: Foote & Davies Co. , 1894.

[81] Hutson J H. The Sister Republics: Switzerland and the United States from 1776 to the Present[M]. Washington: Library of Congress, 1991.

[82] Jefferson T. The Papers of Thomas Jefferson, Vol. 28, 1 January 1794 – 29 February 1796[M]. Princeton: Princeton University Press, 2000.

[83] Jefferson T. The Writings of Thomas Jefferson[M]. Washington: The Thomas Jefferson Memorial Association, 1907.

[84] Jencks C & Riesman D. The Academic Revolution[M]. Chicago: The University of Chicago Press, 1977.

[85] Jones C E. Education in Georgia[M]. Washington: Government Printing Office, 1889.

[86] Justice B. ed. The Founding Fathers, Education, and "The Great Contest": The American Philosophical Society Prize of 1797 [M]. New York: Palgrave Macmillan, 2013.

[87] Kelley B M. Yale: A History[M]. New Heaven and London: Yale University Press, 1974.

[88] Knight G W. History and Management of Land Grants for Education in the Northwest Territory[M]. New York: G. P. Putnam's Sons, 1885.

[89] Knox S. An Essay on the Best System of Liberal Education, Adapted to the Genius of the Government of the United States[M]. Baltimore: Warner & Hanna, 1799.

[90] Lindsay J I. Tradition Looks Forward, the University of Vermont: A History, 1791 – 1904[M]. Burlington: The University of Vermont and State Agricultural College, 1954.

[91] Livingston W. Some Serious Thoughts on the Design of Erecting a College in the Province of New York[M]. New York: John Zenger, 1749.

[92] Lord J K. A History of Dartmouth College, 1815 – 1909[M]. Concord: The Rumford Press, 1913.

[93] Maclean J. History of the College of New Jersey, from Its Origin in

1746 to the Commencement of 1854, Vol. 1 [M]. Philadelphia: J. B. Lippincott Co., 1877.

[94] Madison J. The Papers of James Madison[M]. Mobile: Allston Mygatt, 1842.

[95] Madsen D L. The National University: Enduring Dream of the USA[M]. Detroit: Wayne State University Press, 1966.

[96] Mattingly P H & Stevens E W. ed. A History of Education in the Old Northwest, 1787 – 1880[M]. Athens: Ohio University Press, 1987.

[97] McCormick S L. Transylvania University: "Public" Higher Education in Kentucky, 1780 – 1878 [D]. Urbana: University of Illinois-Urbana-Champaign, 2007.

[98] McDonald R M S. ed. Thomas Jefferson's Military Academy: Founding West Point[M]. Charlottesville and London: University of Virginia Press, 2004.

[99] McGarvie M D. One Nation under Law: America's Early National Struggles to Separate Church and State [M]. DeKalb: Northern Illinois University Press, 2004.

[100] Mead S E. The Lively Experiment: The Shaping of Christianity in America[M]. New York: Harper & Row, 1963.

[101] Morgan E S. The Gentle Puritan: A Life of Ezra Stiles, 1727 – 1795[M]. New York and London: W. W. Norton Company, 1962.

[102] Morgan J H. Dickinson College: A History of One Hundred and Fifty Years, 1783 – 1933[M]. Middletown: Wesleyan University Press, 1973.

[103] Morison S E. Harvard College in the Seventeenth Century, Part I [M]. Cambridge: Harvard University Press, 1936.

[104] Morison S E. The Founding of Harvard College[M]. Cambridge: Harvard University Press, 1935.

[105] Morison S E. Three Centuries of Harvard: 1636 – 1936[M]. Cambridge: Harvard University Press, 1942.

[106] Peterson M D. Thomas Jefferson and the American Revolution [M]. Williamsburg: Virginia Independence Bicentennial Commission, 1976.

[107] Pickering O. The Life of Timothy Pickering, Vol. 1 [M]. Boston: Little, Brown and Company, 1867.

[108] Public Land Commission. The Public Domain, Its History with Statistics[M]. Washington: Government Printing Office, 1880.

[109] Quincy J. The History of Harvard University[M]. Cambridge: John Owen, 1840.

[110] Rainsford G N. Congress and Higher Education in the Nineteenth Century[M]. Knoxville: The University of Tennessee Press, 1972.

[111] Richardson L B. History of Dartmouth College[M]. Brattleboro: The Stephen Daye Press, 1932.

[112] Robson D W. Educating Republicans: The College in the Era of the American Revolution, 1750 – 1800[M]. Westport: Greenwood Press, 1985.

[113] Robson D W. Higher Education in the Emerging of American Republic, 1750 – 1800[D]. New Haven: Yale University, 1974.

[114] Roche J F. The Colonial Colleges in the War for American Independence[M]. Millwood: Associated Faculty Press, 1986.

[115] Rudolph F. The American College and University: A History [M]. New York: Alfred A. Knopf, 1968.

[116] Rush B. Essays: Literary, Moral and Philosophical [M]. Philadelphia: Thomas and William Bradford, 1806.

[117] Sack S. History of Higher Education in Pennsylvania, Vol. 1[M]. Harrisburg: The Pennsylvania Historical and Museum Commission, 1963.

[118] Sherwood S. The University of the State of New York: History of Higher Education in the State of New York[M]. Washington: Government Printing Office, 1900.

[119] Smith B P. The History of Dartmouth College[M]. Boston: Houghton, Osgood Company, 1878.

[120] Smith H W. Life and Correspondence of the Rev. William Smith, D. D....: With Copious Extracts from His Writings [M]. Philadelphia: Ferguson Bros Co., 1880.

[121] Smith S H. Remarks on Education: Illustrating the Close

Connection between Virtue and Wisdom[M]. Philadelphia: John Ormrod, 1798.

[122] Smith W. Some Thoughts on Education with Reasons for Erecting a College in This Province[M]. New York: J. Parker, 1752.

[123] Stites F N. Private Interest & Public Gain: The Dartmouth College Case, 1819[M]. Amherst: The University of Massachusetts Press, 1972.

[124] Taylor H C. The Educational Significance of the Early Federal Land Ordinances[M]. New York: Teachers College Press, 1922.

[125] Tewksbury D G. The Founding of American Colleges and Universities before the Civil War[M]. New York: Teachers College Press, 1965.

[126] Thelin J R. A History of American Higher Education[M]. Baltimore: The Johns Hopkins University Press, 2004.

[127] Thorpe F N. ed. Benjamin Franklin and the University of Pennsylvania[M]. Washington: Government Printing Office, 1893.

[128] Thwing C F. A History of Higher Education in America[M]. New York: D. Appleton and Company, 1906.

[129] Todd C B. Life and Letters of Joel Barlow[M]. New York and London: G. P. Putnam's Sons, 1886.

[130] Treat P J. The National Land System, 1785 - 1820[M]. New York: E. B. Company, 1910.

[131] Wayland F. Report to the Corporation of Brown University on Changes in the System of Collegiate Education, Read March 28, 1850[M]. Providence: George H. Whitney, 1850.

[132] Washington G. The Writings of George Washington, from the Original Manuscript Sources, 1745 - 1799[M]. Washington: Government Printing Office, 1940.

[133] Webster D. The Works of Daniel Webster, Vol. III[M]. Boston: Little, Brown and Company, 1858.

[134] Webster D. The Writings and Speeches of Daniel Webster, Vol. 15[M]. Boston: Little, Brown and Company, 1903.

[135] Webster N. A Collection of Essays and Fugitive Writings on Moral, Historical, Political and Literary Subjects[M]. Boston: I. Thomas

and E. T. Andrews, 1790.

[136] Webster N. An Examination into the Leading Principles of the Federal Constitution Proposed by the Late Convention Held at Philadelphia [M]. Philadelphia: Richard and Hall, 1787.

[137] Whitehead J S. The Separation of College and State: Columbia, Dartmouth, Harvard and Yale, 1776 – 1876[M]. New Haven: Yale University Press, 1973.

[138] Williams F D. ed. The Northwest Ordinance: Essays on Its Formulation, Provisions and Legacy [M]. East Lansing: Michigan State University Press, 1989.

[139] Wood G S. The Creation of the American Republic, 1776 – 1787 [M]. New York and London: W. W. Norton Company, 1972.

[140] Wright J A. Separation of Church and State[M]. Santa Barbara: Greenwood, 2010.

四、英文期刊文章

[1] Bartosic F. With John Marshall from William and Mary to Dartmouth College[J]. William and Mary Law Review, 1966,7(2).

[2] Bridge J W. The Rev. John Bracken vs the Visitors of William and Mary College: A Post-Revolutionary Problem in Visitatorial Jurisdiction[J]. William and Mary Law Review, 1979,20(3).

[3] Campbell B A. Dartmouth College as a Civil Liberties Case: The Formation of Constitutional Policy[J]. Kentucky Law Journal, 1981 – 1982 (70).

[4] Clark G. Timothy Dwight's Moral Rhetoric at Yale College, 1795 – 1817[J]. Rhetorica: A Journal of the History of Rhetoric, 1987, 5(2).

[5] Delmage R E. The American Idea of Progress, 1750 – 1800[J]. Proceedings of the American Philosophical Society, 1947(4).

[6] Denham R N. A Historical Development of the Contract Theory in the Dartmouth College Case[J]. Michigan Law Review, 1909, 7(3).

[7] Easterby J H. The South Carolina Education Bill of 1770[J]. The

South Carolina Historical and Genealogical Magazine, 1947, 48(2).

[8] Eastman J C. When Did Education Become a Civil Right? An Assessment of State Constitutional Provisions for Education, 1776 – 1900[J]. The American Journal of Legal History, 1998, 42(1).

[9] Harris M L. Revelation and the American Public: Timothy Dwight's Civic Participation[J]. Journal of the History Ideas, 1993, 54(3).

[10] Herbst J. From Religion to Politics: Debates and Confrontations over American College Governance in the Mid-Eighteenth Century [J]. Harvard Educational Review, 1976, 46(3).

[11] Herbst J. The American Revolution and the American University [J]. Perspectives in American History, 1976(10).

[12] Herbst J. The Eighteenth Century Origins of the Split between Private and Public Higher Education in the United States[J]. History of Education Quarterly, 1975, 15(3).

[13] Howard G E. The State University in America[J]. The Atlantic Monthly, 1891(3).

[14] Imholt R J. Timothy Dwight, Federalist Pope of Connecticut[J]. The New England Quarterly, 2000, 73(3).

[15] Johnson E L. The Dartmouth College Case: The Neglected Educational Meaning[J]. Journal of the Early Republic, 1983, 3(1).

[16] Knight E W. Early Opposition to the Education of American Children Abroad[J]. The Educational Forum, 1947, 11(1).

[17] Land R H. Henrico and Its College[J]. The William and Mary Quarterly, Second Series, 1938, 18(4).

[18] Longaker M G. Timothy Dwight's Rhetoric Ideology of Taste in Federalist Connecticut[J]. Rhetorica: A Journal of the History of Rhetoric, 2001, 19(1).

[19] McAnear B. The Raising of Funds by the Colonial Colleges[J]. The Mississippi Valley Historical Review, 1952, 38(4).

[20] Miller E F. On the Founders' Defense of Liberal Education in a Republic[J]. The Review of Politics, 1984, 46(1).

[21] Novak S J. The College in the Dartmouth College Case: A Reinterpretation[J]. The New England Quarterly, 1974, 47(4).

[22] Paulson R G. French Influence in American Institution of Higher Learning, 1784 - 1825[J]. History of Education Quarterly, 1968, 8(2).

[23] Poole W F. Dr. Cutler and the Ordinance of 1787[J]. North American Review, 1876, 122(4).

[24] Robson D W. Pennsylvania's "Lost" National University: Johann Forster's Plan[J]. The Pennsylvania's Magazine of History and Biography, 1978, 102(3).

[25] Shawen N M. Thomas Jefferson and a "National" University: The Hidden Agenda for Virginia[J]. The Virginia Magazine of History and Biography, 1984, 92(3).

[26] Tyler L G. Early Courses and Professors at William and Mary College[J]. The William and Mary Quarterly, 1905, 14(2).

[27] Walne P. The Collections for Henrico College, 1616 - 1618[J]. The Virginia Magazine of History and Biography, 1972, 80(3).

[28] Whitehead J S & Herbst J. How to Think about the Dartmouth College Case[J]. History of Education Quarterly, 1986, 26(3).

后 记

本书是在我的博士学位论文《不确定的角色——美国建国初期高等教育中的政府权力(1776—1819)》的基础上修改而成的。重新翻开学位论文,审阅后记的时候,发现不过才两年多而已,但我却觉得已经过了很长时间。在多位师长的帮助和朋友们的鼓励下,我从一名学生成长为一名教师,实现了人生中特殊、重要而又收获丰富的跨越。在此,我特别要感谢我的导师北京师范大学张斌贤教授、浙江大学教育学院田正平教授、华东师范大学杜成宪教授,他们都是当前教育史学界备受尊敬和敬仰的前辈,他们在我的学习和成长过程中给予了我莫大的鼓励和帮助,今后我必须以勤勉的工作来回报他们的期望。

回过头来看自己博士学位论文的后记,多少有点青涩,但这毕竟是我三年博士学习生涯的一个真实总结,也为我的学生时代暂时画上了句号。考虑再三,我决定把博士学位论文的后记略做修改作为本书的后记,向所有关心过、帮助过我的人表示最诚挚的感谢。

每当回顾往事的时候,总觉得时间像流水一般淌过,甚至都来不及湿润岸边的土壤,只给我留下一点淡淡的记忆,也包括一些忧伤和无法挽回的遗憾。但我们依然要去回忆。在这个快速变化的时代,或许也只有这些,才算是真正属于自己的东西。

从读大学算起,我离乡求学整整十年,对故乡来说,我越发像是一个匆匆的过客,就如同父母早就说过的那样,我越长大,离家就越远。这种远不仅仅是距离上的,还有心理上的。这么多年的求学之路总算是到了一个象征性的终点,但是我不知道人生的道路为什么越走越悠长,原本应该亲密的感情为什么越来越疏远。

但我仍然不得不说,我是幸运的。我依然记得考博时的激情,当初真有一种豪气。在入学之初,张老师就教导我,在三年里要注重四种基本素质的培养:广阔的视野,严谨的思考,清晰的表达,合理的行为。不管是否做得到,我一直在朝这个方向努力,这将会使我终身受益。张老师最早为我提供了毕业论文的选题范围和思考方向,我的顺利毕业离不开老师一直以来的督促和帮助。最初的自负慢慢褪去,我意识到拓展视野的重要性。林伟师兄的侃侃而谈让我知道还有更广阔的世界等待自己去探索,他像一只牛虻,让我无法驻足停步;而涂诗万师兄则从另一个方面让我认识到自己内心那种渴求的重要性,他的努力也是我所不曾做到的,我心中一直暗暗希望,等我到涂师兄这个年龄的时候,还有他的这份激情与专注。

博士二年级时,我有幸前往美国威斯康星大学麦迪逊分校学习和生活一年,这一年的经历对我来说至关重要,给了我良好的学术环境:自由的氛围、丰富的资源以及每个人对各自兴趣孜孜不倦的追求。整整一年中,我一直保持着新鲜感和兴奋状态,我发现自己变得无比贪婪——渴望把所有的知识都尽收囊中,这给了我一种无比的幸福体验。就像阿根廷文豪豪尔赫·路易斯·博尔赫斯(Jorge Luis Borges)所感慨的那样:“我不明白为什么人类同时被赐予书籍和黑暗,面对这样一个浩瀚的海洋,我为何只有一叶扁舟?”每天我都在发现新的材料和资源,我的视野越来越宽广,无边无际的知识海洋深深地吸引着我,我急切地想知道海的深处还会有什么。在麦迪逊分校学习的一年里,我的导师迈克尔·阿普尔(Michael Apple)教授和教育学院教育政策系的亚当·尼尔逊(Adam Nelson)教授对我的论文写作提出了非常宝贵的意见,同在麦迪逊分校访学的常艳芳老师一家和在读博士生刘淑宁师姐对我在生活上的照顾,让身处异国他乡的我感到无比温暖和亲切。如果没有这么好的环境和资源,我的毕业论文肯定是另一副模样,三年博士生涯也一定是另一番体验。这期间,我也尝试过说走就走的独自旅行。漫步在华盛顿、费城的街头,或徜徉于博物馆、图书馆,总会让我产生无限的遐想和感慨。人在路上,心向光芒,某个注定的秘密,终究将与你不期而遇。我时常想,人生何尝不是一种旅行,身体和灵魂总要有一个在路上。

对我来说,生活大多数时候是孤独、寂寞与平淡的,但这对于我而言是一种特殊的享受,这不仅是一种沉默,还是一种反省,更是一份坚守。文森特·威廉·梵高(Vincent Willem van Gogh)说过:“一个人一定要保持隐士的某种原始的性格,否则他就失去了自己的根子,一个人绝不可以让自己心灵里的火熄灭掉,而要让它始终不断地燃烧。”读书的快乐和充实让我感受到生活的美好,每天的第一个小时,在寂静的夜里亮起一盏孤灯,捧起一本喜爱的书,邂逅一颗伟大的心灵,这种纯粹的快乐足以让我难以入眠。

北京浓厚的学术和文化氛围是我非常喜欢的。地坛书市和西南物流中心图书展示区让我深切感受到了在北京读书的幸福,野草书店和豆瓣书店是我买书的经常去处,它们在我心中的地位是网络书店所无法取代的。北京大学、清华大学、国家图书馆古籍馆、万圣书园、醒客咖啡、字里行间、单向空间等处的讲座给我带来很多心灵的慰藉。特别值得一提的是,北京大学图书馆是我在北京最喜欢的借书之处,它对我的帮助很大,图书馆员们的认真负责以及对校外读者一视同仁的态度令我难以忘怀。

自从本科毕业转读教育史专业硕士以来,我在外国教育史这个领域学习和耕耘已有些年头,也有些许收获,这些收获离不开师长、朋友乃至前人的帮助。杜成宪老师恳切地教我成长和做人的道理。田正平老师的提点与关怀在我论文写作的关键时刻给予我动力,也让我的毕业季不像他人那样慌乱和狼狈。王晨老师对我的开题报告和论文的点评让我受益匪浅。郭法奇老师、李子江老师和孙益老师也都对我的论文提出了很有价值的建议。在遇到潇方之前,我一直觉得生活除了孤独之外一无所有,当看到上天为我准备了她之后,我毅然写下:“生活在本质上就是爱的表现,没有爱则不成为生活。”她多次通读了我的博士学位论文和本书书稿,提出了很多宝贵的修改意见。在此,一并向他们表示感谢。

我不知道今后还会有什么在等着我,我所能做的只是奋力前行,那些早已远去的先行者留下的文字和足迹,也让我逐渐坚信,我们能够生活得高尚。我相信,黑暗中的燃灯者们一定还会为我继续指引方向。

作为学术后辈,本书难免有不足之处,欢迎各种交流和批评。

王慧敏

2014 年 5 月 18 日初稿于北师大科技楼

2017 年 5 月 14 日改定于浙大西溪校区